"E O VERBO SE FEZ BIT"

MOISÉS SBARDELOTTO

"E O VERBO SE FEZ BIT"
A comunicação e a experiência religiosas na internet

EDITORA
SANTUÁRIO

Direção Editorial:
Pe. Marcelo C. Araújo

Coordenação Editorial:
Ana Lúcia de Castro Leite

Revisão:
Ana Lúcia de Castro Leite

Diagramação:
Mauricio Pereira

Capa:
Sidney S. G. Santos

Dados Internacionais de Catalogação na Publicação (CIP)
(Câmara Brasileira do Livro, SP, Brasil)

Sbardelotto, Moisés
"E o verbo se fez bit": a comunicação e a experiência religiosas na Internet / Moisés Sbardelotto. – Aparecida, SP: Editora Santuário, 2012.

ISBN 978-85-369-0283-8

1. Comunicação – Aspectos religiosos – Igreja Católica 2. Evangelização 3. Igreja Católica 4. Internet (Rede de computadores) 5. Internet – Aspectos religiosos – Cristianismo 6. Web sites – Criação I. Título.

12-12085
CDD 261.52

Índices para catálogo sistemático:
1. Comunicação e Igreja: Internet: Teologia social: Cristianismo 261.52
2. Igreja e comunicação: Internet: Teologia social: Cristianismo 261.52

Todos os direitos reservados à **EDITORA SANTUÁRIO** – 2012

Composição, CTcP, impressão e acabamento:
Editora Santuário - Rua Pe. Claro Monteiro, 342
12570-000 – Aparecida-SP – Tel. (12) 3104-2000

*Não existem fatos, apenas interpretações.
E isso é uma interpretação.*
Friedrich Nietszche

"Por quê?" é filosofia. "Porque" é pretensão.
Millôr Fernandes

Toda resposta gera uma nova pergunta.
Mikhail Mikhailovich Bakhtin

A Idena e Cláudio, pais incomparáveis.
A Anne, pelo carinho e companhia sempre amorosa.
A Mateus, pela inspiração e presença inseparável.
A Cláudia e Cristiane, muito mais que irmãs de sangue.
Aos meus sobrinhos, Cecília, André, Teresa,
Tomás, Milena, Clara, Alice e Luisa,
com quem aprendi a aprender
e a gostar de aprender.

Agradecimentos

"No princípio", agradeço a Deus, pai, amigo e fonte de vida constante.

À Universidade do Vale do Rio dos Sinos – Unisinos – pela acolhida durante mais de três anos como funcionário e como estudante ao longo da trajetória de pós-graduação.

Aos amigos jesuítas, principalmente a Roque Junges, pela amizade e partilha na caminhada cristã há tanto tempo; a Inácio Neutzling, pelo fraterno e vigoroso incentivo ao início desta etapa de formação e pelo convívio e aprendizado no Instituto Humanitas Unisinos – IHU; e a Pedro Gilberto Gomes, pelo auxílio nos debates e na construção desta pesquisa desde seu início.

Ao meu orientador, Antônio Fausto Neto, pela dedicação com que me acompanhou neste processo de estudos, abrindo-me novos horizontes de pensamento e permitindo-me dar meus primeiros passos de pesquisa com muita liberdade e confiança. Também à professora Suzana Kilpp e ao professor José Luiz Braga que, pela qualidade de suas aulas, foram um exemplo e um incentivo a seguir em frente na área acadêmica.

Especialmente a meu pai, Cláudio, e minha mãe, Idena, que, mesmo não tendo alcançado uma formação superior, souberam dar valor e promover arduamente o conhecimento de seus quatro filhos, investindo sempre na qualidade do estudo que nos proporcionaram.

Ao Mateus (*in memoriam*), melhor irmão do mundo, incomparável, insubstituível e inesquecível, meu muito obrigado pelo exemplo e companhia eternos.

Às minhas irmãs, Cláudia e Cristiane, e esposos, pelo incentivo e companheirismo em todos os momentos. E também por terem mudado a minha vida com o nascimento dos meus sobrinhos, Cecília, André, Teresa, Tomás, Milena, Clara, Alice e Luisa. A eles, o meu muito obrigado por serem a diversão e uma fonte inesgotável de alegrias do tio.

A Anne, minha linda musa inspiradora, pelo carinho, companhia e estímulo em cada passo meu há quase uma década.

E – *last but not least* – às amigas e amigos em geral: de modo especial, as queridas irmãs e amigas Missionárias de Cristo Ressuscitado; e também Sonia Montaño, Nicolás Meyer, Paulo Lunardi, Pedro Henrique Moraes, Renato Figueira da Silva, Roberto Hemming e Rovani Freitas, pelas conversas e boas risadas ao longo da preparação desta pesquisa e deste livro, entre um copo de vinho e outro.

APRESENTAÇÃO

A religião (do fiel) que se constitui na internet

Antonio Fausto Neto[1]

As novas tecnologias, transformadas em meios de comunicação, não ficam restritas à ambiência da midiatização, seguindo apenas os postulados das lógicas de seus "inventores". São apropriadas pelas estratégias dos diferentes campos sociais, impondo-lhes destinos que obedecem outras racionalidades, permeadas pelas singularidades de suas práticas (políticas, culturais, científicas, associativas, religiosas etc.). Esse dado empírico que cresce celeremente, no âmbito da organização social, está atravessado por muitas questões, revelando surpresas e pondo em questão paradigmas e discursos determinísticos, por meio dos quais fenômenos emergentes, como a internet, estão sendo analisados.

De um modo distinto, a internet desponta como uma problemática comunicacional mais complexa, na medida em que é convertida em novos objetos, não permanecendo nas fronteiras dos fundamentos de seus discursos fundantes. Ela é dinamizada por várias práticas sociais, cujas intervenções procuram mostrar que não se trata de uma "rede lisa", destituída de "obstáculos". Vários estudos – ainda minoritários – apontam para outras questões ao destacarem defasagens entre a internet pensada pelos enfoques determinísticos e outras tantas concepções que emergem, como decorrência das práticas que lhes impõem várias estratégias de funcionamentos. Esse parece ser um capítulo muito estimulante da pesquisa em comunicação, na me-

---

[1] Professor Titular do Programa de Pós-Graduação em Ciências da Comunicação da Universidade do Vale do Rio dos Sinos – Unisinos, em São Leopoldo, Rio Grande do Sul. Doutor em Sciences de La Comunication Et de L'information pela Ecole des Hautes Etudes en Sciences Sociales, França, e pós-doutor pela Universidade Federal do Rio de Janeiro. Cofundador da Associação Nacional de Programas de Pós-Graduação em Comunicação – Compós.

dida em que objeto tão recente, mas tão largamente "massageado" por diferentes trabalhos de produção de sentido, passa a se constituir num elemento presente na vida dos campos sociais, inclusive no de natureza acadêmico.

É nesse contexto de "contatos" e de formulações de novas hipóteses, para além do postulado determinístico que aparece – numa primeira versão como pesquisa para a produção de uma dissertação de mestrado – o livro aqui apresentado. Esta pesquisa realizada no âmbito do Programa de Pós-Graduação em Ciências da Comunicação – PPGCom – da Unisinos (Rio Grande do Sul), estuda as relações do campo religioso com a internet. O autor se interessa pelo ambiente católico brasileiro online, no qual se promove e se incentiva a relação e o vínculo do fiel com seu Deus. Mostra-se, aqui, a relação dos fiéis com uma oferta de práticas de religiosidades, que extrapola os templos e que escapa das mãos dos atores religiosos, manifestando-se na ambiência da internet, segundo o trabalho dos próprios fiéis. Sua proposta não visa analisar o que há de teológico no tecnológico, nem analisar as bases teológicas ou filosóficas do tecnológico. Nem examinar uma prática pastoral por parte de agentes religiosos, mas sim uma realidade nova para a Igreja Católica e que se manifesta por meio de um complexo processo de midiatização. Para tanto, descreve processos por meio dos quais emerge um novo fiel, o "fiel-internauta" que, por força dos protocolos ensejados por novas tecnologias convertidas em meios, desponta como um "coconsagrador", ao assumir um novo trabalho simbólico, numa ambiência até então reservada e regulada por protocolos da Igreja[2].

Trata-se de uma publicação que se insere na nova onda de estudos sobre os processos de midiatização das práticas religiosas no Brasil,

---

[2] SBARDELOTTO, Moisés. "E o Verbo se fez bit": Uma análise da experiência religiosa na internet. *Cadernos IHU*. São Leopoldo: Instituto Humanitas Unisinos, ano 9, n. 35, 2011, p. 8. Disponível em <http://migre.me/98Ns4>.

chamando atenção para as possibilidades de apropriação da internet no âmbito das práticas religiosas de inspiração católica, particularmente na configuração de um novo "Verbo", de um novo tipo de "interação comunicacional fiel-igreja"[3].

Ao se definir por esse caminho investigativo, a pesquisa transformada em livro aponta para questões contemporaneamente importantes. Reconhece a internet como dispositivo dinamizador de novas possibilidades de organização de práticas religiosas, esquivando-se de um discurso abstrato e/ou generalizador. Contrariamente a essa perspectiva, prioriza as relações das tecnologias com seus modos de existências, que são atribuídos por lógicas e postulados advindos das práticas sociais e de seus respectivos funcionamentos. A internet é, neste caso, um objeto referido pelas motivações e demandas de prática de um determinado campo social (o religioso), e suas operações dependem de injunções de várias lógicas: as do sistema tecnológico, as do campo religioso (em termos institucionais) e, também, as dos atores-fiéis.

Para estudar essa modalidade de interação entre os fiéis e o sagrado, pelo agenciamento da internet convertida em meio, o autor faz um percurso amplo e cuidadoso, que se materializa nas diversas fases de sua pesquisa. Discute o fenômeno da midiatização digital da religião, construindo quatro cenários: religião ou internet; religião e internet; religião na internet; religião pós-internet. Faz uma densa reflexão sobre a especificidade de cada um desses ângulos, estabelecendo, porém, um ponto de inflexão: o eixo da técnica convertida em meio e, especificamente, o complexo trabalho técnico-discursivo que é feito pelo fiel para construir vínculos entre o sagrado e o profano. Descreve, a partir de sites católicos brasileiros, marcas e passos por meio dos quais se constitui um novo caminho, cada vez mais midiatizado, pelo qual se realizam novos contatos entre o fiel e Deus. Dos processos e de suas manifestações, resultam as "novas materialidades

---

[3] Ibid.

do sagrado", uma vez que a construção dessa modalidade de experiência de religiosidade se faz em torno de complexas operações tecno-comunicacionais, envolvendo, por exemplo, dimensões digitais e hiperdiscursivas.

O livro é um registro de uma problemática duplamente contemporânea: a intensa transformação de tecnologias emergentes em meios de comunicação, fenômeno que desafia os instrumentos de pesquisa disponíveis para observá-lo em sua mutação e dinâmica; e um outro fenômeno que é esta "Igreja do Futuro" que se tece nas plataformas digitais online.

O autor tem razão em chamar atenção em suas conclusões para o fato de que essa maneira de viver essa forma de religiosidade seja algo ainda para poucos, aqueles que dialogam com essas linguagem em desenvolvimento. Mas algo de novo engendra-se no espaço dessas complexas interações, que ultrapassa largamente as liturgias assistidas pelas mídias, dando lugar a uma liturgia engendrada pelas lógicas e operações midiático-digitais. Algo de novo se expõe para além dos templos, envolto em uma materialidade própria, engajando as igrejas no enfrentamento de novas formas de religiosidades, no seio das quais se revela não só o trabalho de apropriação da técnica, mas também de criação de expressão ritualística, por parte dos fiéis.

Este livro, além do rigor da pesquisa acadêmica – especialmente a riqueza observacional e do diálogo de seu autor com outras fontes – estipula uma instigante proposta aos estudiosos sobre a temática da midiatização das práticas sociais, especialmente para as investigações que envolvem a internet e suas novas formas de funcionamento. Independentemente do caráter das instituições, a internet faz um "desembarque" no âmbito de diferentes práticas. Mas trata-se de uma "chegada" submetida a múltiplas injunções de operações de sentidos, como aquelas que os fiéis realizam nos sites aos quais têm acesso, segundo suas estratégias de apropriação. Como diz muito bem o autor, a técnica não se impõe, mas se interpõe na experiência multissensorial do sagrado. Gera-se uma complexa atividade técnico-simbólica na qual os "bits" são afetados pelos imaginários diversos, mas, também, pela complexidade do mistério.

Um livro não apenas voltado para o leitor universitário, mas que se destina a todos os leitores enquanto atores dessa nova ordem complexa que envolve os mundos comunicacional e religioso. Pesquisa na forma de livro que abre horizontes para a compreensão sobre a religião (do fiel) que se constitui na internet.

PREFÁCIO

"Internet, um lugar de experiência"

Antonio Spadaro S.I.[1]

A Rede hoje é um lugar a ser frequentado para estar em contato com os amigos que moram longe, para ler notícias, para comprar um livro ou reservar uma viagem, para compartilhar interesses e ideias. É um espaço de experiência que está se tornando cada vez mais parte integrante, de maneira fluida, da vida cotidiana: um novo contexto existencial. Portanto, absolutamente não é um "instrumento" de comunicação que pode ser usado ou não; é um "ambiente" cultural, que determina um estilo de pensamento e cria novos territórios e novas formas de educação, contribuindo para definir também um novo modo de estimular as inteligências e de estreitar as relações, até mesmo um modo de habitar o mundo e de organizá-lo. Portanto, não um ambiente separado, mas sim cada vez mais conectado com o da vida cotidiana. Não um "lugar" específico dentro do qual se pode entrar em alguns momentos para viver *online*, e do qual se pode sair para entrar novamente na vida *offline*.

Esse é o ponto de partida da pesquisa de Moisés Sbardelotto: a internet é um lugar de experiência. Com efeito, um dos maiores desafios, especialmente para aqueles que não são "nativos digitais", é o de não ver na Rede uma realidade paralela, isto é, separada da vida de todos

---

[1] Antonio Spadaro, jesuíta, nasceu em 1966, na Itália. É diretor da revista *La Civiltà Cattolica* e professor do Centro Interdisciplinar de Comunicação Social da Pontifícia Universidade Gregoriana, em Roma. É também Consultor do Pontifício Conselho da Cultura e do Pontifício Conselho para as Comunicações Sociais. Ocupa-se de cultura digital, do ponto de vista antropológico e teológico, desde 1999. Edita o blog *Cyberteologia* (www.cyberteologia.it) e já escreveu vários livros sobre as evoluções da rede. O mais recente está intitulado *Cyberteologia. Pensare la fede al tempo della rete* (Milão, Vita e Pensiero, 2012).

os dias, mas sim um espaço antropológico interconectado em raiz com os outros de nossa vida. Em vez de nos fazer sair de nosso mundo para sulcar o mundo "virtual", a tecnologia acabou fazendo o mundo digital entrar *dentro* de nosso mundo comum. As mídias digitais não são portas de saída da realidade, mas sim "próteses", extensões capazes de enriquecer nossa capacidade de viver as relações e trocar informações. A Rede tende cada vez mais a se tornar transparente e invisível, tende exponencialmente a não ser mais "outro" com respeito a nossa vida cotidiana. Além disso, sabemo-lo bem: por estarmos wired, isto é, "conectados", não há mais necessidade de nos sentarmos no computador, mas basta ter um *smartphone* no bolso, talvez com o serviço de notificação *push* ativado. A Rede é um plano de existência cada vez mais integrado com os outros planos. A "novidade", portanto, não significa "alienação", mas certamente exige-se inteligência para compreender que a experiência humana é complexa, mas que os desejos, as tensões e as expectativas que ela expressa nunca são "novidade": acompanham o ser humano desde sempre. A Rede replica antigas formas de transmissão do saber e do viver comum, ostenta nostalgias, dá forma a desejos e valores tão antigos quanto o ser humano. Quando se olha para a internet, é preciso não só ver as perspectivas de futuro que ela oferece, mas também os desejos e as expectativas que o ser humano sempre teve e aos quais tenta responder, a saber: relação, comunicação e conhecimento. É verdade que a tecnologia sempre traz consigo uma aura que provoca estupor e também inquietação. Mas quais são os motivos pelos quais esses sentimentos se geram? Provavelmente, porque o que a tecnologia é capaz de realizar corresponde a desejos antigos e medos profundos. Se não fosse assim, suas inovações não nos tocariam realmente, maravilhando-nos ou intimidando-nos.

Sbardelotto está consciente dessa realidade radical e se pergunta como a "novidade" da rede se tornou o lugar da experiência mais "antiga" e radical do ser humano que é a experiência religiosa. O autor sabe que o ser humano não permanece inalterado pelo modo com o qual manipula a realidade: o que se transforma não são apenas os meios com os quais comunica, mas sim o próprio ser humano e sua cultura. Os vários instrumentos que o ser humano "inventou" na história e teve à disposição em larga escala incidiram sobre seu modo de viver e de ser ele mesmo. Assim, a humanidade do ser humano desdobra-se por meio da arquitetura que o abriga e o acolhe; por meio da roda e da navegação que lhe abrem novos horizontes; por meio da escrita, do telefone e do cinema, que o permeiam de sinais. Pensamos na invenção do alfabeto que teve uma importância determinante em tantos níveis, incluindo o da convivência política: é possível ser cidadãos em sociedades complexas porque as leis são escritas (e lidas). O ser humano não seria o que é sem o fogo, a roda, o alfabeto... A "tecnologia", portanto, não é um conjunto de objetos modernos e de vanguarda. Ela faz parte do agir com o qual o ser humano exerce sua própria capacidade de conhecimento, de liberdade e de responsabilidade.

A Rede, portanto, é necessariamente uma realidade que cada vez mais interessa à existência de um fiel religioso e incide sobre sua capacidade de compreensão da realidade e, por isso, também de sua fé e de seu modo de vivê-la. O teólogo Tom Beaudoin, em seu livro *Virtual Faith*, notou como o ciberespaço, tão peculiar por causa da rapidez de suas conexões, representa o desejo do ser humano de uma plenitude que sempre o supera em nível tanto de presença e relação, quanto de conhecimento. O ciberespaço sublinha nossa finitude, espelha nosso desejo de infinito. Buscar tal plenitude significa, portanto, de algum modo, operar em um campo em que a espiritualidade e a tecnologia se cruzam.

O estudioso jesuíta Avery Dulles, que depois se tornaria cardeal, no início dos anos 1970, em um artigo intitulado *The Church is Communication*, se propôs a descobrir de que modo os estilos mutáveis de comunicação influenciam o conhecimento da Igreja, em sua natureza, em sua mensagem, em sua missão, insistindo na relação entre teologia e comunicação. A pesquisa recente identificou ao menos sete âmbitos de reflexão: a teologia pastoral, que se ocupa da comunicação da mensagem cristã;

a teologia aplicada, que usa instrumentos próprios da teologia para responder às perguntas da comunicação; a aplicação de categorias teológicas (Trindade, encarnação...) à comunicação para melhor compreendê-la; o uso de instrumentos da comunicação para analisar textos religiosos; o uso dos conteúdos de filmes, televisão, música... para promover a reflexão teológica; o estudo da comunicação como contexto para a teologia; o uso de estruturas da comunicação para modular a reflexão teológica. Parece-me que a reflexão de Sbardelotto move-se entre os dois últimos âmbitos de reflexão, a meu ver os mais interessantes e urgentes.

A primeira constatação que emerge de sua análise é que o ser humano em Rede expressa o desejo de rezar e até de ter uma vida litúrgica. A meu ver, o verdadeiro núcleo problemático da questão parece dado pelo fato de que a existência "virtual" parece configurar-se com um estatuto ontológico incerto: prescinde da presença física, mas oferece uma forma, às vezes também vívida, de presença social. Esta, certamente, não é um simples produto da consciência, uma imagem da mente, mas também não é uma *res extensa*, uma realidade objetiva comum, até porque só existe no ocorrer da interação. Abre-se diante de nós um mundo "intermediário", híbrido, cuja ontologia deveria ser investigada melhor em ordem à compreensão teológica. Uma pessoa da "vida real" que age em um contexto virtual é uma espécie de *cyborg* (*cybernetic organism*, "organismo cibernético"), porque é potencializado por meio de "próteses" analógicas e digitais, constituídas pelo próprio *avatar* e, obviamente, pelo *computer* com *monitor* e teclado. O plano existencial de uma experiência religiosa em rede toma forma no momento em que o sujeito faz interagir dois planos de realidade, a real e a digital. O *avatar*, por exemplo, é uma extensão digital do próprio sujeito que vive e age na vida real, não um ser autônomo ou uma parte destacada de si mesmo. Toda a liberdade e a responsabilidade do ser humano da "primeira vida", portanto, são também atributos de seu *avatar*, que vive na "segunda vida", porque são estes que o movem. É a mesma pessoa que, mediante seu *avatar*, se move no mundo simulado. Esse *avatar* não é "outro" de si mesmo. Ao contrário, é sempre a mesma pessoa que vive em um espaço antropológico diferente.

Certamente, uma parte de nossa capacidade de ver e de ouvir já está evidentemente "dentro" da Rede, razão pela qual a conectividade já está em fase de definição como um direito cuja violação incide profundamente sobre as capacidades relacionais e sociais das pessoas. Nossa própria identidade é cada vez mais vista como um valor a ser pensado como disseminada em vários espaços, e não simplesmente ligada a nossa presença física, a nossa realidade biológica. Por isso, portanto, é necessária uma análise da experiência religiosa na internet: para entender melhor não só qual é a experiência religiosa que é vivida hoje, mas também para entender melhor quem é hoje o *homo religiosus* e de que modo ele expressa sua própria humanidade e seu desejo de transcendência. Por outro lado, se "o Verbo se fez carne e veio habitar entre nós" (Jo 1,14), podemos legitimamente nos interrogar sobre o que significa hoje "entre nós" no momento em que o ambiente digital é uma parte importante de nosso contexto existencial.

A Rede e a cultura do ciberespaço, portanto, colocam novos desafios a nossa capacidade de formular e de escutar uma linguagem simbólica que fale da possibilidade e dos sinais da transcendência em nossa vida. Talvez, chegou o momento de considerar a possibilidade daquela que, em meus estudos, eu defino como "ciberteologia", entendida como a inteligência da fé no tempo da Rede. Essa seria o fruto da fé que desprende de si mesma um impulso cognoscitivo em um tempo em que a lógica da Rede marca o modo de pensar, de conhecer, de comunicar, de viver. Essa reflexão é mais do que nunca importante, porque é fácil constatar que, cada vez mais, a internet contribui para construir a identidade religiosa das pessoas. E, se isso é verdade em geral, será cada vez mais para os chamados "nativos digitais". A pesquisa de Moisés Sbardelotto representa uma contribuição séria, documentada e estimulante para o desenvolvimento dessa reflexão.

- 1 -

"NO PRINCÍPIO ERA O VERBO"
UMA INTRODUÇÃO

> *No primeiro dia da semana, bem de madrugada,*
> *Fábio foi até a sala de sua casa, quando ainda estava*
> *escuro. Havia ali uma mesa, coberta por uma toalha de linho.*
> *Inclinando-se, ajeitou com muito respeito, carinho e fé as partículas de pão e*
> *uma tacinha com um pouquinho de vinho e uma gota de água, o sanguíneo*
> *e o corporal. E dizia consigo: "Moro longe da igreja, mais de 85 quilômetros.*
> *Gostaria de participar da missa todos os dias, mas é impossível". Então saiu e*
> *foi encontrar seus pais e avós. E disse para eles: "É chegada a hora".*
> *Estando fechadas as portas do lugar onde se achavam, Fábio*
> *ligou o computador, acessou o site e clicou no link da missa ao vivo.*
> *E ofereceu o sacrifício junto com o celebrante. Quando viram*
> *Jesus, ajoelharam-se diante dele. Então Fábio foi e anunciou aos amigos:*
> *"Eu vi o Senhor". E contou o que o celebrante tinha dito.*
> *Ainda assim, alguns duvidaram.*

* * *

No princípio, foi o Fábio. Foi a fé dele. Foi a experiência religiosa dele. Foi a pergunta dele. Foi o modo de expressar sua dúvida. Foi a resposta que ele recebeu.

Mas já falaremos do Fábio. Agora, comecemos do princípio.

Este livro começou a partir de uma pesquisa acadêmica[1], que começara, por sua vez, com uma pergunta. Uma pergunta simples: "Deus pode se manifestar na internet?". Ou então: "Deus pode se fazer bit[2]?"

---

[1] Nossa pesquisa, realizada em nível de mestrado, ocorreu entre 2009 e 2011, e foi revista e ampliada para a publicação deste livro.

[2] Segundo a Wikipedia (http://pt.wikipedia.org/wiki/Bit), o termo *bit* é a simplificação para "dígito binário", *BInary digiT* em inglês. Um bit é a menor unidade de informação que pode ser armazenada ou transmitida e pode assumir somente dois valores, por exemplo: 0 ou 1, verdadeiro ou falso. Os múltiplos de bits são chamados de *bytes*.

E a conexão foi rápida: se o "Verbo se fez carne", como diz o Evangelho de João, por que ele não poderia se fazer bit? Mas essa pergunta simples precisava ser aprofundada: se o Verbo pode se fazer bit, como ocorre essa "encarnação em bits"? E, por outro lado, como esse "Verbo em bits" se manifesta? E como os fiéis o reconhecem?

Antes de começar a buscar respostas, comecemos do princípio do princípio.

No princípio, era o "Verbo", a palavra de Deus[3]. O Verbo é o princípio da vida cristã: uma palavra que *fala*, que *dialoga*, que *interage*, que *se comunica* com o ser humano[4]. E que se comunicou ao longo de toda a história. As Igrejas[5] cristãs em geral, mas a católica em particular, ao darem a conhecer suas verdades sobre o mundo e sendo portadoras do Verbo, independentemente de sua base institucional e doutrinária, apropriaram-se dos dispositivos comunicacionais historicamente a seu alcance, por meio de suas várias possibilidades, para transmitir sua mensagem de fé. A própria história das Igrejas é uma história intimamente relacionada à comunicação. E isso também por mandamento divino: além do "Verbo" que dá origem ao mundo e se comunica pela pessoa de Jesus Cristo, segundo a tradição cristã, os relatos dos Evangelhos apresentam o mandato de Je-

---

[3] O Verbo de Deus, para além de todos os debates acerca da tradução da palavra grega usada originalmente no Evangelho de João (*Lógos*), tem um sentido bíblico de revelação de Deus. Em 2010, ao analisar esse trecho do evangelho de João em um documento oficial, Bento XVI (2010b) escreveu que "a novidade da revelação bíblica consiste no fato de Deus Se dar a conhecer no diálogo, que deseja ter conosco. [...] Portanto, no coração da vida divina, há a comunhão, há o dom absoluto. [...] Por isso o Verbo, que desde o princípio está junto de Deus e é Deus, revela-nos o próprio Deus no diálogo de amor entre as Pessoas divinas e convida-nos a participar nele. [...] É à luz da revelação feita pelo Verbo divino que se esclarece definitivamente o enigma da condição humana". Mas essa revelação é feita a "muitas vozes": "Se no centro da revelação divina – continua Bento XVI – está o acontecimento de Cristo, é preciso reconhecer que a própria criação, o *liber naturae*, constitui também essencialmente parte desta sinfonia a diversas vozes na qual Se exprime o único Verbo".
[4] Rahner (1969, p. 76, grifo nosso) havia também mostrado a comunicabilidade de Deus inclusive no silêncio: "Deus projeta criadoramente a criatura sempre com a gramática de um possível dizer-a-si-mesmo. E ainda quando Deus se calasse não poderia projetá-la de outro modo. Porque *inclusive esse calar-se-a-si-mesmo supõe sempre ouvidos que ouçam o mutismo de Deus*".
[5] Por uma razão de estilo, grafamos "Igreja", em maiúsculo, ao nos referirmos à instituição eclesial. Já "igreja", em minúsculo, refere-se ao templo territorializado.

sus a seus discípulos para que vão por todo o mundo pregar a Boa Nova a todos os povos (cf. Marcos 16,15; Mateus 28,19).

Assim, seja pela arte dos primeiros ícones cristãos, seja pelos manuscritos e iluminuras da Idade Média, pelas primeiras Bíblias e pelas inumeráveis obras impressas que depois se seguiram como instrumentos de evangelização, até chegarmos, bem mais recentemente, aos usos do rádio e da televisão como púlpitos de pregação, as Igrejas cristãs sempre procuraram responder de forma bastante concreta e universal àquele "ide!" original de Jesus. Em suma, "a comunicação pertence à essência da Igreja" (Pontifício, 2002, s/p)[6].

Hoje, por meio das mídias digitais – especialmente da internet –, manifesta-se a configuração de um "novo Verbo", de um novo tipo de relação fiel-sagrado[7/8]. Em uma "sociedade da comunicação generalizada"[9], especialmente a partir do surgimento das mídias digitais, percebemos que a internet passa a ser também um ambiente para as práticas religiosas, que caracterizam um fenômeno de midiatização[10] das sociedades contemporâneas. E se "é à luz da revelação feita pelo Verbo divino que se esclarece definitivamente o enigma da condição humana" (Bento XVI, 2010b, s/p), é primordial entender também essa nova encarnação do Verbo.

---

[6] Ao longo do livro, faremos uso de duas modalidades de referência às obras pesquisadas: nas *Referências Bibliográficas*, ao fim deste livro, encontram-se as obras que tratam especificamente da interface comunicação-religião. Os demais trabalhos pesquisados, de nível teórico-metodológico mais geral, serão indicados nas notas de rodapé ao longo do livro, em referências numéricas. Esperamos, assim, facilitar a leitura das/os leitoras/es.

[7] Por sagrado, entendemos aquilo que costuma se chamar por Deus, a "dimensão de imanência e transcendência" (Boff, 2002), o "Totalmente Outro" (Boff, 2002; Libanio, 2002), o *"superior summo meo"* (superior a tudo, sempre maior) (Boff, 2002), o "numinoso" (do latim *numen* = divindade) (Martelli, 1995), enfim, o "Mistério" (Boff, 2002; Libanio, 2002). Analisaremos esse conceito no capítulo 4.

[8] Aprofundaremos a relação religião-internet no capítulo 2.

[9] A expressão é do filósofo italiano Gianni Vattimo, em seu livro *A Sociedade Transparente* (Lisboa: Relógio D'Água, 1992).

[10] Entendemos por midiatização um fenômeno histórico manifestado por processos midiáticos desencadeados por práticas sociocomunicacionais de mediação cultural. Aprofundaremos esse conceito no capítulo 3.

Com a internet, parece despontar uma possibilidade de as Igrejas cristãs exponenciarem toda a "comunicabilidade do Verbo". Com o surgimento de uma nova ambiência social, impulsionada pelas mídias digitais, as Igrejas passam a se posicionar nessa nova realidade. Aos poucos, vão sendo impelidas pela nova complexidade social a modificar suas próprias estruturas comunicacionais e sistemas internos, para não se tornarem totalmente anacrônicas – e, poderíamos dizer, *analógicas*, em contraposição às mídias digitais. Mas, no caso da Igreja Católica, ela acompanha tudo isso – paradoxalmente – sem querer perder sua identidade milenar. Assim, a Igreja Católica (mas também as demais Igrejas cristãs) tenta lidar, aceitar e experimentar, mesmo que vagarosamente, o funcionamento desse novo mundo comunicacional, ainda em exploração, que lhe exige uma postura à altura das exigências sociais e comunicacionais contemporâneas.

E aqui então voltamos novamente ao princípio: ao Fábio. Ainda no início de nossas observações para a pesquisa que deu origem a este livro, encontramos o depoimento de um fiel que revela como essa reconfiguração midiatizada da fé merece atenção. Ela ainda se encontra disponível[11] no serviço "Padre On-line" do site católico Amai-vos[12]. Nesse serviço, o fiel-internauta "Fabio Santana" (eis o homem!) envia uma pergunta ao "Padre On-line". O diálogo é quase o mesmo que recontamos literariamente na abertura deste capítulo, reformulando-o e atualizando-o para o contexto da internet. A dúvida do Fábio, porém, se referia à televisão (mantivemos o texto em sua sintaxe original):

> *Moro longe da igreja 85km, assisto a Santa Missa todo domingo pela TV Aparecida, gostaria de participar da santa Missa todo dia mas é impossivel então comprei um pacote de hostias e um litro de vinho, então coloco 5 hostias para mim, meus pais e avós e uma taçinha com um pouquinho de vinho e uma gota de agua, oferecendo este sacrificio junto*

---

[11] Em <http://migre.me/8Mc3t>.
[12] Disponível em <http://amaivos.uol.com.br>.

> *com o celebrante da TV. Gostaria de saber se o meu sacrificio é valido e se pela fé a nossa hostia tambem se tranforma no Santissimo Sacramento como a da TV. Nós nos confessamos e temos o maior respeito e carinho com a nossa celebração em casa, com sanguineo, corporal e muito respeito e fé. Muito Obrigado Fabio Santana.*

Independentemente das questões teológico-litúrgicas que fundamentam a possível "consagração" do pão e do vinho e suas condições sacramentais, esse depoimento expõe uma nova realidade para as Igrejas cristãs a partir de um processo de midiatização (no caso do Fábio, a partir das lógicas[13] da televisão). Esse depoimento oferece pistas de uma nova mediação entre fiel e Deus, que já não depende tão fortemente da instituição-Igreja, pois o fiel, por meio da mídia, considera-se apto até a ser um "coconsagrador" das espécies sagradas do pão e do vinho, graças à interposição da técnica comunicacional[14]. Embora sem abrir mão totalmente da presença institucional da Igreja na figura do sacerdote televisivo, o fiel vê na mídia uma plataforma de acesso instantâneo e ubíquo – *à la carte* – a uma ambiência antes reservada a uma realidade espaço-temporal determinada e regulada pelos protocolos da Igreja.

A dúvida do fiel-internauta é respondida então pelo "padre online", que afirma (a sintaxe também está conforme o original):

> *Caro amigo, comoveu-me seu depoimento. Voce simplesmente está experimentando o que os primeiros cristãos faziam. A Eucaristia, nos primeiros séculos era mais ou menos como voces estão fazendo. "Fazei isto em memória de mim, ou seja, para celebrar minha memória", é a memória da Santa Ceia, quando Jesus pegou o pão... depois pegou o vinho... Só tem uma coisa, é que o gesto de voces é realmente apenas uma memória, e a eucaristia celebrada na comunidade, com*

---

[13] O termo *lógica* é aqui usado no sentido de "processo ordenador coerente" de um sistema de coisas ou acontecimentos.
[14] Aprofundaremos o papel da técnica no capítulo 3.

> *o ministro consagrado (sacerdote) é memória e é presença. Ou seja, falando claro, voces vivem uma representação, na fé, muito bonita e louvável, mas não comungam sacramentalmente. Comungam sim, espiritualmente, com toda a comunidade dos cristãos que celebram a eucaristia da tradição apostólica, de Pedro, dos doze, e dos bispos e sacerdotes consagrados. Mas, estou certo, voces estão antecipando a Igreja do futuro. Só Deus sabe... só quem viver vai ver. Misteriosamente a nossa Igreja dá passos seguros e lentos para estas coisas. Felizmente por um lado, mas poderia acompanhar melhor o "sinal dos tempos". Hoje em dia até operações delicadas são feitas por meio da TV... da Internet... Enquanto não tivermos a humildade de aceitar as mediações da técnica, estaremos empre a reboque da história. E a história hoje progride cinquenta anos em um ano. Gostaria de continuar este papo, pois acho que voces realmente estão abrindo uma esperança de sacramentalidade diferente nos estilos mas igualzinho na essência.*

Portanto, o Fábio é um profeta. Ele está – segundo o "padre online" – acompanhando o "sinal dos tempos", aceitando com humildade as "mediações da técnica", posicionando-se na vanguarda da história. Fábio, na realidade, é mais do que um profeta, é um patriarca da "Igreja do futuro": ele abre "uma esperança de sacramentalidade diferente nos estilos mas igualzinha na essência".

Mas será bem assim?

O que nossas observações foram constatando ao longo do tempo é o *desvio* do olhar do fiel dos templos tradicionais para os novos templos midiáticos e digitais, que estimulam, sob novos formatos e protocolos, a experimentação de uma prática religiosa, que encontra suas raízes na realidade offline, mas que é agora ressignificada para o ambiente digital[15].

Todo esse fenômeno é ilustrado, na prática, pela existência de inúmeros sites que oferecem possibilidades para novas práticas religiosas

---

[15] Ao longo do livro, fizemos uma opção de utilizarmos sempre os adjetivos *digital* e/ou *online* ao nos referirmos a coisas relacionadas à internet, ao invés de *virtual*. As razões teóricas dessa escolha encontram-se no capítulo 5.3.

e para manifestações de novas modalidades de discurso religioso, fora do âmbito tradicional do templo. Em nosso caso, interessamo-nos pelo ambiente católico brasileiro online, pois, além de nossa maior familiaridade com o assunto, é um tema ainda pouco estudado e que merece atenção, pois a Igreja Católica sempre manteve uma relação de "amor e ódio"[16] com os meios de comunicação.

Percebe-se, atualmente, uma disseminação rápida e abrangente de serviços religiosos em sites católicos institucionais brasileiros. Hoje, é

---

[16] O embate entre discurso e Igreja Católica nunca se manifestou tão grave quanto nos últimos anos. Nunca como agora se viu a Igreja se desculpando publicamente tantas vezes por ter se expressado "equivocadamente" sobre diversos assuntos. O estopim foi um discurso proferido pelo Papa Bento XVI em Regensburg, em 2006, quando ele então citou uma frase do imperador bizantino Manuel II, o Paleólogo, a respeito do Islã, causando o furor da religião muçulmana. Depois, revogou a excomunhão de um grupo de bispos ultraconservadores, os chamados lefebvrianos, sendo que um deles, Richard Williamson, havia recém afirmado em entrevista a um canal de TV sueco que as câmaras de gás do Holocausto não existiram, o que causou, então, uma nova revolta interna e externa à Igreja. Passo seguinte, devido à pólvora acesa em seu próprio terreno, o papa, em um gesto histórico, enviou uma carta a todos os bispos do mundo, na qual reconhece: "Disseram-me que o acompanhar com atenção as notícias a nosso alcance na Internet teria permitido chegar tempestivamente ao conhecimento do problema. Fica-me a lição de que, para o futuro, na Santa Sé deveremos prestar mais atenção a esta fonte de notícias" (Carta de Sua Santidade Bento XVI aos Bispos da Igreja Católica a Propósito da Remissão da Excomunhão aos Quatro Bispos Consagrados pelo Arcebispo Lefebvre, 10 mar. 2009, disponível em <http://migre.me/apn3Y>). O pontífice se referia ao fato de não ter se informado anteriormente a respeito de Williamson nos diversos sites que estamparam suas afirmações negacionistas e também nos vídeos com trechos da entrevista postados na internet. Depois disso, os "escândalos" midiáticos da Igreja foram se desenrolando um após o outros: relações complicadas com os judeus, questão do aborto na Espanha, da camisinha na África, pedofilia nos EUA, Irlanda, Alemanha, Bélgica etc. E sempre com alguma afirmação categórica – e polêmica – por parte do papa ou de algum outro expoente, gerando uma rápida réplica midiática, geralmente instantânea por meio da internet. O caso mais recente é que o que ficou conhecido como Vatileaks, o vazamento de documentos e cartas secretas do Papa Bento XVI, roubadas e desviadas por seu próprio ajudante de quarto, Paolo Gabriele, com o auxílio de Claudio Sciarpelletti, funcionário da Secretaria de Estado da Santa Sé e especialista em informática. O material roubado foi entregue ao jornalista italiano Gianluigi Nuzzi, que publicou então o livro Sua Santità: Le carte segrete di Benedetto XVI (Sua Santidade: As cartas secretas de Bento XVI, em tradução livre). Entre as revelações do livro, constam disputas internas da Igreja, como segredos e irregularidades nas negociações do chamado "Banco do Vaticano" e também o comportamento pouco fraterno entre muitos monsenhores, bispos e cardeais da Cúria. O Vaticano não negou a autenticidade das cartas, mas emitiu várias declarações dizendo que a imprensa exagerou demais o assunto. Por isso, mais do que "fonte de notícias", a internet, em um processo de midiatização, projetou sobre a sociedade suas lógicas internas, em tensões e negociações complexas, provocando uma mudança social ainda em curso, no qual a Igreja tateia em busca de um reposicionamento institucional. A resposta social e midiática quase instantânea às declarações da Igreja é prova disso, revelando ainda mais claramente a dificuldade da instituição em modificar suas próprias estruturas e sistemas internos, por exemplo seu modus operandi discursivo-comunicacional.

quase incomum que uma diocese[17] brasileira, mesmo que pequena, não possua algum ponto de contato online com seus fiéis por meio de um site institucional. Isso também vale para grande parte das paróquias[18], movimentos e demais associações vinculadas oficialmente à Igreja.

O que nos interessa, entretanto, é que, nesses ambientes, além de *informações sobre* a religião, também se promovem e se incentivam a *relação e o vínculo* do fiel com seu Deus: o fiel também *pratica sua fé* no âmbito digital online. Ou seja, as pessoas passam a encontrar uma oferta de experiência religiosa não apenas nas igrejas de pedra, nos padres de carne e osso e nos rituais palpáveis, mas também na religiosidade existente e disponível nos bits e pixels[19] da internet. Nessas ofertas de sentido religioso, o fiel, onde quer que esteja, quando quer que seja – diante de um aparelho eletrônico conectado à internet –, desenvolve, assim, um novo vínculo com a Igreja e o sagrado, e um novo ambiente de culto. Diante da tela do computador, entre bits e pixels, o fiel opera a construção de novas formas de louvar a Deus. Pode-se vivenciar isso por meio dos serviços religiosos oferecidos pelo sistema católico online[20], que se configuram como aquilo que chamamos de rituais online[21]:

---

[17] Unidade territorial administrada por um bispo, homem sagrado como sucessor dos apóstolos. No Brasil, existem mais de 450 arquidioceses (dioceses maiores em tamanho ou importância histórica) e dioceses. No Rio Grande do Sul, por exemplo, existem 17 dioceses, além da arquidiocese da capital.

[18] Unidade territorial chefiada por um pároco, subordinada e parte integrante de uma diocese. A arquidiocese de Porto Alegre, por exemplo, possui 155 paróquias em uma região que abrange 29 municípios.

[19] Segundo a Wikipedia (http://pt.wikipedia.org/wiki/Pixel), o termo Pixel é a aglutinação de *Picture* e *Element*, ou seja, elemento de imagem. Um pixel é o menor elemento num dispositivo de exibição (como por exemplo um monitor), ao qual é possível atribuir-se uma cor. De uma forma mais simples, um pixel é o menor ponto que forma uma imagem digital, sendo que o conjunto de milhares (ou milhões) de pixels formam a imagem inteira.

[20] Entendemos por sistema "um complexo de elementos em interação" (BERTALANFFY, Ludwig von. *Teoria Geral dos Sistemas. Fundamentos, Desenvolvimentos e Aplicações*. 5. ed. Petrópolis: Vozes, 2008, p. 84). Aqui, ao usar o conceito de sistema, referimo-nos ao sistema comunicacional dos sites católicos institucionais, ou seja, ao conjunto de elementos comunicacionais e religiosos que interagem no interior das páginas eletrônicas. Esse conceito será mais aprofundado no capítulo 6.

[21] Por ritual online, referimo-nos especificamente aos rituais religiosos praticados na internet, ou seja, a atos de fé que possibilitam a experiência religiosa. Esse conceito será mais aprofundado no capítulo 4 e 6.

pedidos de oração pela internet; "velas virtuais"; programas de áudio e vídeo, como missas e palestras etc.; versões online da Bíblia e de orações; orientações com líderes religiosos; dentre muitas outras opções. Muitos desses serviços religiosos encontram-se naquilo que os sites católicos costumam chamar de "Capelas Virtuais"[22].

Nisso também se encontra mais uma das facetas de uma sociedade em midiatização, pois, além de ser fonte de informação, o meio comunicacional – neste caso, a internet – passa a ser também uma ambiência social de vivência, de prática e de experiência da fé. Portanto, existe algo que faz com que o indivíduo prefira praticar sua fé na internet, ao invés (ou além) de fazer isso na igreja de seu bairro. No caso do Fábio, era a distância de 85 quilômetros até a igreja. Mas e no caso dos mais de 3.000 fiéis por dia que acendem uma "vela virtual" na "Capela Virtual" do site A12, da Basílica de Aparecida?

Todo esse processo acima descrito não é simples, nem instantâneo, nem automático. Deus ou o sagrado é codificado, relido, reapresentado, ressignificado em uma processualidade de operações de sentido sociocomputacional-comunicativas. As mídias em geral, e a internet em particular, por meio de rituais midiatizados, possibilita uma nova forma de *teofania* ou *hierofania*, ou seja, de revelação e manifestação de Deus ou do sagrado – o que poderíamos chamar de *midioteofania* ou *midio-hierofania*. Essa experiência religiosa[23] é "processada" com diversas opções de endereçamento (quem reza para quem), moldagens (as materialidades da internet e sua construção simbólica), expressão (discurso, usos, práticas) etc.

Deus, enfim, é "disponibilizado" na internet, e, ao mesmo tempo, o usuário[24], acessando o sagrado por meio da rede, interage com essa

---

[22] Em setembro de 2012, a busca pelo termo "capela virtual" retornava a seguinte resposta: Google, 186.000 resultados; Bing, 133.000 resultados; Yahoo!, 133.000 resultados.

[23] Entendemos por experiência religiosa a percepção da presença do sagrado. Analisaremos essa questão no capítulo 4.

[24] Utilizamos o termo "usuário" para nos referirmos ao indivíduo que interage com o sistema católico online mesmo sem possuir as competências técnicas, nem os conhecimentos especializados do programador. Mas é um usuário que *faz uso*, e não apenas recebe algo pronto e se limita a isso. Ao contrário, ele também cria e constrói "algo" novo a partir de algo já dado.

nova modalidade religiosa, segundo suas preferências, dentro das possibilidades e limitações do ambiente online. Ele participa, vive, age e interage em uma ambiência comunicacional religiosa digital, que o remeterá – seja qual for a profundidade dessa experiência religiosa mediada pela técnica, independentemente também de quando e onde estiver – para Deus. Apropriando-nos de uma analogia bíblica, se um dia o Verbo divino, segundo a concepção cristã, se fez carne, hoje, com a midiatização digital online, não basta ser carne. É preciso ir além: "Deus" precisa também estar presente na rede, imiscuir-se nessa nova realidade digital, tornar-se informação, fazer-se bit. Em síntese: a grandeza, a magnitude, a vastidão de Deus, do sagrado, do transcendente se "encolhem", se compactam, se codificam em bits e depois – decodificadas, relidas, ressignificadas, reapropriadas pelo usuário – voltam a se "expandir" e a gerar sentido na vida e nas ações do fiel, por meio de complexas estratégias comunicacionais mediadas pelas tecnologias digitais.

Ou seja, em uma sociedade em midiatização, o religioso já não pode ser explicado nem entendido sem se levar em conta o papel das mídias. Por isso é relevante analisar o que a religião em sociedades em midiatização revela acerca da mídia e, por outro lado, perceber que religiosidade nasce da mídia. Estão em questão, por isso, os fundamentos de ambos os âmbitos sociais – comunicacional e religioso – em suas interações e afetações.

Aqui retomamos a nossa pergunta inicial, mas agora complexificada por todo esse contexto, questão que vai nos acompanhar ao longo deste livro:

> *Como se dão as interações entre fiel-sagrado para a vivência, a prática e a experiência da fé nos rituais online do ambiente católico online brasileiro?*

Ou ainda: quais são as estratégias desenvolvidas para a oferta do sagrado por parte do sistema católico online e quais são as estratégias de apropriação desenvolvidas por parte do fiel? Como se constitui o vínculo entre Deus e o fiel, entre sagrado e fiel, por meio dos serviços religiosos católicos na internet? Que novo modo de *ser religioso* está se manifestando na sociedade contemporânea a partir da midiatização digital ou hipermidiatização?

Se a comunicação (suas lógicas, seus dispositivos, suas operações) está em constante evolução[25], a religião, ao fazer uso daquela, também acompanha essa evolução e é por ela impelida a algo diferente do que tradicionalmente era. Interessa-nos aqui, portanto, a complexidade da interface entre o fenômeno da comunicação – em suas ocorrências concretas, como o caso das práticas comunicacionais desenvolvidas na internet – e o fenômeno religioso – a partir da utilização dos dispositivos midiáticos comunicacionais[26] para sua ocorrência.

Para tal, tomaremos como corpus de análise um mosaico de sites católicos – A12[27], CatolicaNet[28], Irmãs Apóstolas do Sagrado Coração de Jesus – Província do Paraná[29] e Padre Reginaldo Manzotti[30] – nos quais examinaremos o fenômeno mais amplo da vivência, da prática e da experiência religiosa por meio dos dispositivos e protocolos da internet[31].

Vamos nos aventurar em um fenômeno que se encontra ainda em seus primórdios. Especificamente no âmbito comunicacional, tem apenas duas décadas – a partir do surgimento da internet massiva –, e menos tempo ainda no âmbito católico – por exemplo, a partir do primeiro site do Vaticano, arauto do que viria depois, lançado em 1995.

---

[25] Evoluir, aqui, não pressupõe uma concepção valorativa do termo: trata-se, simplesmente, de chegar a um estágio ou patamar posterior, de maior complexidade, que é *diferente* (nem melhor, nem pior) ao estágio ou patamar anterior em suas qualidades e potencialidades.

[26] Entendemos por dispositivo midiático um sistema tecnossimbólico heterogêneo que possibilita a comunicação social. Aprofundaremos esse conceito no capítulo 3.

[27] Disponível em <http://www.a12.com>.

[28] Disponível em <http://www.catolicanet.com>.

[29] Disponível em <www.apostolas-pr.org.br>.

[30] Disponível em <http://www.padrereginaldomanzotti.org.br>.

[31] Detalharemos nosso corpus de análise no capítulo 6.

Se as mídias digitais são recentes, ainda mais o são os fenômenos religioso-comunicacionais que a partir delas se desenvolvem. Se alguns estudos defendem que a imprensa de Gutenberg foi responsável, no fundo, pela Reforma Protestante – e aqui incluímos tudo o que esta significou para a história mundial, sem contar, muito mais radicalmente, para a Igreja Católica –, a midiatização digital online trará – e já está trazendo – novos questionamentos para a concepção e a prática da religião e, especificamente, para a Igreja Católica, talvez até mesmo em termos de uma "reforma digital"[32].

Não é nossa intenção pesquisar o que há de teológico no tecnológico, nem analisar as bases teológicas ou filosóficas do tecnológico, tarefa que já foi bem realizada por obras como as de Felinto (2005) e de Stahl (2002). Também não é nossa intenção promover um estudo para fornecer fundamentos para uma prática pastoral por parte de agentes religiosos católicos, função cumprida por estudos como os de Grienti (2009) – que desde o título deixa clara sua postura de análise, ao abordar os *perigos* e as possibilidades da internet para a Igreja – e os de Aroldi & Scifo (2002) – livro que, embora com uma postura mais isenta, não deixa de oferecer suas "receitas" para o "bom uso" das mídias digitais por parte da Igreja.

Ao contrário, buscaremos compreender o que há de "novo" em termos comunicacionais no ambiente religioso online – não a "novidade pela novidade", mas sim os aspectos que apontam para mudanças de sentido religioso a partir da midiatização. Nosso estudo, portanto, quer contribuir para uma maior compreensão das práticas religiosas hoje e do fenômeno comunicacional religioso mais amplo, de forma a ajudar também na reflexão de todos os cristãos, a partir de uma análise crítica e reflexiva da relação mídia-religião.

Essa relação nos remete a um pequeno conto do escritor italiano Italo Calvino (1923-1985), publicado em sua obra *As Cidades Invisíveis* (1972):

---

[32] O conceito é de Drescher (2011). Aprofundaremos esse debate no capítulo 2.

> *Marco Polo descreve uma ponte, pedra por pedra.*
> *– Mas qual é a pedra que sustenta a ponte? – pergunta Kublai Khan.*
> *– A ponte não é sustentada por esta ou aquela pedra – responde Marco –, mas pela curva do arco que estas formam.*
> *Kublai Khan permanece em silêncio, refletindo. Depois acrescenta:*
> *– Por que falar das pedras? Só o arco me interessa.*
> *Polo responde:*
> *– Sem as pedras o arco não existe.*

A "descrição da ponte": sim, nossa tentativa aqui será a de redescrever a "ponte digital" entre o fiel e o sagrado. Mas, para entender a ponte, é preciso ir além "desta ou daquela pedra" e perceber a "curva do arco" — sem ignorar, contudo, que "sem as pedras o arco não existe". Para compreender algo complexo – como a internet e as práticas comunicacionais em torno do sagrado – é preciso também *complexificar o nosso olhar*[33]. É o que tentaremos fazer aqui (sem, porém, complicar demais).

Calvino, ainda na voz de seu personagem Marco Polo, afirma que "quem comanda a narração não é a voz: é o ouvido". Valendo-nos dessa máxima, aqui, quem comanda esta narração escrita é o olhar de nosso leitor. Portanto, para uma melhor organização e disposição de nossas ideias e ações de pesquisa, sistematizamos este texto de forma a *tentar guiar e acompanhar* o leitor, dentro do possível, pelos meandros e trilhas de nosso pensamento.

Assim, no capítulo 2, faremos primeiramente a descrição e a análise crítica de alguns estudos nacionais e internacionais já realizados sobre a relação entre religião e internet.

---

[33] A respeito de nosso método de análise e pesquisa, remetemos à seção 6.1.

A partir de alguns conceitos-chave mais relevantes do debate desse capítulo, refletiremos mais aprofundadamente no capítulo 3 sobre alguns aspectos teóricos centrais da midiatização da religião e do papel da técnica e tecnologia digitais nesse processo.

No capítulo 4, concentraremo-nos sobre os cinco conceitos principais de nossa análise da midiatização da religião (experiência, interação, interface, discurso e ritual).

Os processos midiáticos da religião, por sua vez, serão aqui analisados a partir de sua manifestação no ambiente digital: portanto, no capítulo 5 buscaremos compreender as novas configurações trazidas à tona pelas mídias digitais, como a digitalidade, a ubiquidade, a conectividade e a hiperdiscursividade.

Esses eixos teóricos permearão, assim, nossa análise empírica, descrita no capítulo 6, a partir dos quatro sites católicos já mencionados. Por meio de uma análise sistêmica e complexa, examinam-se, nesse capítulo, as interfaces interacionais, as interações discursivas e as interações rituais que se manifestam nos serviços religiosos desses sites, para compreender como ocorrem a vivência, a prática e a experiência da fé no ambiente católico online brasileiro.

Por fim, no capítulo 7, apresentaremos algumas pistas de conclusão sobre as novas temporalidades, espacialidades, materialidades, discursividades e ritualidades da religião que vão se instaurando a partir das mídias digitais, por meio de um processo de "midiamorfose da fé".

* * *

E aqui, mais uma vez, voltamos ao princípio: ao Fábio e sua profecia. Este livro é também uma tentativa de "continuar o papo" – como dizia o "padre online" – entre os diversos Fábios e os diversos "padres, bispos, pastores, irmãs, irmãos, leigas, leigos online", mas sem respostas categóricas para a "Grande Questão" da relação entre religião e mídia.

Este livro nasceu de uma pergunta – nossa – feita a partir de outra pergunta – do Fábio – que foi "respondida" com uma outra pergunta – do "padre online". Se, como diz Mikhail Bakhtin, "toda resposta gera uma nova pergunta", toda pergunta, por sua vez, também pode gerar novas respostas que, consecutivamente, geram novas perguntas. As páginas que se seguem não têm a pretensão de encerrar esse ciclo. Apenas querem apontar algumas respostas e novas perguntas.

Talvez, no fundo, o Fábio e o "padre online" estejam certos: "Só Deus sabe... só quem viver [e chegar ao fim deste livro] vai ver"...

- 2 -

RELIGIÃO/INTERNET: PERSPECTIVAS E DESAFIOS

> *Tudo foi feito por meio do Verbo,*
> *e sem ele nada foi feito.*
> *O que foi feito nele era a vida,*
> *e a vida era a luz dos homens;*
> *e a luz brilha nas trevas,*
> *mas as trevas não a apreenderam.*
> *(João 1,3-5)*

O "padre online" dizia que o Fábio e seus familiares "estão antecipando a Igreja do futuro" e, embora afirmando que "misteriosamente nossa Igreja dá passos seguros e lentos para estas coisas", ele defende que ela "poderia acompanhar melhor o 'sinal dos tempos'".

Por isso, para perceber o "sinal dos tempos" do "Verbo que se faz bit", em primeiro lugar, é importante recorrer àqueles e àquelas que, antes de nós, já entreviram esse fenômeno comunicacional. Por isso, apresentaremos e comentaremos a seguir alguns estudos que nos oferecem luzes para iluminar nosso entendimento sobre a relação mídia-religião, especificamente no ambiente da internet. Como o conjunto de estudos que abordam a relação mídia-religião na internet é amplo, restringiremo-nos aqui à análise de pesquisas que correspondam a alguns critérios de escolha:

1. que abordem a interface comunicação e fenômeno religioso;
2. especificamente na internet;
3. principalmente em ambientes cristão-católicos; e
4. que nos forneçam elementos que indiquem sua re-

levância para um futuro diálogo e/ou contraponto a nossas observações.

Cabe salientar ainda que a grande maioria dos estudos aqui analisados são bastante recentes, quase todos com menos de uma década de publicação e, em geral, realizados em outros países[1]. Isso é um sinal, também, dos caminhos tomados pelos estudos de Comunicação no Brasil. Apesar da enorme relevância do fenômeno religioso no contexto social nacional, a interface religiosa ainda é, muitas vezes, o "patinho feio" dos estudos comunicacionais de interface, que primam mais pela política, pela cultura, pelo esporte, pelos movimentos sociais etc., sem perceber que, muitas vezes, são principalmente ideias religiosas que servem de fundamento para as práticas sociais, especialmente no Brasil.

Contudo, já há uma grande herança teórica de estudos comunicacionais em nível mundial que se debruçaram sobre o fenômeno religioso, e tentaremos aqui oferecer um bom panorama a respeito. Os demais estudos, também de grande importância, mas que não correspondiam integralmente aos critérios antes apontados, foram incluídos em nossas referências bibliográficas, como sugestões de aprofundamento e pesquisas posteriores. Já outros textos, de aproximação mais estreita com a midiatização da religião, serão trabalhados de forma exclusiva no capítulo seguinte.

As pesquisas aqui apresentadas, portanto, além de analisarem um fenômeno muito fluido e recente como a internet, ainda se encontram em um período de maturação. Alguns autores, como veremos, já publicaram novos estudos nesse breve período de tempo, revendo alguns de seus conceitos anteriores, o que manifesta a fluidez dos fenômenos comunicacionais online. Mas, por outro lado, a atualidade desses estudos nos ajuda a acompanhar, tensionar e aprofundar um percurso de

---

[1] N.A.: As traduções dos trechos de obras estrangeiras citadas ao longo do livro são todas de nossa autoria.

pesquisa que vem sendo realizado no campo comunicacional, também em âmbito internacional, e que se reveste de enorme importância no contexto brasileiro.

Neste capítulo, primeiramente, analisaremos como a Igreja Católica, aqui examinada por meio de seus órgãos máximos, defrontou-se com o surgimento e o avanço da internet no âmbito social e religioso (2.1). Em seguida, tentaremos compreender as continuidades, rupturas e transformações dessa (nova) religiosidade que surge com o avanço das mídias digitais (2.2). Depois, buscaremos compreender a religião na/pela internet (2.3), ou seja, as novas práticas e vivências religiosas que vão se moldando a essa nova ambiência. Por último, apresentaremos alguns elementos de análise que remetem para uma religião pós-internet (2.4), já que essa relação não deixa nem a religião nem a internet intactas – ambas se modificam mutuamente.

2.1. Religião ou internet:
Hesitações diante da "revolução comunicacional"

Em nível internacional, o órgão máximo da Igreja Católica, a Santa Sé, lançou sua página online ainda nas origens da rede mundial como a conhecemos hoje, em 1995. Essa primeira versão continha apenas a mensagem do Papa João Paulo II por ocasião do Natal desse ano. Na Páscoa de 1997, o site passou a contar com seções navegáveis – *Santo Padre*, *Cúria Romana*, *Serviços de Informação*, *Arquivo*. Hoje, o site oficial da Igreja Católica já está disponível em oito idiomas, incluindo o português e também o latim, língua oficial do Vaticano, com uma imensa quantidade de documentos e atualidades sobre o papa e a vida da Igreja.

Desde aquela primeira página da Santa Sé, a internet entrou na pauta de debate da Igreja e de suas instâncias oficiais. Aqui, iremos nos deter sobre os aspectos conceituais dessa relação e reflexão sobre a Igreja e a internet, e sobre como a Igreja se defrontou com essa "revolução das comunicações", nas palavras do Papa João Paulo II (2002, online) em sua *Mensagem para o 36° Dia Mundial das Comunicações*

Sociais. Aliás, essa foi a primeira vez na história que um pontífice abordou especificamente a internet em um documento oficial, já a partir do título do documento.

Nessa mensagem, o papa afirma que a internet é "um novo foro para a proclamação do Evangelho [...] entendido no antigo sentido romano do lugar público em que se decidia sobre a política e o comércio, onde se cumpriam os deveres, se desenrolava uma boa parte da vida social da cidade e se expunham os melhores e os piores aspectos da natureza humana". Portanto, esse lugar público, para João Paulo II, seria "uma nova fronteira que se abre no início deste novo milênio" que, "assim como as novas fronteiras dos outros tempos, também esta está cheia da ligação entre perigos e promessas".

Por outro lado, esse "novo mundo do espaço cibernético é uma exortação à grande aventura do *uso de seu potencial* para proclamar a mensagem evangélica" (grifo nosso). E a Igreja "aproxima-se deste novo meio com realismo e confiança", pois, "como os outros instrumentos de comunicação, *ele é um meio* e não um fim em si mesmo" e, portanto, "a internet pode oferecer magníficas oportunidades de evangelização, se *for usada* com competência e uma clara consciência de suas forças e debilidades" (grifo nosso).

João Paulo II também afirma que, embora a internet nunca possa substituir a "profunda experiência de Deus, que só a vida concreta, litúrgica e sacramental da Igreja pode oferecer", ela certamente pode contribuir "com um *suplemento e um apoio singulares*, tanto preparando para o encontro com Cristo na comunidade como ajudando o novo crente na caminhada de fé, que então tem início" (grifo nosso). Também fala da "oferta de um fluxo quase infinito de informação" na internet que, assim, "volta a definir a relação psicológica da pessoa com o tempo e o espaço".

Nesse contexto, afirma o papa, o desafio é "cultivar a sabedoria que deriva não só da informação, mas da introspecção", da "análise contemplativa do mundo, e [que] não derivam de uma simples acumulação de fatos, por mais interessantes que sejam". O papa também já salienta que "relações mantidas eletronicamente jamais podem substituir o contato humano direto, necessário para uma evangelização autêntica, porque a evangelização depende sempre do testemunho pessoal daquele que é enviado para evangelizar". Portanto, na evangelização da Igreja na internet, afirma João Paulo II, o desafio é fazer emergir o rosto de Cristo e ouvir sua voz.

Assim, o papa relaciona a internet a um "foro" e a uma "fronteira", duas imagens que remetem a trocas e negociações de diversos tipos, a um ambiente em que se desenrola "uma boa parte da vida social da cidade", com seus prós e contras. Mas a Igreja se "aproxima" desse "instrumento de comunicação" e vê esse "meio" a partir de suas "magníficas oportunidades de evangelização". Portanto, a internet é vista como um "suplemento e um apoio" da "vida concreta, litúrgica e sacramental da Igreja", que ocorre em outro ambiente, offline. Por outro lado, reconhece-se que há uma redefinição, a partir da internet, dos aspectos espaço-temporais da vida humana, com um excesso de informação. Como remédio, indicam-se a "introspecção", a "análise contemplativa do mundo", o "contato humano direto". Mas, em síntese, a internet é vista a partir de uma clara divisão ("nova fronteira") entre dois territórios. O lado de "lá" é uma *terra incógnita* para a Igreja, à espera de missionários e evangelizadores que a catequizem.

No mesmo ano, poucos dias depois, a Santa Sé, por meio de seu Pontifício Conselho para as Comunicações Sociais (2002), publicou dois documentos referentes à rede mundial, intitulados *Igreja e internet* e *Ética na internet*. Interessa-nos aqui o primeiro texto, pois é nele justamente que são levadas em consideração as "implicações da internet para a religião e, de maneira especial, para a Igreja católica" (Pontifício, 2002, online). O documento reconhece a grande rede como uma "maravilhosa invenção técnica", mas ainda permanecendo no nível de indicações de bons usos de um instrumento "relevante para muitas atividades e programas da Igreja". Retoma-se a consciência de que "não obstante a realidade virtual do espaço cibernético não possa substituir a comunidade interpessoal concreta, a realidade da encarnação dos sacramentos e a liturgia, ou a proclamação imediata e direta do Evangelho, contudo *pode completá-las*, atraindo as pessoas para uma experiência mais integral da vida de fé e enriquecendo a vida religiosa dos usuários" (grifo nosso). Assim, reforça-se novamente os benefícios da internet para as práticas da Igreja, considerando a ambiência digital como um "acréscimo" à "comunidade interpessoal concreta".

Logo depois dos benefícios, vem uma análise dos "problemas singulares" que a internet apresenta à Igreja, já que "o mundo dos *mass media* pode parecer indiferente e até mesmo hostil à fé e à moral cristãs". Assim, novamente, a Igreja analisa a internet como um mundo à parte, que precisa ser domado e catequizado para atender à moral cristã. Em plena expansão da rede (no ano seguinte, 2003, estourou a chamada "bolha das empresas ponto com"), a Igreja ainda não percebia que a internet estava perpassando todas as realidades sociais, não podendo mais ser analisada como um "extra" à vida social.

Por outro lado, retomando a preocupação pastoral, esclarece-se que "na internet não existem sacramentos; e até mesmo as experiências religiosas nela possíveis pela graça de Deus, *são insuficientes*, dado que se encontram separadas da interação do mundo real com outras pessoas na fé" (grifo nosso). Colocam-se em xeque, portanto, a sacralidade do ambiente online e também a densidade espiritual das experiências religiosas que nele ocorrem, consideradas como "insuficientes" por estarem "separadas" do "mundo real". Como veremos, essa concepção dual entre ambientes on e offline, marcados por "fronteiras" e separações claras, precisa ser sopesada. Encerrando o documento, afirma-se que "é preciso toda a temperança – uma abordagem disciplinada deste instrumento tecnológico surpreendente, a internet, a fim de o *utilizar de maneira sábia* e exclusivamente para o bem" (grifo nosso).

Além disso, manifesta-se um imaginário tecnológico que, mesmo à época, com o avanço da midiatização das sociedades, parece ultrapassado: "A internet é uma *porta aberta* para um *mundo maravilhoso e fascinante*, dotado de uma poderosa influência formativa; não obstante, nem tudo o que se encontra do *outro lado desta porta* é seguro, sadio e verdadeiro" (grifo nosso). Onde, exatamente, ficaria essa porta na situação comunicacional em que já nos encontrávamos, tão difusa e onipresente? Contudo, novamente, a Igreja vê uma divisão: agora não tão marcadamente entre dois territórios ("fronteiras"), mas sim entre dois ambientes ("porta") de uma mesma casa. Porém, na visão da Igreja, o lado de "lá" novamente traz consigo seus riscos e suas insuficiências.

Com o avanço da reflexão e das mudanças históricas e eclesiais, entretanto, foi a vez de Bento XVI dedicar-se à temática. Na Mensagem para o 43º Dia Mundial das Comunicações Sociais, em 2009, intitulada *Novas tecnologias, novas relações. Promover uma cultura de respeito, de diálogo, de amizade* (Bento XVI, 2009a, online), o pontífice reconhece que "as novas tecnologias digitais estão provocando *mudanças fundamentais* nos modelos de comunicação e nas relações humanas" (grifo nosso). Assim, dirigindo-se especialmente à "geração digital", o papa quis "partilhar algumas ideias sobre o potencial extraordinário das novas tecnologias, quando *usadas* para favorecerem a compreensão e a solidariedade humana" (grifo nosso). Embora reconhecendo as "mudanças fundamentais nos modelos" sociais, a Igreja continua percebendo as mídias apenas como utilitários à sua disposição, não reconhecendo a nova ambiência social que delas nasce.

Assim, dentro desse caráter utilitarista de um simples instrumento, os conteúdos a ser comunicados são a peça-chave: "Refletindo [...] sobre o significado das novas tecnologias, é importante considerar não só sua indubitável capacidade de favorecer o contato entre as pessoas, mas também a *qualidade dos conteúdos* que aquelas são chamadas a pôr em circulação" (grifo nosso). A impostação ainda é de ordem moral, em que o pontífice visa a incentivar a "promoção de uma cultura do respeito, do diálogo, da amizade" nas mídias digitais. Mas, embora Bento XVI dê um passo à frente ao reconhecer o surgimento de uma "nova cultura da comunicação", não percebe sua dimensão, pois convoca os jovens, que se encontram "quase espontaneamente em sintonia com estes novos meios de comunicação", a assumir "a tarefa da evangelização deste 'continente digital'". As mídias digitais, portanto, afastam-se ainda mais no horizonte do imaginário tecnológico da Igreja: antes havia dois territórios separados por uma "fronteira"; depois, dois ambientes separados por uma "porta". Agora, a distância aumenta: surge um "continente" à parte da sociedade em geral que precisaria ser conquistado pela Igreja e evangelizado.

No ano seguinte, também por ocasião do Dia Mundial das Comunicações Sociais, agora em sua 44ª edição, Bento XVI volta a abordar as mídias digitais, desta vez focando sua reflexão sobre *O sacerdote e a pastoral no mundo digital: Os novos media ao serviço da Palavra* (Bento XVI, 2010, online). Novamente, o foco se volta para a preocupação interna da Igreja com relação à internet, ou, melhor, das "novas possibilidades para exercer seu [do sacerdote] serviço *à* Palavra e *da* Palavra". A compreensão das mídias segue sendo a de um meio neutro, que depende de uma boa utilização por parte da Igreja e de seus membros: os sacerdotes são convocados a "multiplicar seu empenho em *colocar os media ao serviço* da Palavra", já que o mundo digital põe "*a nossa disposição* meios que permitem uma capacidade de expressão praticamente ilimitada, [que] abre perspectivas e concretizações notáveis" (grifo nosso) para a evangelização.

Por outro lado, aborda-se o "risco de uma utilização determinada principalmente pela mera exigência de marcar presença e de *considerar erroneamente a internet apenas como um espaço a ser ocupado*" (grifo nosso). Vê-se aqui uma tentativa de correção das abordagens eclesiais anteriores, em que se falava da internet como "fronteira", como "porta" e como um "continente digital". Porém, logo na frase seguinte, já se pede aos presbíteros "a capacidade de *estarem presentes* no mundo digital em constante fidelidade à mensagem evangélica" (grifo nosso). Portanto, a internet não é um "espaço a ser ocupado" em que a Igreja deve meramente "marcar presença" – mas, por via das dúvidas, é melhor que os presbíteros lá estejam...

O imaginário da internet apresentado nesse novo texto remonta às origens da rede, ao se afirmar que "a Palavra [de Deus] poderá assim fazer-se ao largo no meio das *numerosas encruzilhadas* criadas pelo denso *emaranhado das autoestradas* que sulcam o ciberespaço" (grifo nosso). Também se retoma novamente a imagem do "continente digital" e da "'ágora' moderna criada pelos meios atuais de comunicação", ainda dentro da perspectiva de novos espaços para a evangelização. Assim, na visão da Igreja, a ambiência digital hoje – além de um "continente" à parte, ou de um território separado por uma "fronteira", ou ainda de um ambiente separado por uma "porta" – é apenas algo pelo qual simplesmente passamos ("encruzilhadas", "autoestradas"), sem afetar a Igreja e sem sofrer afetações por parte da sociedade.

Por fim, um dos últimos documentos oficiais da Igreja a se debruçar exclusivamente sobre as mídias digitais foi a mensagem de Bento XVI por ocasião do 45° Dia Mundial das Comunicações Sociais, em 2011, intitulada *Verdade, anúncio e autenticidade de vida, na era digital* (Bento XVI, 2011, online). O texto aponta para um novo tom do discurso, mais aberto às profundas transformações sociais que as mídias digitais fomentam, afastando-se de uma visão meramente utilitarista de meios enquanto aparatos tecnológicos. Segundo o papa, "vai-se tornando cada vez mais comum a convicção de que, tal como a revolução industrial produziu uma mudança profunda na sociedade por meio das novidades inseridas no ciclo de produção e na vida dos trabalhadores, também hoje a *profunda transformação operada no campo das comunicações guia o fluxo de grandes mudanças culturais e sociais*" (grifo nosso). Nesse sentido, continua o pontífice, "as novas tecnologias estão mudando não só o modo de comunicar, mas a *própria comunicação em si mesma*, podendo-se afirmar que estamos perante uma *ampla transformação cultural*" (grifo nosso). Está nascendo assim, afirma o papa, "uma *nova maneira de aprender e pensar,* com oportunidades inéditas de estabelecer relações e de construir comunhão" (grifo nosso). Portanto, a Igreja reconhece e se vê envolta nesse "fluxo de grandes mudanças culturais e sociais", em que é necessário reaprender-se e repensar-se diante do novo contexto.

A rede – continua o texto – "tornou-se parte integrante da vida humana. A web está contribuindo para o desenvolvimento de *formas novas e mais complexas* de consciência intelectual e espiritual, de certeza compartilhada" (grifo nosso), afirma Bento XVI. Fala-se também de "extraordinárias potencialidades da rede internet e a *complexidade de suas aplicações*" (grifo nosso). O documento demonstra também um grande avanço na reflexão da Igreja acerca da comunicação contemporânea ao afirmar que "no mundo digital, transmitir informações significa com frequência sempre maior inseri-las numa rede social, onde o conhecimento é partilhado no âmbito de intercâmbios pessoais. *A distinção clara entre o produtor e o consumidor da informação aparece relativizada*, pretendendo a comunicação ser não só uma troca de dados, mas também e cada vez mais uma partilha. Esta dinâmica contribuiu para uma *renovada avaliação da comunicação*, considerada primariamente como diálogo, intercâmbio, solidariedade e criação de relações positivas" (grifo nosso).

Em nível comunicacional, portanto, o texto demonstra o avanço de reconhecer que a "consciência intelectual e espiritual" está sofrendo transformações a partir dos usos e apropriações sociais da internet. Não apenas a Igreja e suas práticas passam por uma necessidade de "renovada avaliação", mas também a própria comunicação em si mesma. Percebe-se isso ao reconhecer que a comunicação vai além de meros conteúdos postos em circulação: "As dinâmicas próprias dos social network mostram que uma pessoa acaba sempre envolvida naquilo que comunica. Quando as pessoas trocam informações, estão já a partilhar-se a si mesmas, sua visão do mundo, suas esperanças, seus ideais. [...] Aliás, também no mundo digital, não pode haver anúncio de uma mensagem sem um testemunho coerente por parte de quem anuncia" (grifo nosso). E disso o papa tira suas conclusões em nível pastoral e missionário como desafio aos cristãos e cristãs de hoje.

Outro avanço é quando o papa percebe que existem determinadas *"lógicas típicas da web"*, inclusive convidando os cristãos e cristãs a desafiá-las. Mas, em sua análise, ele não vai até as últimas consequências dessa afirmação, realizando apenas um exame de fundo moral acerca dessas lógicas, sem explicitar seu funcionamento sociocomunicacional *restrito, particular e específico*, anterior à própria moral, e que, no fundo, a molda e a afeta.

Porém, volta-se a analisar as mídias digitais de forma polarizada, em prós e contras (sem aprofundar a "complexidade de suas aplicações", nas palavras do pontífice). Assim, são examinados alguns "*limites típicos* da comunicação digital: a parcialidade da interação, a tendência a comunicar só algumas partes do próprio mundo interior, o risco de cair numa espécie de construção da autoimagem que pode favorecer o narcisismo" (grifo nosso). Ou, então, quando se afirma que "a presença nestes espaços virtuais pode ser o sinal de uma busca autêntica de encontro pessoal com o outro, *se se estiver atento para evitar seus perigos*". Ou, ainda, ao abordar as amizades no ambiente digital, quando se diz que "esta é uma grande oportunidade, mas exige também uma *maior atenção* e uma *tomada de consciência quanto aos possíveis riscos*" (grifo nosso). A complexidade e as lógicas digitais e sua relação com as práticas sociorreligiosas, assim, esfumam-se em apontamentos de ordem moral, a partir de uma visão de "benefícios versus malefícios" na internet.

Por fim, o texto retoma a primeira imagem de João Paulo II ("foro" romano), agora atualizada como "areópago digital": "O envolvimento cada vez maior no público areópago digital dos chamados *social network* leva a estabelecer novas formas de relação interpessoal, influi sobre a percepção de si próprio e por conseguinte, inevitavelmente, coloca a questão não só da justeza do próprio agir, mas também da autenticidade do próprio ser", afirma Bento XVI. Mas esse "lugar público digital" já não aparece tão dividido da vida social, já que estabelece novas formas de relação interpessoal. Porém, afirma-se que "é importante nunca esquecer que o contato virtual não pode nem deve substituir o contato humano direto com as pessoas, em todos os níveis de nossa vida". Assim, embora a divisão entre dois mundos tenha tido seus altos e baixos na reflexão da Igreja, avança-se na percepção de que esses dois mundos, cada vez mais, se afetam e se condicionam mutuamente. Daí os receios e medos de ordem moral da Igreja, atenta para não ser afetada e condicionada excessivamente enquanto instituição pelas novas práticas sociais – quando, na realidade, a transformação já ocorria profunda e subterraneamente "a partir de baixo", das pequenas revoluções sociocomunicacionais de seus fiéis.

A partir desse cenário, é necessário repensar o próprio imaginário tecnológico da Igreja, embebido ainda por uma visão não sintonizada com o avanço dos tempos. As mídias digitais não estão separadas das práticas sociais por "fronteiras" ou "portas" quaisquer, em uma espécie de "continente" à parte, pois já fazem parte intrínseca da ampla maioria dos processos sociais, incluindo as práticas religiosas, fenômeno que é reforçado ainda mais pelas mídias digitais móveis. E muito menos são "autoestradas" que se cruzam ou se emaranham, como se fossem apenas um conduto por onde as informações circulam ou um espaço coletivo por onde simplesmente se passa, sem gerar modificações no ambiente nem sendo modificado por elas. Também não estamos diante de uma "arena" ou de uma "ágora", o que reforçaria a imagem de um espaço neutro onde o que está em debate são apenas "ideias". Muito além das ideias ou do "conteúdo", é o próprio "meio" que é a mensagem, como diria McLuhan[2]. São as lógicas midiáticas que passam a perpassar as práticas sociais como um todo. As mídias digitais, como manifestação do fenômeno da midiatização, geram uma nova ambiência (Gomes, 2010), ou seja, uma nova experiência espaço-temporal-material que condiciona (mas não necessariamente determina) a Igreja e suas práticas religiosas. Porém, é preciso reconhecer que a Igreja pensa em séculos, o que, sem dúvida, lhe dá uma enorme liberdade para lidar com eventos micro-históricos. Todavia, na atual dinâmica social, os tempos tam-

---

[2] MCLUHAN, Marshall. *Os Meios de Comunicação como Extensões do Homem*. São Paulo: Cultrix, 1964.

bém estão sofrendo uma evolução em termos de dinamicidade, rapidez, velocidade, o que exige novas posturas.

Como vemos, portanto, a Igreja Católica foi desenvolvendo um longo percurso de aproximação às mídias digitais, muitas vezes, porém, mantendo uma relação de "amor e ódio" com elas. Talvez isso aconteça como decorrência de a Igreja ter estado no centro de inúmeras crises e polêmicas midiáticas. Contudo, com Bento XVI (eleito em 2005, podendo por isso ser considerado o primeiro pontífice de uma era em que as mídias digitais já se encontram instaladas), manifesta-se o surgimento de uma nova postura institucional da Igreja perante o contexto das mídias. Para alguns autores, o que vivenciamos ao longo dos últimos anos com o avanço da internet pode ser considerado como uma "reforma digital". Para Drescher (2011, p. XV), "as mídias sociais digitais estão mudando as práticas de comunicação, de comunidade e de liderança" e, ao mesmo tempo, "estão nos reconectando a práticas relacionais antigas e medievais que foram esquecidas ou abandonadas ao longo dos séculos desde as Reformas Europeias".

Além disso, segundo a autora, passam a surgir na internet "novos modos globalizados de acesso, participação, cocriatividade e autoridade distribuída" (Drescher, 2011, p. 1). As semelhanças e diferenças com a Reforma da Idade Média é que a reforma digital "é mais claramente guiada pelas espiritualidades muitas vezes *ad hoc* de fiéis comuns [...] que, de um lado, têm um novo acesso aos recursos da tradição cristão semelhantes àqueles ofertados pela imprensa, mas que, por outro lado, têm acesso a meios tecnológicos de conexão, criatividade e colaboração com esses recursos que permaneceram nas mãos de uma estrita elite mesmo depois das Reformas Protestantes. Diferentemente das reformas da Igreja anteriores, a Reforma Digital é guiada não tanto por teologias, dogmas e políticas [...], mas sim pelas práticas espirituais digitalmente acentuadas de fiéis comuns com acesso global a cada um e a todas as formas de conhecimento religioso previamente disponível apenas a clérigos, estudiosos e outros especialistas religiosos" (Drescher, 2011, p. 2).

Frente a esse contexto, a alta hierarquia da Igreja Católica, especificamente, respondeu a esse fenômeno com uma espécie de "contrarreforma digital", apropriando-se das mídias digitais. Alguns exemplos: em 2010, com grande repercussão midiática, foi lançado o site de notícias oficial da Santa Sé, News.va (www.news.va), para uma maior inserção da Igreja nas redes sociais online. Um ano depois, o site do Vaticano (www.vatican.va) foi reformulado, apresentando uma nova disposição dos conteúdos e possibilitando seu acesso em celulares e leitores eletrônicos. Em 2012, a centenária Rádio do Vaticano anunciou que deixaria de transmitir sua programação em ondas médias e curtas na maior parte da Europa e da América, reforçando sua transmissão por meio da internet. Nesse processo de reviravolta sociocomunicacional, portanto, a Igreja ainda está tateando em busca de um reposicionamento institucional, mas já percebe os sinais de mudança, inclusive internos à Igreja, como as "profundas mudanças" geradas pelo desenvolvimento das "lógicas" e "dinâmicas próprias" do fenômeno comunicacional contemporâneo, segundo as expressões utilizadas por Bento XVI em seus últimos documentos sobre o tema.

Esse panorama de documentos oficiais da Igreja nos permite dar agora um salto para um novo patamar de análise a partir de um ponto de vista mais aprofundado acerca da relação mídia/religião e Igreja/internet. Assim, deslocamos o eixo de análise para um diálogo e debate com os demais pesquisadores que se detiveram sobre o fenômeno que aqui chamamos de midiatização digital da religião, para perceber – para além do dispositivo tecnológico, para além do conteúdo, "para além do bem e do mal" de uma perspectiva meramente de ordem moral – o que realmente está em jogo, tanto para a Igreja como para a sociedade, nessa nova interface religião/internet.

2.2. Religião e internet:
Continuidades, rupturas e transformações

No âmbito acadêmico propriamente dito, as relações e interfaces entre religião e internet vêm sendo um dos focos de análise para a compreensão dos atuais processos comunicacionais que ocorrem a partir das mídias. Segundo Hoover (2001, p. 1), as relações entre internet e religião "envolvem interconexões em camadas entre símbolos, interesses e sentidos religiosos e a moderna esfera midiática dentro da qual grande parte da cultura contemporânea é produzida e conhecida". Ou seja, estão embebidas pelo fenômeno da midiatização, pois a mídia já não é apenas um fator de mediação ou de extensão das capacidades comunicacionais e religiosas do ser humano, mas torna-se também a ambiência em que esses fenômenos sociais ocorrem.

Em uma sociedade midiatizada as "janelas das casas vão sendo suplantadas pelas telas dos televisores e dos computadores, e as praças públicas e ruas, outrora lugares coletivos dos encontros, para um número crescente da população vão sendo mudadas pelos chats e as incursões nos sites da rede" (Gómez apud Carvajal, 2009, p. 28). O que está em jogo na relação mídia/religião é adaptar-se ou morrer: "A mensagem religiosa é complexa, de difícil difusão em nível massivo por sua própria composição, especialmente hoje. Antes, o átrio da igreja era suficiente para chegar a uma comunidade. Atualmente, são necessários outros canais para chegar a uma população cada vez mais ampla e dispersa (Carvajal, 2009, p. 28).

A religião em midiatização, também "aponta para mudanças estratégias nos próprios modos de funcionamento do campo religioso", afirma Borelli (2010, p. 16). Exemplo disso são os templos e igrejas já organizados a partir de um complexo sistema de produção de sentidos religiosos. Seus edifícios se munem de telões, projetores e alto-falantes, e suas instituições se munem de emissoras de rádios, canais de televisão, sites.

Assim, com a apropriação da internet como ambiência para a prática e a vivência da fé, o indivíduo passa a contar com novos predicados e encontra-se diante de uma nova gama de possibilidades em sua relação com o sagrado. Isso caracteriza uma mudança, em certo sentido, na vivência e na prática da fé como vinha sendo feita historicamente nos templos territorializados ou no cotidiano pré-internet dos fiéis. Isso se deve ao fato de que a internet "não tanto 'comunica algo em torno ao real', mas 'transforma o real, dá forma ao real'", segundo Grillo (2011, p. 31). Por isso, a internet é "*'kein normales Medium* [não um meio normal], justamente pelo fato de se 'interpôr' tão poderosamente com relação à imediatez do 'face a face': imitando a realidade até a virtualidade, ela se afasta também radicalmente da imediatez real, embora simulando-a como nenhuma outra mídia" (Grillo, 2011, p. 32).

Assim, podemos dizer que a internet também tem um profundo impacto sobre a formação da identidade religiosa dos fiéis. A construção e a representação da experiência religiosa do fiel, realizadas na internet, passam por alterações, especialmente no que se refere aos "desejos e as expectativas que o ser humano sempre teve e aos quais ele tenta responder [mediante a internet], isto é: conexão, relação, comunicação e conhecimento" (Spadaro, 2011, p. 2).

Essas alterações se devem ao fato de lidarmos, nas práticas comunicacionais realizadas na internet, com o computador – ou outro aparato digital –, que "envolve o usuário, primeiramente por meio da visão, em formas de telepresença que podem imitar qualquer um e todos os sentidos. Provavelmente, aqueles que mais imergem na cultura da internet desenvolvem uma espécie de sinestesia que lhes permite exercer todos os sentidos por meio de seus olhos e de seus dedos (Wilbur apud Young, 2004, p. 102). Dentro desse contexto, "cada uma das formas de comunicação utiliza um complexo diferente de sentidos e [...] o complexo particular peculiar às práticas materiais de comunicação em cada cultura – o 'sensorium' – tem um profundo impacto sobre a formação da identidade individual e cultural", como indica O'Leary (2004, p. 38). Conforme Añez (2003, p. 92), "cada avanço histórico dos meios de comunicação foi marcado por uma nova maneira de fazer e de perceber". Assim, com o desenvolvimento das tecnologias digitais, não só se podem fazer novas coisas, mas também são modificados os "padrões cognitivos, os modos perceptuais de ver, os mecanismos de contato com a realidade social e com nosso imaginário pessoal" (Añez, 2003, p.

92). Por isso é preciso estar atento aos "modos de consciência e [às] formas de comunalidade possibilitados e promovidos pelas tecnologias e práticas da comunicação" (O'Leary, 2004, p. 38) como a internet.

Por causa da irrupção desse novo *sensorium* possibilitado em especial pela comunicação computacional e pela internet, a mídia está passando a se constituir em um domínio em que a noção do Eu (*self*) passa a ser construída por meio de um trabalho espiritual, transcendente e profundamente significativo. Forma-se, portanto, uma nova identidade individual, comunitária e até mesmo religiosa a partir de uma religiosidade midiatizada moldada por um conjunto de práticas cômodo, terapêutico e personalizado. Assim, convergindo, ambos os sistemas sociais – comunicacional e religioso – moldam e caracterizam o mundo cotidiano da experiência vivida do indivíduo e das instituições, influenciando em suas formas de comunicar e de se inter-relacionar. "Crenças, práticas e autoridades organizacionais convencionais ou exclusivas estão sendo confrontadas com soluções alternativas, com visões de mundo concorrentes e formações sub ou intergrupais. Nesse ambiente alternativo de crescente pluralismo, reflexividade e múltiplas possibilidades individuais, novas formas de estruturar e de pensar questões como realidade, autoridade, identidade e comunidade inevitavelmente estão emergindo", apontam Højsgaard e Warburg (2005, p. 5).

Ou seja, não são meramente tecnologias neutras a serviço das práticas sociais e religiosas, mas também trazem consigo lógicas e modos de consciência que afetam e condicionam tais práticas. "Se a Rede entra no processo de formação da identidade pessoal e das relações, ela não terá também um impacto sobre a identidade religiosa e espiritual dos homens e mulheres de nosso tempo e sobre a própria consciência eclesial?" (Spadaro, 2011, p. 2). Assim, não é apenas uma questão puramente tecnológica, já que não é a "internet" que gera a religião, mas sim as pessoas e suas práticas sociais. E, hoje, os sites religiosos "*estão* sendo produzidos e usados por pessoas que não vivem suas vidas inteiras 'na tela'" (Højsgaard; Warburg, 2005, p. 9). Ou seja, é preciso pensar a comunicação a partir de suas processualidades em termos de midiatização, de um processo social mais amplo que envolve e é envolvido pelas mídias, mas que também as ultrapassa. É preciso passar de um nível de análise puramente voltado às tecnologias, para uma reflexão fenomenológica, a partir dos processos sociais desencadeados pela relação técnica/ser humano, a partir das novas tecnologias da comunicação. Como veremos adiante, não é simplesmente uma questão de *determinismo* tecnológico, mas sim de *coevolução* entre mídia/religião, a partir das possibilidades oferecidas pela internet e pelos usos, práticas e apropriações por parte do usuário. E isso não se dá apenas no interior das processualidades puramente da técnica, mas também em todos os demais âmbitos da vida social, agora permeados e embebidos pela midiatização.

É esse aparente paradoxo entre velho e novo na relação entre experiência religiosa e internet – que retoma, ressignificados, processos e valores históricos e, ao mesmo tempo, intensifica mudanças que já estão ocorrendo na sociedade, fomentando possibilidades inteiramente novas – que está em jogo em uma compreensão mais aprofundada da religiosidade digital online. Esse processo, naturalmente, ocorre em continuidade com fenômenos anteriores, como o tele-evangelismo possibilitado pelo rádio e pela TV, ou ainda com processos pré-midiáticos, como as celebrações nos templos territorializados. Segundo Brasher (2004), cabe questionar, como indicava McLuhan, o que cada nova tecnologia torna obsoleto. Isto é, mais especificamente, com o surgimento das modalidades de religiosidade online, que outras modalidades se tornam obsoletas? Ou, melhor, *em que aspectos* e *como* se tornam obsoletas? "A questão não é *se*, mas sim *como e quando* as tradições e as organizações religiosas irão mudar e ser mudadas pelo envolvimento no mundo online" (Brasher, 2004, p. XIV, grifo nosso).

Assim, para além das continuidades, o que importa são as diferenças, as *descontinuidades*, ainda a serem exploradas. Descontinuidades que são marcadas justamente pelo selo da internet, pois um dispositivo como ela "condiciona a circulação da mensagem – construção, consumo e reconstrução" (Carvajal, 2009, p. 28). Assim, é importante entender a tecnologia como um processo social, que modifica e é modificado por seus usuários. Em razão disso, "afirmações acríticas sobre a internet como algo 'novo' e separado de outros processos na sociedade precisam ser questionadas" (Højsgaard; Warburg, 2005, p. 5). Ao contrário, a internet, incorporada à esfera social, sofre "uma espécie de 'domesticação', de acordo com os valores da comunidade onde está inserida" (Carvajal, 2009, p. 28): ou seja, é preciso estar atento à constante interação entre fatores técnicos e sociais.

Nesse novo paradigma comunicacional, a "virtualidade, o multimediático, o hipertexto, a interatividade nada mais são do que os signos instrumentais de uma nova informática que incide sobre os modos de produção e recepção de mensagens" (Añez, 2003, p. 88). Hoje, continua o autor, manifesta-se "um tipo de discurso arraigado na existencialidade do ser humano, que desdobra sua riqueza mítica, icônica e simbólica em um suporte tecnológico de vanguarda como a internet". É por isso que, defende o autor, o religioso católico na internet é marcado por uma "tendência a transplantar, sem modificar nem alterar, a iconografia utilizada historicamente por meio dos diversos meios de comunicação" (Añez, 2003, p. 103). Mesmo que o autor se refira a aspectos pictóricos, cabe questionar se este "transplante" realmente ocorre "sem modificar nem alterar" a experiência religiosa como um todo. Embora para as igrejas isso ocorra dessa forma, como se se passasse o vinho de um odre velho para um novo – para utilizar uma analogia bíblica[3] –, o que significa essa transferência? Parece-nos que ocorrem graves modificações e alterações, tanto para a mensagem, para a Igreja, para o usuário, como para as modalidades de interação entre eles – nesse sentido, novamente, uma verdadeira *coevolução* desses fatores. Assim, é

---

[3] Fazemos, aqui, referência ao trecho evangélico de Mateus 9, 17, que diz: "Também não se põe vinho novo em odres velhos, senão os odres se arrebentam, o vinho se derrama e os odres se perdem. Mas vinho novo se põe em odres novos, e assim os dois se conservam".

importante analisar como se dão essas encarnações contemporâneas da religião por meio da mídia, e como elas lidam com a continuidade da tradição, como esta se adapta e sobrevive historicamente nesse novo ambiente comunicacional.

Conforme Brasher (2004), para que o sagrado tenha substância e corresponda às necessidades de cada época, todas as gerações articulam ideias do divino que devem ser críveis e significativas a seu próprio período histórico. Nesse sentido, ao longo da história, os encontros com o sagrado são contados pelas gerações, especialmente as originárias, como eventos da vida cotidiana: Moisés que, em seu pastoreio, encontra uma sarça em fogo; o anjo Gabriel que se manifesta a Maomé no deserto ou a Maria enquanto faz seus afazeres domésticos; Jesus que opera seus milagres em situações corriqueiras da vida do povo etc. Ou seja, *hierofanias* na vida diária. Nesse contexto, as redes digitais são o componente dominante da paisagem do século XXI. Por isso também há sinais do transcendente dentro de seus domínios. Os fiéis buscam a presença de Deus também na internet. E, como Moisés, as pessoas sobem essa montanha digital porque veem uma chama em seu topo, assim como o patriarca judeu viu a sarça ardente no Monte Horeb.

Portanto, cabe-nos agora compreender alguns pontos centrais dessa transição e deslocamento de elementos do sagrado do mundo offline para o mundo online. Aqui novamente estão em jogo algumas continuidades e rupturas, e principalmente *coevoluções*. O mais importante é compreender *em que sentido ocorre a mudança* nas modalidades de experiência religiosa.

2.3. Religião na internet:
A prática religiosa na era das mídias digitais

"As pessoas estão fazendo de forma online grande parte do que fazem offline, mas estão fazendo isso de forma diferente", afirmam Dawson e Cowan (2004, p. 1). Na verdade, "há muito pouco no mundo real que não esteja eletronicamente reproduzido online, e há muito pouco online que não tenha fundamento ou referente offline" (Dawson; Cowan, 2004, p. 6). Em geral, portanto, as pessoas usam a internet em continuidade com suas vidas offline, ou mesmo ampliando-as.

Poderíamos dizer que ocorre hoje uma "diáspora" (cf. Brasher, 2004) da experiência religiosa, já que a internet torna-se o ambiente para o qual grande parte (senão todas) as religiões tradicionais vão, aos poucos, se deslocando. Citando o trabalho do jesuíta norte-americano Walter J. Ong (1912-2003), Brasher (2004) afirma que esse deslocamento para as mídias eletrônicas transforma o "sensorium" humano, ou seja, as interações entre som, olfato, visão, tato e até imaginação, por meio das quais experienciamos a vida e o sagrado. Essas interações, segundo a autora, são agora reconstruídas eletronicamente, criando novas áreas do desconhecido e campos imprevistos de necessidade religiosa, o que leva à necessidade, por parte das religiões, de desenvolver novos rituais e mediações teológicas.

O que percebemos é a "emergência de novas formas, contextos e experiências de rituais [religiosos], muitos dos quais são possíveis apenas porque vivemos em um tempo em que a mídia desempenha um papel tão importante" (Hoover, 2001, p. 4). Contudo, questiona o autor, "essa nova forma de ser religioso [na internet] irá fazer alguma diferença na forma como a religião será concebida e praticada no futuro?" A grande questão é perceber o que essas "experiências e práticas [religiosas] que evoluíram na era da mídia" – ou seja, aqueles fenômenos religiosos que dependem da mídia e que, sem ela, não existiriam – possuem de *realmente novo e tensionador*. É a partir desse questionamento que tentaremos analisar aqui algumas da prática religiosa no ambiente online.

Em primeiro lugar, há uma diferença de nível entre a religião *na* internet e a religião *pela* internet. Os estudos anglófonos geralmente esclarecem essa diferenciação mediante os conceitos de "*religion online*" e "*online religion*". Young (2004, p. 93), por exemplo, define "*religion online*" como a "recepção de informações" sobre religião pela internet. Já a "*online religion*" é a "participação em uma atividade" religiosa na internet. Essa taxonomia está baseada em função do "tipo de comunicação que elas apresentam ao usuário [...] e, paralelamente, do tipo de 'fazer religioso' que o usuário está buscando", afirma Costa e Silva (2005, p. 5). Dessa forma, o "fazer religioso" da *religion online* (da religião *na* internet) é um fazer de tipo informacional, em que o fiel se informa sobre a religião. Já a *online religion* (religião *pela* internet), é um fazer de tipo litúrgico-ritual, em que o fiel pratica sua religião por meio de determinadas práticas religiosas.

Mas a *"religion online"* e a *"online religion"*, em vez de opostas, são dois tipos de expressão e de atividade religiosas que existem em continuidade na internet. Por isso é importante perceber a "religião na internet" como um convite ao fiel para *participar* da dimensão religiosa do mundo por meio da internet ("religião pela internet"). Aqui, contudo, interessamo-nos mais pela segunda modalidade, a "religião pela internet" em que os fiéis vivenciam, praticam e experienciam sua fé.

Young (2004) explicita ainda uma segunda diferenciação na experiência religiosa online: uma experiência que pode ser *totalmente online* ou que pode *estar conectada ao mundo offline*. Na primeira situação, ela dá o exemplo de sequências de oração feitas apenas no computador, em que o fiel as acompanha na tela do computador. Ou seja, um ritual que ocorre totalmente online. Na segunda situação, a autora exemplifica com os pedidos de oração que remetem para o mundo offline, ou seja, para grupos e comunidades que irão rezar pelos pedidos feitos pelos fiéis via online. Ou ainda as missas e demais ritos gravados e transmitidos via web.

Contudo, defende a autora, um ritual online não pode existir sem fazer referência às vidas offline daqueles que participam no ritual. Os sites que parecem ser "as instâncias mais claras de religiosidade online não existem completamente online. Mesmo ali, a experiência online interage com o mundo offline" (Young, 2004, p. 103). E isso, afirma, pode se dar de duas formas: por meio de uma experiência *lembrada* (para o caso daqueles fiéis que já vivenciaram uma experiência semelhante no ambiente offline, como aqueles que assistem uma missa pela internet trazendo consigo uma bagagem de lembranças das missas em que participaram em igrejas territorializadas) ou mesmo *imaginada* (em que o fiel que nunca acendeu uma vela como ritual, por exemplo, constrói essa experiência na internet a partir dos elementos religiosos que já possui de outras experiências).

Por isso, um dos conceitos-chave para a compreensão das inter--relações entre religião e mídia é justamente a noção de *prática*, ou seja, a "prática factualmente situada de interação religiosa online" (Højsgaard; Warburg, 2005, p. 5). Desviando o foco das estruturas ou das instituições sociais formais, é importante situar-se justamente "no meio dessas coisas, onde indivíduos e comunidades podem ser vistos ativos na construção de sentido" (Hoover, 2001, p. 2), ou seja, nas "interações entre textos, produtores, receptores e os contextos em que eles residem" (Hoover, 2001, p. 4).

Aproximando a questão da prática religiosa com a teologia, Herring (2005) fala de *teologia contextual*, ou seja, uma teologia que não se interessa diretamente pelo discurso sobre Deus (ou a *religion online*, "religião *na* internet"), mas sim pelo *contexto* – as circunstâncias específicas – em que as pessoas interagem com Deus (ou a *online religion*, a "religião *pela* internet"). Em síntese, não como as pessoas creem ou devem crer (*doxa*), mas sim como as pessoas expressam e praticam sua fé (*praxis*). Por isso, em nosso caso, não basta apenas compreender o conteúdo da fé vivenciada pelo fiel na internet, mas também é preciso analisar o *contexto sociocomunicacional* da interação do fiel com o sistema católico online.

Portanto, a análise da interface religião/mídia precisa se deter sobre *práticas reais* em *contextos reais*. Nesse sentido, segundo Hoover (2001), algumas díades merecem nossa reflexão. Por exemplo, práticas religiosas como as "velas virtuais" são uma experiência *privada* ou *pública* de religiosidade que se desenvolve a partir das mídias? São manifestações *populares* ou *legitimadas* de religiosidade? Estão dentro da corrente católica *principal* ou *marginal*? Sua manifestação (que envolve formas de expressão, símbolos, práticas e história) é *explícita* ou *implícita*? É uma experiência *direta* ou *mediada*[4]?

Assim, surge um ponto de interrogação quando ocorre uma substituição do ato de dar as mãos entre corpos reais e em tempo real por palavras digitadas ou imagens e sons gerados por computador (cf. Dawson; Cowan, 2004). Essas *microalterações* na vivência da fé não são apenas uma mudança de forma, mas sim, em sentido mcluhaniano, uma mudança de conteúdo: técnica e humano, aqui, coevoluem de forma midiatizada, gerando novos predicados sócio-humanos. Por isso, no que se refere às manifestações religiosas católicas online, é necessário responder *em que* as novas modalidades de religiosidade possibilitadas pela internet *aumentam* ou *complementam* as experiências offline de interação entre fiel/Igreja/Deus. Se o indivíduo busca essas novas modalidades, é em resposta a uma busca anterior por algo diferente, ou porque o que ele descobriu na internet *difere em algo* de sua experiência offline que o atrai.

Uma das formas mais específicas dessas novas práticas religiosas é o que chamamos de *rituais online*, ou seja, em síntese, atos e práticas de fé em ambientes digitais[5]. Mas, como indica Casey (2008), um ritual nem sempre é religião, e a religião nem sempre é ritual. Para a autora, os rituais religiosos são *atos de crença*, porque são referências e preservam a confiança em realidades invisíveis. Para uma melhor compreensão do conceito, Grimes (2001) afirma que o ritual é um meio de comunicação, porém representado: é um *multimeio*, isto é, um "evento de múltiplas mídias circunscrito, fora do ordinário – reconhecido por pessoas de dentro e de fora como distintivamente além do mundano – em que palavras e ações prescritas

---

[4] Segundo o autor, a comunicação mediada intervém sobre a experiência direta de oração, louvor, piedade etc. e, assim, a prejudica ou mesmo a destrói. Tentaremos tensionar e sopesar essa afirmação ao longo de nossas análises.

[5] Aprofundaremos esse conceito no capítulo 4.5 e a análise empírica dos rituais online, no capítulo 6.

são repetidas e dilemas cruciais da humanidade são evocados e levados a uma resolução sistemática (Combs-Schilling apud Grimes, 2001, p. 228).

Para Añez (2003, p. 87), "toda crença, cerimonial e ritual religioso constituem em si uma técnica de representação e vivência do sagrado". Com a revolução tecnológica, especialmente a partir do computador e da internet, portanto, "a antiga concepção do poder ritualístico da ação simbólica [...] não morreu; ela sobreviveu dentro dos domínios agora limitados da Igreja e se tornou um novo lar na rede de comunicação global" (O'Leary, 2004, p. 44). Assim, afirma o autor, as novas formas inovadoras na comunicação foram acompanhadas por uma bricolagem, com os "fragmentos do velho sistema [sendo] incorporados no novo mosaico cultural".

Aqui entram em jogo também os modos para se compreender os processos sociocomunicacionais nos quais os rituais online estão envolvidos. Afinal, um ritual traz novas questões de espaço-tempo; de comunicação, discurso e narrativa; e de construção de sentido e de valores. "As novas mídias [como a internet] não apenas acrescentam algo a um ambiente, mas efetuam uma mudança qualitativa nesse ambiente. [...] O ciberespaço não oferece simplesmente outro 'espaço' no qual se realizam rituais, mas induz a uma mudança qualitativa ao que é considerado um ritual religioso viável" (Casey, 2008, p. 2, nota de rodapé). Surge, assim, uma nova ambiência e uma nova ecologia midiático-religiosa, que se manifestam nos rituais online e em seus protocolos e liturgias.

Por essa razão, não podemos mais manter uma análise estrita de ritual como ações e gestos concretos que envolvem elementos concretos como cálice, pão, vinho, incenso etc. Na experiência online, esses elementos são substituídos por simulações textuais, imagéticas e audiovisuais, como na ambiência construída pelos sites católicos em torno dos rituais das velas virtuais e dos pedidos de oração. Isto é, o ritual não requer a presença física dos elementos para ser efetivo. A realidade textual, imagética ou audiovisual, radicalizando o *sensorium* das mídias digitais, busca assegurar a eficiência do ritual. "Significante e significado são fundidos na simulação textual [e também imagética e audiovisual] das experiências sensórias offline" (O'Leary, 2004, p. 51).

Para Fernback (2001), é importante analisar a questão dos rituais como um *processo*, em que os fiéis participam de determinadas formas. Ritual, portanto, seria "a performance de sequências mais ou menos invariáveis de atos e ditos formais não codificados pelos performancistas", citando as palavras do antropólogo norte-americano Roy Rappaport (1926–1997) (apud Fernback, 2001, p. 257). Essa performance seria a corporificação do contrato social, o que transforma o ritual no "ato social fundamental sobre a qual a sociedade se fundamenta" (Rappaport apud Fernback, 2001, p. 257). Para a compreensão de um ritual, assim, é preciso responder a algumas questões centrais: "Quem são os atores? O que constituiu o palco e os bastidores? Onde está a audiência? Que roteiros ditam a performance?" (Grimes, 2001, p. 230).

Segundo Grimes (2001), também podemos compreender os rituais online como um *processo de ritualização*, ou seja, uma forma tácita de ritual, ou, segundo Erwin Goffman, uma *"interação ritual"*. Assim, ao analisar essas interações rituais, pode-se perceber o "sagrado latente", a experiência religiosa em sua plena manifestação, já que o ritual "ao encobrir o intangível em uma forma concreta por meio de vários elementos, *torna presente o virtual*" (Casey, 2006, p. 80, grifo nosso), o sagrado.

Portanto, "o mundo irá testemunhar não apenas uma liturgia assistida pela mídia, mas também uma liturgia centrada na mídia" (Grimes, 2001, p. 223), já que ela também oferece modelos para a liderança litúrgica, para o espaço litúrgico e para o imaginário litúrgico. A partir dessa discussão, é importante analisar também que perspectivas vão se abrindo a partir dessa interface tão complexa e rica entre religião e internet. Algumas pistas-chave, a partir de nossas leituras, serão agora apresentadas.

2.4. Religião pós-internet:
Mudanças e deslocamentos da fé midiatizada

Como vimos, o vínculo tradicional do fiel com o sagrado e a Igreja passa a ser reconstruído histórica, prática e liturgicamente. O importante, por isso, é detectar e delinear os elementos de continuidade e de ruptura – ou, melhor, os *elementos caracterizadores de mudança* – existentes na internet, dentro do cenário de desenvolvimento da midiatização da religião.

Brasher (2004) é consciente de que a religiosidade online, ao desencadear mudanças notáveis na experiência religiosa, vai transformando o caráter da própria religião. Ou seja, a religiosidade online é tanto sinal como produto da mudança. "Assim como as sinagogas da Diáspora do Judaísmo depois do Segundo Templo, assim como as catedrais do Cristianismo Latino medieval, e assim como as Bíblias do Protestantismo Europeu, a religiosidade online é uma forma de nova prática religiosa que possui a capacidade de transformar as alternativas religiosas com as quais ela agora compete pela atenção humana" (Brasher, 2004, p. 23).

Isso leva Brasher (2004) a afirmar que ocorre hoje uma "revolução no fazer" religioso a partir das novas interações via computador. Para exemplificar, a autora descreve uma visita online a um templo hindu. Nela, percebe que ocorre uma espécie de absorção imaginativa do usuário no sagrado, provocada pela construção multimidiática dessa experiência. Porém, afirma, a tentativa de estimular uma "absorção física" nesse sagrado fica altamente limitada. Comparando a versão digital e offline do templo Kali, de Bangalore, na Índia, a autora afirma que "não há interação com outros peregrinos *en route*. O templo em si mesmo sumiu. O forte cheiro das oferendas de flores e frutas desapareceu. Em suma, na transição do templo para a tela, ocorreu silenciosamente uma alteração radical do estímulo dos sentidos como parte integrante do culto hindu. Consequentemente, a própria experiência religiosa em si mesma foi alterada" (Brasher, 2004, p. 5).

Cabe aqui indicar que esses desvios, em uma análise histórica ampla, apontam para o fato de que "o conteúdo propositivo e a forma apresentacional da religião nas comunidades eletrônicas do futuro irão diferir enormemente de suas encarnações contemporâneas assim como os ensinamentos de Jesus diferem da teologia dialética dos Escolásticos medievais, ou assim como as cerimônias eucarísticas dos cristãos primitivos diferem da Missa em Latim. [...] Nós podemos ser sensíveis à verdadeira novidade ao mesmo tempo em que permanecemos conscientes da continuidade da tradição, das inúmeras maneiras em que ela se adapta, muda e sobrevive para prosperar em um novo ambiente comunicativo" (O'Leary, 2004, p. 46). Ou seja, "ao passar de vínculos mediados para uma relação [em midiatização] com seus fiéis, as Igrejas acabam propondo e gerando um outro sentido acerca do religioso. [...] Não se trata de uma transposição de conteúdos e nem do uso de dispositivos como meros aparatos técnicos, mas sim de um novo modo de se fazer religião" (Borelli, 2010, p. 29).

Esse novo ambiente provoca algumas consequências e afetações sobre "a forma e o alcance da autoridade religiosa ao alterar o modo como a informação religiosa é transmitida e recebida, assim como o modo pelo qual as comunidades religiosas são formadas e sustentadas" (Brasher, 2004, p. XII). O problema está na adaptação da religião ao ambiente online, pois, segundo a autora, as religiões precisam se redefinir em um ambiente distinto, orientado por menus e determinado por protocolos em que as imagens reinam. Isso leva as organizações religiosas rumo ao reducionismo, à minimalização da diversidade e da complexidade de sua herança tradicional.

Depois de grandes modificações tecnológicas vivenciadas pelas religiões – da passagem da tradição oral para a escrita, dos pergaminhos aos *códices*, passando pelo livro, até chegar ao rádio, à televisão e, mais recentemente, ao hipertexto –, Brasher (2004) analisa ainda que, interconectando textos, imagens, sons e vídeos, os ambientes digitais minam a qualidade numinosa dos escritos sagrados ao tornar os textos religiosos infinitamente acessíveis e maleáveis; possibilitam um desvio das hierarquias formais que predominam nos círculos religiosos por ser um meio de base e participativo; estimulam a imaginação, mas ignoram o resto do corpo por serem um não ambiente, que tira a atenção dos demais espaços em que grande parte da vida religiosa tradicional ocorre;

e impossibilitam o fomento de uma sabedoria integrada que a religião promove por ser um espaço supersaturado de informações.

Por isso "a fácil coexistência de tantas visões diferentes e abertamente heterodoxas no ciberespaço expõe o internauta a um ambiente doutrinal mais fluido, que tem o potencial de encorajar os indivíduos à experimentação religiosa e espiritual" (Dawson; Cowan, 2004, p. 3). Como indica Spadaro (2011, p. 3), "pode-se cair na ilusão de que o sagrado ou o religioso estão ao alcance do *mouse*", ou seja, de que o sagrado está "'à disposição' de um 'consumidor' no momento da necessidade". Tanto por sua estrutura como por seus usos, essa fluidez da internet custa a encontrar relações diretas com a estrutura e a doutrina rígidas da Igreja. Esse "embate" extremamente contemporâneo e ainda em suas origens nos parece ser um sinal importante para compreender a religiosidade católica do século XXI. Por isso, podemos questionar, junto com Dawson & Cowan (2004) se a tradição católica está sendo trivializada ou fortalecida pelas novas práticas religiosas online.

O que percebemos é que a existência, a natureza e o uso do meio digital provocam deslocamentos, microalterações na experiência e na vivência da fé. "O fato de que tenhamos adotado a tecnologia tão rapidamente [...] significa que estamos em risco de negligenciar seu significado. Assim como o telefone e a televisão, ela [a internet] se tornou uma característica rotineira de nossas vidas diárias. Mas as tecnologias da comunicação raramente são neutras em seus efeitos" (Dawson; Cowan, 2004, p. 9). Os autores, a partir de algumas manifestações desse fenômeno comunicacional-religioso, reconhecem uma mudança de dois sentidos: uma crise da *autoridade* e uma crise de *autenticidade* (com a formação de "especialistas instantâneos", com a falta de garantias com relação a quem realmente está do outro lado da tela afirmando ser um sacerdote ou sacerdotisa pagãos etc.).

Por outro lado, Dawson (2004) questiona se ainda é possível falar de *comunidades* especificamente religiosas no ambiente online, já que uma parte fundamental da experiência religiosa e da experiência do sagrado é vivenciada a partir do sentido de comunidade. O que está em jogo, afirma, é a "interação face-a-face dos indivíduos, mediada por sua orientação comum ao que eles percebem como divino ou sagrado" (Dawson, 2004, p. 75). Assim, é possível a formação de comunidades de fé online?

Para o autor, duas distorções estão em jogo: 1) uma visão muito romantizada de comunidade, baseada em pequenos vilarejos do passado; e 2) a associação da vida religiosa ao modelo congregacional ocidental, marcado justamente por essa noção de comunidade tradicional. O que ocorre hoje é um deslocamento a partir do surgimento das redes sociais online. Não assumiríamos o risco de afirmar que "já não se precisa" de uma comunidade, mas sim que ela passa por grandes transformações fomentadas pela internet. Sem dúvida, há uma forte dose de individualização, e – embora reguladas pela Igreja Católica, por meio dos responsáveis de seus sites institucionais, que oferecem as opções e as modalidades – são feitas escolhas pelo usuário, em suas práticas religiosas online, que redefinem sua própria experiência de fé, talvez até sem terem sido previstas pelo sistema.

Assim, as noções tradicionais de comunidade e sociabilidade a partir da internet estão abrindo caminho para uma ênfase sobre outros fatores relacionais. "O estudo da sociabilidade na/pela/com a internet deve ser situado dentro do contexto de transformação dos padrões de sociabilidade em nossa sociedade", segundo o sociólogo espanhol Manuel Castells (apud Dawson, 2004, p. 81). O ponto central dessas comunidades online é que elas se estabelecem a partir de "uma série de redes de relações formadas sobre diferentes bases por diferentes durações e em diferentes níveis de intensidade" (Dawson, 2004, p. 82). São redes que se sobrepõem, divergem, ocorrem simultaneamente etc. "O único denominador comum é o indivíduo no centro (*hub*) de cada rede".

Nesse sentido, talvez não possamos mais falar de comunidades estruturadas histórica, social e geograficamente, mas sim de "comunidades midiatizadas seletivas", "de acesso", "personalizadas" ou até de "individualismo em rede". Isso porque, em geral, o que define a filiação a elas é o acesso midiatizado, a escolha desta ou daquela comunidade por parte do próprio usuário e a mediação tecnológica, que permite uma abrangência e um alcance muito maior em termos de relações e em termos de distância. Portanto, os vínculos passam a ser mais frágeis e flexíveis. Aprofundaremos esse ponto mais adiante.

Outro deslocamento é a noção de tempo na internet. Historicamente, para poder vivenciar um pouco do "tempo sagrado" no "tempo humano", segundo Brasher (2004), os primeiros monges católicos inventaram um padrão de vida que se desenrolava a partir de práticas espirituais ordenadas e divididas em oito intervalos por dia, oito horas de oração comum. Para demarcar esses oito momentos e para avisar os monges para as orações comuns, foi necessário desenvolver uma tecnologia: os sinos. Porém, como qualquer outra tecnologia, os sinos trouxeram consequências práticas e até mesmo sociais, como definir o ritmo padronizado para a atividade da comunidade mais ampla ao redor dos mosteiros. Portanto, a experiência e a regulação do tempo, ou as noções de tempo, sempre foram fatores centrais para as religiões.

Na internet, essa relação ocorre de uma nova maneira. "O ciberespaço impõe um ritmo contínuo sobre a vida diária. Sem sol ou lua para nascer ou se pôr, o horizonte virtual do ciberespaço abunda de atividade, 24 horas por dia, sete dias por semana, 52 semanas por ano" (Brasher, 2004, p.49). O que esse ritmo significa para as religiões?

Se o tempo, como experienciado pelo ser humano, é unidirecional (início-fim) e, por isso, limitado, o tempo sagrado é não direcional e ilimitado, em que todos os tempos convivem ao mesmo tempo, é um "tempo curvado sobre si mesmo, completamente disponível a partir de qualquer ponto" (Brasher, 2004, p.50). Já os fundamentos da temporalidade online, segundo a autora, baseiam-se em uma metafísica do tempo: a onitemporalidade. Ou seja, a ideia religiosa de eternidade como permanência perpétua, em que tudo está disponível sempre, a qualquer hora.

Por outro lado, uma característica quase intrínseca à internet é a noção de velocidade de transferência de dados: cada vez mais em cada vez menos tempo. Por isso "ao nos tornarmos aculturados à velocidade do universo virtual, nossa paciência com nós mesmos e com nosso ambiente material não virtual encolhe" (Brasher, 2004, p. 65).

Nesse sentido, fortalece-se, a nosso ver, uma tríade que entra em tensão com a experiência religiosa: *imediaticidade, acessibilidade* e *disponibilidade* do sagrado. Na internet, para existir, é necessário que a "coisa" – seja ela qual for, incluindo o sagrado – seja de acesso imediato, esteja acessível em todo o lugar e disponível a qualquer hora e em todo o lugar. Não corresponder a uma dessas exigências é estar defasado ou fora de lugar. Isso também diz respeito àquilo que a Igreja Católica, em nosso caso, por exemplo, deseja oferecer via internet: é preciso ser imediato, estar sempre acessível e disponível.

Dentro desse contexto, afirma Carvajal (2009), os rituais na internet, "restabelecendo, em outro suporte, o vínculo da Igreja com seus fiéis", pode estar produzindo uma "dessacralização dos ritos", ou – nas palavras de Maria José Pou Amérigo – uma "desritualização do relato" (apud Carvajal, 2009, p. 29). Assim, os meios "geram um novo espaço e um novo modo de interpelação coletiva dos indivíduos, com outras condições; não é uma simples cópia da realidade" (Carvajal, 2009, p. 29). Muda também a relação entre a Igreja e os fiéis, que agora se vinculariam à distância com sua comunidade religiosa, o que antes historicamente ocorria "fisicamente", em um espaço delimitado geograficamente.

Assim, poder-se-ia questionar: "Se a plena experiência sensorial do ritual é diminuída por sua redução ao texto, ao som e ao imaginário agora possível na Rede [...], o que, em troca, pode ser ganho ao trabalhar dentro dessas limitações e quais são as possibilidades para transcendê-las? (O'Leary, 2005, p. 43). No fundo, o risco é o de que a internet encoraje as pessoas a "optar por não participar do tipo de relações de carne e osso que são uma condição indispensável para os sentidos religiosos compartilhados" (Dawson, 2005, p. 19). Como afirma Højsgaard (2005, p. 60), nesse contexto, o digitalismo pode ser "sociologicamente considerado como 'uma religião sem religião' (para usar a terminologia de Yves

Lambert) ou pode ser surrealisticamente rotulado de 'isto não é uma religião' (para usar a fraseologia de Magritte)".

Nesse sentido, a midiatização, especialmente em sua fase digital, introduz no leque das experiências humanas fenômenos que dependem dos processos midiáticos e que são desconhecidos aos ideais e histórias das religiões tradicionais. Para religiões tradicionais como a Igreja Católica, enraizadas em culturas e origens agrárias e pastoris, são necessárias mudanças realmente profundas em seus sistemas simbólicos para que possam ser capazes de responder a todos esses desafios na compreensão de uma nova forma de ver e de viver o mundo que vai nascendo com as mídias digitais.

Essa mudança epocal em curso, fomentada pelas tecnologias digitais, fortalece e amplia cada vez mais o processo de midiatização das sociedades e também das religiões. Noções como tempo, espaço, comunidade, autoridade, presença, participação etc. vão sendo deslocados, reconstruídos e readaptados a uma nova configuração social que, por vezes, é mal-entendida ou até combatida pela Igreja e, em outras, tem sua importância diminuída, como sendo um processo localizado e sem grandes repercussões para as estruturas da Igreja. Porém, esse é o grande engano, já que, a partir das beiradas, uma modificação de fundo vai ocorrendo, para o bem ou para o mal, na configuração das religiões tradicionais.

Mas essas alterações não podem ser lidas à luz de um determinismo tecnológico apocalíptico puramente. A religiosidade online não é um evento à parte, mas está "em conexão com as dinâmicas e as transformações globais da religião e da religiosidade na sociedade contemporânea em geral" (Højsgaard, 2005, p. 61). Ou seja, enquanto geram e constroem sentido religioso na internet, os indivíduos "fazem uso e são influenciados pelas possibilidades tecnológicas assim como pelas condições sociais, políticas e culturais de seu tempo" (Højsgaard, 2005, p. 62). E o panorama religioso dessa sociedade, embora não sendo uniforme, é marcado por uma luta entre forças secularizantes e contrassecularizantes que a religiosidade online reflete de forma bastante clara.

***

Toda a retomada de estudos que fizemos até aqui nos ajuda a perceber como se manifesta e como é percebido o fenômeno que aqui chamamos de midiatização digital do religioso. Nesse sentido, ressaltamos a ideia de que há um deslocamento do fenômeno religioso, passando dos templos localizados geograficamente para as mídias eletrônicas e, mais recentemente, para as mídias digitais a partir das hesitações, das continuidades, das rupturas, das transformações e das novas práticas, fenômeno que reforça a ideia de um processo de *midiatização* do fenômeno religioso.

Nos rituais online, como manifestação sociocomunicacional do fenômeno religioso hoje, os fiéis, em meio a um novo deslocamento do sagrado, passam a experienciar sua fé em um novo âmbito, em um novo sistema de construção de sentido, que traz novos questionamentos e desafios.

Depois da análise do amplo panorama de pesquisas sobre a interface mídia-religião, especificamente na internet, temos uma grande "nuvem" de conceitos e ideias gerais acerca do fenômeno. Agora, precisamos retomar e esclarecer alguns deles, pois são norteadores e nos servem de eixo para a análise das interações entre fiel-sistema-sagrado no ambiente online.

- 3 -

OS PROCESSOS MIDIÁTICOS DA RELIGIÃO CONTEMPORÂNEA

*O Verbo era a luz verdadeira que ilumina
todo homem; ele vinha ao mundo.
Ele estava no mundo e o mundo foi feito por meio dele,
mas o mundo não o reconheceu.*

(João 1,9-10)

Em seu depoimento, o Fábio contava ao "padre online" que vive em uma localidade a 85 quilômetros da igreja mais próxima. E seu desejo era de "participar da Santa Missa todo dia". Mas, impossibilitado pelos limites geográficos, ele assiste "a Santa Missa todo domingo pela TV Aparecida [...] oferecendo este sacrifício junto com o celebrante da TV", colocando sobre a mesa pão e vinho, e comungando "com muito respeito e fé". Assim, a TV se torna templo, o telespectador se torna concelebrante do sacrifício. Mas, para o "padre online", o gesto do Fábio e de sua família "é realmente apenas uma memória", enquanto "a eucaristia celebrada na comunidade, com o ministro consagrado (sacerdote) é memória e é presença". Na internet, porém, o que define *memória e presença*? Nas novas processualidades da fé online, tudo isso se complexifica e provoca novos deslocamentos.

Midiatização, ambiência, circulação, dispositivo, processo, técnica etc.: o que cada um desses conceitos significa dentro do contexto dos fenômenos comunicacionais e religiosos de hoje? Para podermos nos entender e nos referir às mesmas coisas ao falar sobre esses temas, iremos agora focar ainda mais as "lentes de análise" sobre os pontos mais importantes do que viemos falando até aqui. Assim, jogaremos luz sobre as peças mais importantes de nosso mosaico teórico-conceitual.

Iremos nos concentrar, em primeiro lugar, na explicitação do conceito de midiatização (3.1), para depois compreender essa nova ambiência em que o fenômeno religioso se manifesta (3.2). Também analisaremos o papel da técnica na instituição e no funcionamento desse fenômeno comunicacional (3.3), visto que foi a partir do desenvolvimento das mídias que essa nova ambiência se manifestou mais claramente.

3.1. Religião em midiatização:
Processos comunicacionais em exploração

Na interação estabelecida pelo fiel, por meio da internet, com elementos do sagrado católico disponíveis na internet, percebemos elementos que indicam as possibilidades de ocorrência de uma experiência espiritual-religiosa por meio da rede. Abrange-se, assim, um processo que se encontra em uma interface do sistema comunicacional com um amplo âmbito social, o religioso, interface que se dá em um movimento criativo e contínuo: ou seja, um processo midiático e social complexo, que aponta para a midiatização das sociedades contemporâneas.

De certa forma, McLuhan[1] já havia antevisto o surgimento desse fenômeno ao afirmar que "toda tecnologia gradualmente cria um ambiente humano totalmente novo", ambientes esses que "não são envoltórios passivos, mas processos ativos", justamente por serem processos sociais. Ao analisar os fenômenos comunicacionais da década de 1960, o autor afirma: "'O meio é a mensagem' significa, em termos da era eletrônica, que já se criou um ambiente totalmente novo. O 'conteúdo' desse novo ambiente é o velho ambiente mecanizado da era industrial. O novo ambiente reprocessa o velho tão radicalmente quanto a TV está reprocessando o cinema. Pois o 'conteúdo' da TV é o cinema. A televisão é ambiental e imperceptível como todos os ambientes. Nós

---

[1] MCLUHAN, Marshall. *Os Meios de Comunicação como Extensões do Homem*. São Paulo: Cultrix, 1964, p. 10.

apenas temos consciência do 'conteúdo', ou seja, do velho ambiente"[2]. Com o avanço tecnológico e os novos processos sociais correlacionados, vai-se constatando cada vez mais "uma *aceleração* e *diversificação* de modos pelos quais a sociedade interage com a sociedade"[3].

Nesse contexto, entendemos por midiatização um *fenômeno social contemporâneo* e um conceito em andamento, não finalizado e em debate que ajuda a explicar esse fenômeno. Em termos gerais, a midiatização pode ser entendida como um *metaprocesso*, segundo Krotz[4]. Para o autor, metaprocessos são "construtos que descrevem e explicam teoricamente dimensões e níveis econômicos, sociais e culturais específicos de mudança real"[5]. Exemplos históricos desses metaprocessos são a racionalização, a urbanização, a mercantilização, a individualização, a secularização, a globalização, processos que duram por séculos e que não estão necessariamente confinados a determinada área ou cultura, nem se sabe exatamente quando começam ou terminam. A midiatização, portanto, pode ser entendida como um metaprocesso *comunicacional* que nos ajuda a entender a sociedade contemporânea, a partir da transformação social que se desencadeia por meio de processos midiáticos.

É esse metaprocesso, dentre os demais, que molda as condições de vida social a longo prazo, tanto em *nível micro* (as ações e as práticas individuais de produção de sentido), quanto em *nível médio* (as atividades das instituições e organizações sociais religiosas), e ainda em *nível macro* (a natureza de uma determinada cultura e sociedade)[6]. A midiatização pode ser entendida como um metaprocesso, nesse contexto, porque se baseia na "modificação da *comunicação como a*

---

[2] MCLUHAN, 1964, op. cit., p. 12.
[3] BRAGA, José Luiz. Circuitos versus Campos Sociais. In: MATTOS, Maria A.; JUNIOR, Jeder J.; JACKS, Nilda (orgs.). *Mediações e Midiatização*. Salvador: EDUFBA, 2012, p. 35.
[4] KROTZ, Friedrich. The Meta-Process of 'Mediatization' as a Conceptual Frame. *Global Media and Communication*, Thousand Oaks, vol. 3, 2007, p. 256-260. Disponível em <http://migre.me/4Cvan>.
[5] KROTZ, 2007, op. cit., p. 257.
[6] Cf. KROTZ, 2007, op. cit.

prática básica da forma como as pessoas constroem o mundo social e cultural"[7].

Portanto, as práticas comunicacionais que estão na base da sociedade contemporânea estão em íntima ligação com as mídias. Hoje, as mídias são "marca, modelo, matriz, racionalidade produtora e organizadora de sentido"[8]. Mas, na perspectiva da midiatização, as mídias não são entendidas apenas como os suportes tecnológicos da comunicação – aparelhos eletrônicos, em suma. Segundo Verón[9], as mídias podem ser compreendidas como "um dispositivo tecnológico de produção-reprodução de mensagens associado a determinadas condições de produção e a determinadas modalidades (ou práticas) de recepção de ditas mensagens". Essas "condições de produção" e essas "modalidades de recepção", segundo Verón, são justamente os *usos sociais* dados a esses dispositivos técnicos, já que o meio "comporta a articulação de uma tecnologia de comunicação a *modalidades específicas de utilização* (em produção e em recepção)" (grifo nosso), que podem ser múltiplas e diversificadas.

No caso das redes digitais, não se trata apenas de uma inovação tecnológica, puramente. O importante é perceber como essa inovação é "usada", é apropriada pela sociedade, ou seja, de que forma a sociedade passa a ser embebida por protocolos comunicacionais para a produção-reprodução de sentido. Aqui, portanto, entendemos as mídias como "*dispositivos sociotécnicos* e *sociossimbólicos*, baseados cada vez mais no conjunto de técnicas (e não mais em uma única técnica, como antigamente)"[10]. Isto é, dispositivos técnicos de comunicação dos quais a sociedade se apropria, por meio de usos e práticas sociais diversos, para a produção de sentido simbólico.

---

[7] KROTZ, 2007, op. cit., p. 25.
[8] MATA, Maria Cristina. De la Cultura Masiva a la Cultura Mediatica. *Dialogos de la Comunicación*, Lima, n. 56, out. 1999, p. 84.
[9] VERÓN, Eliseo. Esquema para el análisis de la mediatización. *Diálogos*, n. 48. Lima: Felafacs, 1997, p. 12.
[10] MIÈGE, Bernard. *A Sociedade Tecida pela Comunicação: Técnicas da Informação e da Comunicação entre Inovação e Enraizamento Social*. São Paulo: Paulus, 2009, p. 110, grifo nosso.

É a partir da evolução desses dispositivos tecnológicos e da emergência de novas tecnologias (sempre articulados com condições e modalidades sociais de produção e de recepção), portanto, que "a comunicação midiática gera um processo de midiatização das sociedades industriais"[11]. Esses dispositivos midiáticos incluem elementos materiais, técnicos, empresariais, mercadológicos, organizacionais, conteudísticos etc. inter-relacionados, mas, como dissemos, *não existem independentemente* e *não ganham sentido isolados* das práticas sociais. Por isso, as mídias são justamente as *interfaces*, as conexões e as interconexões sociotécnicas que passam a estabelecer redes complexas de circulação comunicacional, não possíveis mais de serem fragmentadas em produtor, produção, conteúdo, veículo, público, receptor, recepção[12]. Nesse contexto, a midiatização pode ser entendida como uma "ação das mídias", envolvendo as inter-relações entre práticas sociais e inovações técnicas voltadas à comunicação. Assim, as mídias – principalmente a digital, em nosso caso – são um "lócus privilegiado para compreender a sociedade em seus diversos ângulos, bem como os processos que a animam e a estruturam. [...] A forma como o sistema midiático se estabelece, com seus processos estruturantes e seus modos de produção, fornece [...] os elementos essenciais para interpretar os inter-relacionamentos sociais e humanos hoje"[13].

Aqui ocorre um *primeiro salto qualitativo* com relação às análises midiáticas anteriores. Em uma primeira fase, os estudos comunicacionais buscavam compreender o *meio* e seus efeitos, prescindindo das práticas sociais envolvidas no processo comunicacional. Eram estudos de base matemática, como os de Claude Elwood Shannon, na década de 1940, que falavam da comunicação como uma sequência linear e

---

[11] VERÓN, 1997, op. cit., p. 14.
[12] Cf. GOMES, Pedro Gilberto. Fenomenologia da Comunicação. In: FERREIRA, Jairo; PAOLIELLO, Francisco J.; SIGNATES, Luiz A. *Estudos da Comunicação: Transversalidades Epistemológicas*. São Leopoldo: Unisinos, 2010, p. 101-114.
[13] GOMES, 2010, op. cit., p. 104.

fechada: informações em formato de mensagens eram enviadas de um emissor a um receptor, por meio de um canal, que sofria a ação de determinados ruídos, com a possibilidade de *feedback*. Assim, as mídias eram entendidas como um veículo "neutro" de transação rápida e eficaz de dados e informações (fosssem elas símbolos ou mensagens), por exemplo com o surgimento do telégrafo. Ou seja, as mídias eram vistas apenas um *conduto*, segundo a taxonomia de Meyrowitz (apud Hjarvard, 2008).

O avanço das práticas sociais e das técnicas midiáticas levou a uma complexificação da compreensão do fenômeno comunicacional, que se manifestava para além das mídias, por meio dos deslocamentos que a cultura em geral lhe imprimia. Hoje, esses fenômenos, sejam quais forem, exigem um exame em sua totalidade, com suas relações e inter-relações entre as técnicas comunicacionais e as práticas sociais. Supera-se uma noção puramente linear entre "causa e efeito" e vai surgindo uma configuração de processos midiáticos e de um emaranhado de circuitos comunicacionais. A perspectiva da midiatização, portanto, nos ajuda a compreender que o sistema comunicacional é muito mais aberto do que o modelo matemático permitia entrever.

Além de não pretender absolutizar o poder dos meios de comunicação beirando o determinismo tecnológico, por outro lado, a perspectiva da midiatização também não visa a absolutizar o poder da sociedade, o que poderia levar a compreender esse fenômeno comunicacional apenas como uma modalidade de *mediação cultural*, segundo Barbero[14]. Para o autor, a mediação pode ser compreendida como "as articulações entre práticas de comunicação e movimentos sociais, [...] as diferentes temporalidades e [a] pluralidade de matrizes culturais"[15]. Ou seja, "o conflito de interesses em jogo na luta por produzir, acumular e

---

[14] BARBERO, Jesús Martín-. *Dos meios às mediações: Comunicação, cultura e hegemonia*. 5. ed. Rio de Janeiro: Editora UFRJ, 2008.
[15] BARBERO, 2008, op. cit., p. 261.

veicular informações [...] as condições sociais de produção de sentido [...] lutas pelo discurso que 'articula' o sentido de uma sociedade"[16]. Na perspectiva de Barbero[17], busca-se abandonar o "mediacentrismo", para compreender a "os processos de comunicação [...] a partir da cultura". Esse ponto de vista defende que não temos um conhecimento direto da realidade, mas entramos em contato com ela mediante diversas mediações sociais, culturais, psicológicas etc. Para além de uma mensagem, há uma recepção, que lida e luta com essa mensagem, ou seja, há um processo social de apropriação das mensagens e dos conteúdos, uma negociação, em suma.

Entretanto, a perspectiva da midiatização também ajuda a ir além do "determinismo social" que o conceito de mediação pode carregar. Barbero[18] traz em pauta a noção de "mediações culturais da comunicação" ou de "natureza comunicativa da cultura", para destacar o papel da apropriação social dos conteúdos que circulam no ambiente cultural. Em comparação com a análise dos meios como *condutos*, um avanço foi justamente o de compreender que o meio em si não fazia sentido se não se levassem em conta as *mediações*, ou seja, as articulações culturais que moldam a comunicação. Isso se deu, historicamente, por exemplo, com o avanço do rádio e da TV, como espaço de debate público, como esfera pública. Segundo Meyrowitz (apud Hjarvard, 2008), nesse caso, a mídia passou a ser entendida como *linguagem*.

Mas, a partir da perspectiva da midiatização, acontece um *segundo salto qualitativo* na análise dos fenômenos comunicacionais. Para além das mediações (que já foram um avanço à pura análise dos "meios"), a perspectiva da *midiatização* nos ajuda a compreender o *ambiente* (cf. Meyrowitz apud Hjarvard, 2008) formado pela comunicação midiática, em que se dão os processos sociais contemporâneos. Assim, a mídia

---

[16] BARBERO, 2008, op. cit., p. 283.
[17] BARBERO, 2008, op. cit., p. 287.
[18] BARBERO, 2008, op. cit., p. 287.

também deixa de ser entendida apenas como "elemento integrante de outros sistemas de maior envergadura, como o econômico, cultural e político"[19]. Assumimos a natureza comunicativa da cultura, mas não delimitando-a somente a um papel de "redefinição da cultura"[20]. A midiatização aponta, justamente, para um metaprocesso comunicacional que não apenas redefine, mas *faz existir* e *permite a existência* do que chamamos de cultura ou sociedade. Em vez de "mediações culturais da comunicação", há também *"mediações comunicativas da cultura"*[21]. Explicita-se, assim, a centralidade que a comunicação midiática foi adquirindo para o desdobramento dos fenômenos sociais e culturais contemporâneos – nesse sentido, é um ponto de vista *ecológico* e *ecossistêmico* sobre os processos sociomidiáticos. Portanto, o "âmbito de feixes de relações [sociais, religiosas etc.] se estruturam cada vez mais em redes complexas de discursividades e de funcionamento dos signos"[22]. Como indica Fausto Neto[23], passamos de "estágios de linearidades para aqueles de descontinuidades" para uma "intensificação de tecnologias voltadas para processos de conexões e de fluxos", ou, nas palavras de Verón[24], para um "emaranhado de circuitos de *feedback*" entre instituições, meios e atores individuais.

A midiatização, assim, aponta para uma transformação nos modos de funcionamento e de organização e nas afetações recíprocas entre esses três "polos" da comunicação, o que gera uma mudança social e também religiosa: agora, as interações comunicações entre *instituição eclesial*, *redes digitais* e *fiéis-internautas* reconfiguram os tradicionais

---

[19] BARBERO, 2008, op. cit., p. 294.
[20] BARBERO, 2008, op. cit., p. 289.
[21] Cf. BRAGA, 2012, op. cit.
[22] FAUSTO NETO, Antônio. *Olhares sobre a recepção através das bordas da circulação*. Trabalho apresentado no XVIII Encontro Anual da Compós – Associação Nacional dos Programas de Pós-Graduação em Comunicação. Belo Horizonte, 2009, p. 3.
[23] FAUSTO NETO, Antônio. *Midiatização, Prática Social – Prática de Sentido*. Trabalho apresentado no Seminário sobre Midiatização, Rede Prosul. São Leopoldo, 2005, p. 3-8.
[24] VERÓN, Eliséo. Esquema para el Analisis de la Mediatización. *Diálogos de la Comunicación*. Lima, nº. 48, out. 1997, p. 14.

processos de construção do religioso em processualidades que geram uma "nova natureza sócio-organizacional", em que "noções de comunicação, associadas a totalidades homogêneas, dão lugar às noções de fragmentos e às noções de heterogeneidade"[25]. Por isso, a midiatização demanda uma sensibilidade perante as formas e os sentidos do atual fenômeno sócio-comunicacional "como mestiçagem e não como superação – continuidades na descontinuidade, conciliações entre ritmos que se excluem"[26].

A midiatização, dessa forma, é um fenômeno que transcende e ultrapassa o campo midiático, inserindo-se em processualidades cujas dinâmicas ocorrem "a partir de suas próprias lógicas, operações 'saberes' e estratégias *na direção de outros campos sociais*"[27] – como, por exemplo, a religião. Assim, o "conteúdo" do fenômeno da midiatização são os processos midiáticos, cada vez mais abrangentes, cada vez mais acelerados, cada vez mais diversificados. Essa é "a chave hermenêutica de sua compreensão e interpretação"[28].

Surge, nesse sentido, uma nova configuração sociocomunicacional. Nas chamadas sociedades em midiatização, "as práticas sociais (modalidades de funcionamento institucional, mecanismos de tomada de decisão, hábitos de consumo, condutas mais ou menos ritualizadas etc.), se transformam pelo fato de que existem meios... [Mas não há] uma única forma estruturante que explique a totalidade de seu funcionamento. A midiatização opera por meio de diversos mecanismos de acordo com os setores da prática social que interesse e produz, em cada setor, consequências diversas"[29]. Podemos dizer que a midiatização é o "processo interacional em marcha acelerada para se tornar o processo 'de referência'", ou seja, um processo que "'dá o tom' aos processos

---

[25] FAUSTO NETO, 2005, op. cit., p. 3.
[26] BARBERO, 2008, op. cit., p. 262.
[27] FAUSTO NETO, 2005, op. cit., p. 10, grifo nosso.
[28] GOMES, 2010, op.cit., p. 104
[29] Apud MATA, op.cit., p. 83.

subsumidos", uma espécie de "organizador principal da sociedade"[30]. Em suma, "quanto mais uma sociedade se midiatiza, tanto mais ela se complexifica"[31].

Para compreender essa nova natureza sócio-organizacional trazida pela midiatização, alguns conceitos são centrais dentre os estudos realizados sobre midiatização. Dentre eles, destacamos as noções de *ambiência, circulação, dispositivos* e *processos*.

Primeiramente, a midiatização configura uma nova *ambiência* sócio-comunicacional. Segundo Fausto Neto, "a nova vida tecno-social é origem e meio de um novo ambiente, no qual institui-se um novo tipo de real que está diretamente associado a novos mecanismos de produção de sentido, nos quais nada escaparia às suas operações de inteligibilidade"[32]. E, continua o autor, "nada existiria fora, portanto, dessa nova conformidade, como possibilidade geradora de sentidos", inclusive o fenômeno religioso. Trata-se de "uma nova forma de ambiente – da informação e da comunicação", que opera mediante *tecnologia, dispositivos* e *linguagens*: em nosso caso, redes digitais que, tensionadas pela prática social, dão origem a dispositivos comunicacionais em que novas linguagens sobre o religioso passam a surgir. Portanto, os meios passam a ser "uma *nova matriz* que se funda em novas racionalidades com as quais realiza estratégias de produção de sentidos"[33]. A midiatização torna-se "princípio, um modelo e uma atividade de operação de inteligibilidade social" que gesta um novo "bios virtual", "um novo modo de ser no mundo", uma "nova ambiência" (Gomes, 2008, p. 20-21) para a construção de sentido social e também para a experiência religiosa.

Já a ideia de *circulação* aponta para uma das principais processua-

---

[30] BRAGA, José Luiz. *Sobre "Mediatização" como Processo Interacional de Referência*. Trabalho apresentado no XV Encontro Anual da Compós – Associação Nacional dos Programas de Pós-Graduação em Comunicação. Bauru, 2006, p. 2.
[31] VERÓN, Eliséo. Conversación sobre el futuro. In: *Espacios Mentales: Efectos de Agenda 2*. Barcelona: Gedisa, 2002, p. 13.
[32] FAUSTO NETO, 2005, op. cit., p. 3.
[33] FAUSTO NETO, 2005, op. cit., p. 8.

lidades comunicacionais em sociedades em midiatização. Isso ocorre a partir do momento em que "a ênfase da lógica produtiva do capitalismo desloca-se do território das estruturas para aqueles dos dispositivos de circulação [...] de imaterialidades, ou seja, suas operações de sentido"[34]. É na esfera da circulação que emergem novas formas de interação, novas formas de mediação e novas formas de intermediação, que levam a um salto do ato social para a rede – a religião, nesse sentido, marcada por vínculos tradicionais e históricos, também passa a se moldar por essas novas processualidades. A circulação, portanto, é uma atividade construtivista e se afasta de uma mera "ação causal" da produção sobre a recepção. No processo comunicacional, ambos os polos "agem" de forma complexa e indeterminada, desencadeando a circulação. Portanto, "os modos segundo os quais a sociedade [...] realiza, escolhe e direciona [as possibilidades sociais] é que compõem a processualidade interacional que vai caracterizar a circulação comunicacional"[35].

Inicialmente, a circulação era vista meramente como "diferença", como "defasagem", como "passagem", como "intervalo" entre as lógicas de produção e de recepção. Porém, passou a ser vista como "ponto de contato" e, ainda, como "zona de articulação" entre essas lógicas[36]. Assim, o sujeito comunicacional "apropria-se da linguagem para referir-se, referir o mundo e referir seu *socius*"[37], o que explicita a questão relacional e não meramente transmissional dos processos comunicacionais. Portanto, quer em produção, quer em recepção, os interagentes das redes digitais, por exemplo, constituem-se e encontram-se mobilizados por uma "ordem que os transcende", ou seja, a interdiscursividade em torno a sentidos religiosos que "se oferece

---

[34] FAUSTO NETO, 2005, op. cit., p. 4.
[35] BRAGA, 2006, op. cit., p. 6.
[36] Cf. FAUSTO NETO, Antonio. A circulação além das bordas. In: *Mediatización, sociedad y sentido. Diálogo Brasil-Argentina*. Rosário: UNR, 2010, p. 2-17.
[37] FAUSTO NETO, 2010, op. cit., p. 8.

como lugar de produção, funcionamento e regulação de sentidos"[38]. Assim, as interações comunicacionais entre produção e recepção não são produtos apenas de uma atividade intencional e causal, mas sim processualidades complexas, em que nenhum dos polos "detém o controle de suas dinâmicas", já que produção e recepção só existem, se constituem, se mobilizam e se vinculam enquanto resultado de um "aparelho circulatório"[39]. Para a instituição eclesial, marcada historicamente por um domínio da "ordem do discurso", a circulação comunicacional, principalmente digital, traz consequências relevantes para a identidade e a prática religiosas.

Segundo Braga[40], não seria nem possível falar de midiatização sem os processos de circulação. O autor também aponta para o fato de que o produto comunicacional não é o ponto de partida do fluxo, mas sim seu ponto de chegada, por ser a "consequência de uma série de processos, de expectativas, de interesses e de ações que resultam em sua composição como 'um objeto para circular' – e que, por sua vez, realimenta o fluxo da circulação"[41].

A circulação, por sua vez, ocorre a partir de *dispositivos* comunicacionais específicos. Aqui partimos do conceito de Foucault, que define dispositivo como "um conjunto decididamente heterogêneo que engloba discurso, instituições, organizações arquitetônicas, decisões regulamentares, leis, medidas administrativas, enunciados científicos, proposições filosóficas, morais, filantrópicas. Em suma, o dito e o não dito são os elementos do dispositivo"[42]. Portanto, aqui, entendemos um dispositivo comunicacional como um sistema tecnossimbólico heterogêneo que não só possibilita a comunicação social, mas também tem "a capacidade de capturar, orientar, determinar, interceptar, modelar,

---

[38] FAUSTO NETO, 2010, op. cit., p. 8.
[39] FAUSTO NETO, 2010, op. cit., p. 9.
[40] BRAGA, 2006, op. cit.
[41] BRAGA, 2012, op. cit., p. 41.
[42] FOUCAULT, Michel. *Microfísica do poder*. 3. ed. Rio de Janeiro: Graal, 1982, p. 244.

controlar e assegurar os gestos, as condutas, as opiniões e os discursos dos seres viventes"[43].

Portanto, como aponta Agamben, teríamos uma "geral e maciça divisão do existente em dois grandes grupos ou classes: de um lado os seres viventes (ou as substâncias) e de outro os dispositivos nos quais estes estão incessantemente capturados"[44]. Para o autor, a partir da relação entre uma pessoa e o dispositivo, nasce o sujeito ("o usuário de telefones celulares, o navegador na internet, o escritor de contos"[45] etc.). Nesse sentido, os dispositivos midiáticos digitais fazem surgir um determinado sujeito midiatizado e trazem "uma mutação nas condições de acesso dos atores individuais à discursividade midiática, produzindo transformações inéditas nas condições de circulação"[46]. Segundo Verón, o dispositivo da rede permite que qualquer usuário produza conteúdos, e assim, pela primeira vez, "o usuário tem o controle do 'switch' entre o privado e o público"[47]. A partir desses deslocamentos, os dispositivos midiáticos digitais, portanto, aprofundam a complexidade da experiência religiosa.

Por fim, em sociedades em midiatização, os fenômenos sociais, cada vez mais, passam a ser perpassados por *processos midiáticos*. Podemos entender esses processos como "o conjunto de *práticas comunicacionais* pertencentes ao sistema de meios que opera segundo diferentes linguagens por meio de [diversos] dispositivos"[48]. Para além do mero aspecto tecnológico ou do mero aspecto sociocultural, contudo, a midiatização se desdobra, assim, em dois processos sinérgicos: o *processo tecnológico*, que "corresponde à disponibilização de ações

---

[43] AGAMBEN, Giorgio. O que é um dispositivo? *Outra Travessia*, Florianópolis, n. 5, 2005, p. 13.
[44] AGAMBEN, 2005, op. cit, p. 13.
[45] AGAMBEN, 2005, op. cit, p. 13.
[46] VERÓN, 2012, op. cit., p. 14.
[47] VERÓN, 2012, op. cit., p. 15.
[48] GOMES, 2010, op. cit., p. 104, grifo nosso.

comunicativas midiatizadas para largas parcelas da população, dosando e redirecionando a comunicação massiva"; e o *processo social*, que "diz respeito a uma entrada experimental de participantes sociais nas práticas e processos antes restritos à indústria cultural"[49]. Assim, analisar a midiatização é analisar processos sociotécnicos: um circuito em que a sociedade, para existir e se manter, produz a técnica comunicacional, que, por sua vez, lança a sociedade para novos patamares de conhecimento e de experiência do mundo, que, novamente, gera um aprimoramento ou o surgimento de novas técnicas, e assim sucessivamente, por meio das práticas sociais[50]. As ações desses processos "não se restringem ao objeto 'meios' nem ao objeto 'receptores e suas mediações', mas os incluem, a ambos, em formações muitíssimo diversificadas e ainda articulados a outras formações"[51], mediante *invenções sociais*[52] sobre *inovações tecnológicas*[53] que se retroalimentam e (re)direcionam os processos sociocomunicacionais.

E os processos sociais e técnicos cada vez mais acelerados e diversificados de midiatização digital puseram em relevo "certas questões que antes não se manifestavam de forma tão evidente quanto agora [...] o digital (e as formas de conhecimento que lhe são culturalmente coetâneas) *favoreceu a problematização do próprio cerne da noção de comunicação*"[54]. A partir da internet, surgem "novas formas de relação

---

[49] BRAGA, 2012, op.cit., p. 4.
[50] Detalharemos a relevância da técnica nos processos de midiatização mais especificamente na próxima seção deste capítulo.
[51] BRAGA, 2012, op.cit., p. 35.
[52] Entendemos por invenção social a ação dos membros de uma sociedade de "construir com o que já existe" social ou tecnologicamente, ou ainda de "descobrir o que já existe e que estava, às vezes, escondido ou oculto" (THÉVENOT, Xavier. *Perspectivas éticas para um mundo novo*. São Paulo: Ed. Salesiana Dom Bosco, 1984, p. 12). Quando inventamos partimos de algo e *chegamos a algo novo* (*in + venire*).
[53] Entendemos por inovação tecnológica as rupturas e mudanças de paradigma em sistemas técnicos, ou ainda as "evoluções notáveis das bases técnicas dos produtos" (cf. MIÈGE, 2009, op. cit., p. 59) que ocorrem a partir de uma série de mudanças graduais fomentadas também pela invenção social. Quando os produtos são inovados é como se eles fossem *feitos de novo* (*in + novare*).
[54] FELINTO, Erick. *Da Teoria da Comunicação às Teorias da Mídia: Ou, Temperando a Epistemologia*

social, que são fruto de uma série de mudanças históricas, mas que *não poderiam desenvolver-se sem a internet*"[55], que dá uma nova forma organizativa às sociedades contemporâneas a partir da interconexão de todas as redes. Assim, a internet constitui-se no "coração de um novo paradigma sociotécnico", que embebe também as processualidades comunicacionais do fenômeno religioso, por meio de novas formas de vínculo e interação. Nesse sentido, poderíamos falar até de uma *hipermidiatização*, ou seja, de "processos de intercâmbio, produção e consumo simbólico que se desenvolvem em um entorno caracterizado por uma grande quantidade de sujeitos [indivíduos ou instituições], meios e linguagens interconectados tecnologicamente de maneira reticular entre si"[56]. E a midiatização digital ou hipermidiatização apresenta um "salto qualitativo" em relação à midiatização histórica por dois fatores centrais, principalmente: 1) porque a tecnologia digital reduz todos os discursos, narrativas e textualidades a uma massa de bits, que podem ser depois descontextualizados e recombinados dentro do ecossistema midiático[57]; e 2) porque a especificidade da internet (a WWW) "está expressa então não no último W (*Web*), mas sim nos dois primeiros (*World Wide*)"[58], ou seja, justamente em seu alcance e em sua velocidade.

Em suma, ao abordarmos aqui a ideia de midiatização, estamos nos referindo a um *fenômeno histórico manifestado por processos midiáticos desencadeados por práticas sociocomunicacionais de mediação cultural.* Ou seja, é um *fenômeno histórico* porque é mais ou menos delimitável no

---

com uma Dose de Cibercultura. Trabalho apresentado no XX Encontro Anual da Compós – Associação Nacional dos Programas de Pós-Graduação em Comunicação. Porto Alegre, 2011, p. 5-6.
[55] CASTELLS, Manuel. Internet e sociedade. In: MORAES, Dênis de. *Por uma outra comunicação: Mídia, mundialização, cultura e poder.* Rio de Janeiro: Record, 2005, p. 287, grifo nosso.
[56] SCOLARI, Carlos. *Hipermediaciones: Elementos para una Teoría de la Comunicação Digital Interactiva.* Barcelona: Gedisa, 2008, p. 113.
[57] Aprofundaremos essa ideia no capítulo 5.
[58] VERÓN, Eliseo. Prólogo: La mediatización, ayer y hoy. CARLÓN, Mario; FAUSTO NETO, Antonio (orgs). *Las políticas de los internautas: Nuevas formas de participación.* Buenos Aires: La Crujía, 2012, p. 12.

tempo, manifestando-se a partir de determinadas condições históricas do desenvolvimento das sociedades. Essas condições históricas (econômicas, políticas, sociais etc.) passam a permitir e a estimular a circulação de sentidos culturais diversos e difusos entre pessoas de um mesmo grupo ou campo social, ou entre grupos e campos sociais (*mediação cultural*). Assim, passam a surgir usos perduráveis que a sociedade vai dando às técnicas disponíveis especificamente voltados à comunicação (*práticas sociais*). Essas técnicas vão ganhando novos sentidos, que levam a seu aprimoramento e ao surgimento de novas técnicas, que levam a novas práticas. Ao longo do tempo, portanto, diversos processos sociotécnicos específicos vão se conjugando – determinadas práticas/necessidades sociais, especificamente comunicacionais, levam ao surgimento de determinadas técnicas, que estimulam novas práticas/necessidades sociais (*processos midiáticos*) – , dando origem a esse metaprocesso histórico que chamamos de *midiatização*. Essa conceituação nos ajuda, também, a analisar a midiatização em perspectiva complexa, a partir dos três níveis propostos por Krotz[59]: em *nível micro* (práticas comunicacionais de mediação cultural), em *nível médio* (processos midiáticos) e ainda em *nível macro* (fenômeno histórico).

São essas lógicas, protocolos e processualidades sociotécnicos complexos que fundamentam e possibilitam um simples gesto do usuário como o de "acender uma vela virtual". O gesto tradicional dispensava a mídia propriamente dita: bastava uma vela de cera e fogo. Aos poucos, porém, as práticas religiosas passam a ser midiatizadas, perpassadas pelas mídias e por suas lógicas. Assim, além de estar *associada com as* e *ocorrer por meio das*, a midiatização vai *além das* mídias, abrangendo processos tradicionais que ocorriam historicamente fora das mídias, *midiatizando-os* progressivamente.

Isso não significa que as mídias estejam substituindo ou eliminando as práticas religiosas ou a própria religião como a conhecemos tradi-

---
[59] KROTZ, 2007, op. cit.

cionalmente, nem que, somente graças às mídias, a religião continue mantendo seu espaço na vida social. A questão central é que esse novo gesto midiático do "acender velas virtuais" (dentre outros) só ganha sentido para o fiel porque a midiatização gera esse "novo bios religioso". Como afirma Fausto Neto[60], "nada existiria fora, portanto, dessa nova conformidade [da midiatização], como possibilidade geradora de sentidos". Ou seja, os fenômenos sociais e religiosos passam a se constituir a partir de *lógicas midiáticas*, que se concretizam nas práticas sociais. A partir dessa compreensão, nasce uma ecologia ou ecossistema midiáticos, que constituem e mantêm a interação e a comunicação humanas. Até mesmo a religião, assim, constrói e gera sentido ao fiel também por meio de processos sociais que ocorrem a partir do fenômeno da midiatização.

Dessa forma, surge uma nova lógica sociocomunicacional e uma nova natureza sócio-organizacional. O âmbito da religião e de suas práticas também passa a se remodelar e a se reconstruir a partir dessas processualidades desse fenômeno – a midiatização da religião.

3.2. Midiatização da religião:
Novas modalidades de prática religiosa

Para poder compreender as estratégias de interação entre o fiel e o sistema católico online, é necessário refletir sobre o fenômeno da midiatização da religião. Esse fenômeno manifesta que "as mídias podem ser, ao mesmo tempo, *fonte* de religião e espiritualidade, um *indicador* da mudança religiosa e espiritual e *estar articuladas com* as tendências religiosas e espirituais – *mudando a religião* mediante essas interações e *sendo mudadas por* essa relação" (Hoover, 2008, p. 4).

Nesse sentido, analisar a midiatização da religião é também analisar um processo de secularização, "o processo histórico em que a mídia

---
[60] FAUSTO NETO, 2005, op. cit., p. 3.

tem assumido muitas das funções sociais que costumam ser desempenhadas pelas instituições religiosas" (Hjarvard, 2008, p. 10). Ou seja, "por meio do processo da midiatização, a religião está sendo crescentemente subsumida sob a lógica da mídia, em termos de regulação institucional, conteúdo simbólico e práticas individuais" (Hjarvard, 2008, p.11). Nesse processo, as mídias passam a ser ambientes de vivência e de prática da fé, mediante estratégias desenvolvidas pelas instituições religiosas, que são "permeadas por lógicas e operações midiáticas" (Fausto Neto, 2004a, p. 3).

As relações entre internet e religião "envolvem interconexões em camadas entre símbolos, interesses e sentidos religiosos e a moderna esfera midiática dentro da qual grande parte da cultura contemporânea é produzida e conhecida" (Hoover, 2001, p. 1). E a internet passa a ser uma plataforma virtual para o desdobramento de novos gêneros de experiência religiosa e um suplemento – não um substitutivo – para a religião na sociedade contemporânea. Portanto, *nas mídias* (e esse é o diferencial), surgem "espiritualidades" emergentes que "buscam símbolos e outros recursos fora das fronteiras de tradições religiosas específicas, procurando criar algo novo, sintético e significativo que funcione para elas" (Hoover, 2008, p. 6).

Essa nova religiosidade é marcada por "modos de consciência e [...] formas de comunalidade possibilitados e promovidos pelas tecnologias e práticas da comunicação" (O'Leary, 2004, p.38). E também por uma "multiplicação de vozes", já que, "nesse ambiente interativo de crescente pluralismo, reflexividade e múltiplas possibilidades individuais, novas formas de estruturar e de pensar questões como realidade, autoridade, identidade e comunidade estão emergindo inevitavelmente" (Højsgaard & Warburg, 2005, p. 7).

Com o desenvolvimento das tecnologias digitais, não só se podem fazer coisas novas, mas também são modificados os "padrões cognitivos, os modos perceptuais de ver, os mecanismos de contato com a realidade social e com nosso imaginário pessoal" (Añez, 2003, p. 92). A questão, dessa forma, é que a religiosidade online, ao desencadear mudanças notáveis na experiência religiosa, transforma também o caráter da própria religião: é tanto sinal quanto produto da mudança. Nesse sentido, a midiatização da religião é um "fenômeno generalizado, pois ela se manifesta tanto no âmbito das macroestruturas de poder, como em realidades discursivas muito específicas" (Fausto Neto, 2004a, p. 3).

Mas, muito longe de acabarem, as velhas Igrejas "continuam de pé, atualizando-se por meio de novos rituais, as novas modalidades de práticas de religiosidades oferecidas pelos 'templos midiáticos'" (Fausto Neto, 2004a, p. 6). A interface entre o campo religioso e o campo midiático passou a ser um lócus de construção e atualização da questão da fé. Para as Igrejas, é preciso ir até onde as pessoas estão. Se as pessoas estão online, então é para lá que é preciso ir. Ocorre "um deslocamento da religião para o céu aberto do mercado simbólico de natureza midiática" (Fausto Neto, 2004a, p. 3), ou ainda "o deslocamento do espaço tradicional, acanhado e restrito dos templos, para um campo aberto e multidimensional. Mais ainda, a lógica do templo, direta e dialogal, é substituída pela lógica da mídia moderna que se dirige a um público anônimo, heterogêneo e disperso" (Gomes, 2004, p. 4). Em consequência, "uma nova Igreja é criada, universal e virtual", na qual "os templos são os próprios lares; os púlpitos são os aparelhos de televisão [ou quaisquer aparelhos eletrônicos]; o sinal da pertença ao grupo se expressa no consumo" (Gomes, 2004, p. 5).

Porém, é preciso reconhecer que, em grande parte dessas estratégias de interface entre o religioso e o comunicacional, as Igrejas veem os meios eletrônicos apenas como instrumentos novos a seu dispor. Desse modo, as Igrejas não inquirem sobre as consequências dessa imersão no mundo da mídia. "Falta a percepção de que o mundo midiático, e a sociedade que o conforma e é por ele conformada, está colocando em tela um novo conceito social e uma nova proposta de religião" (Gomes, 2004, p. 2). Muitas vezes, o modo como a Igreja vê a questão é específico, e a análise por ela feita é restrita, pois não percebe que esse ambiente é construído e se mantém sobre, com e *para além das* mídias, transformando também realidades pré-midiáticas, como as tradicionais estruturas religiosas.

Por outro lado, o ponto de vista da Igreja é a de um ator social que se encontra em algum ponto *fora desse ambiente*, que a ele precisa chegar urgentemente, via mídias. Falta à Igreja, portanto, perceber que *estamos* e *existimos* nesse ambiente, sobretudo com o avanço das mídias digitais online. Como indica Spadaro (2011, p. 2), "a internet não é um simples 'instrumento' de comunicação que se pode usar ou não, mas sim um 'ambiente' cultural que determina um estilo de pensamento, contribuindo para definir também um modo peculiar de estimular as inteligências e de estreitar as relações, até mesmo um modo de habitar o mundo e de organizá-lo".

Nesse sentido, afirma, "a Rede não é um novo 'meio' de evangelização, mas, acima de tudo, um contexto em que a fé é chamada a se expressar não por uma mera 'vontade de presença', mas sim por uma conaturalidade do cristianismo com a vida dos homens". A internet, segundo ele, é "um novo contexto existencial, e não, portanto, um 'lugar' específico dentro do qual se possa entrar em alguns momentos para viver online, e do qual se possa sair para entrar novamente na vida offline" (Spadaro, 2012a, p.3). Assim, o verdadeiro desafio das Igrejas, especialmente a católica, na opinião do autor, é "aprender a ser *wired*, conectado, de maneira fluida, natural, ética e até mesmo espiritual; viver a Rede como um dos ambientes de vida" (Spadaro, 2011, p. 2).

Spadaro (2012b, online) questiona ainda: "Se hoje a revolução digital modifica o modo de viver e de pensar, isso não acabará se referindo também, de algum modo, à fé? Se a rede entra no processo de formação da identidade pessoal e das relações, ela não terá também um impacto sobre a identidade religiosa e espiritual dos homens de nosso tempo e sobre a própria consciência eclesial?" Por isso, a perspectiva de análise das mídias como processo nos faz perceber que vai-se fortalecendo nelas um ambiente para a *construção de identidades* e para a *configuração de comunidades* (cf. Gomes, 2004).

Assim, "o que emerge da mídia é uma forma de fazer religião, de ser religioso" (Gomes, 2004, p. 10). Essa realidade se manifesta, talvez, com mais explicitação, no âmbito da internet, porém, de forma diferente das demais mídias eletrônicas (como o rádio e a televisão), em que, "sem pedir licença, eles [os tele-evangelistas] visitam, via televisão, os lares das pessoas, levando-lhes a mensagem do Evangelho" (Gomes, 2004, p. 10). Hoje, na internet, há um deslocamento e uma nova construção simbólica por parte do fiel: o modo de agir do internauta é por "busca", por "navegação". Mais do que na TV, talvez, é o fiel-internauta que se desloca pelo meio e encontra sentido na sensação de harmonização da experiência religiosa online, "pequenos cosmos de harmonia, de paz, de bem-sentir e bem-estar" (Hartmann, 2004, p. 6).

Essa religião midiática, portanto, passa a ser praticada pela "'mediação' dos *media*" (cf. Fausto Neto, 2004a), processo em que a construção do sentido religioso passa cada vez mais pelas mãos dos indivíduos e cada vez menos pelas mãos das instituições. Ou seja, operam-se políticas de contato entre o sagrado e os fiéis, com base em estratégias midiáticas. Forma-se uma nova modalidade de "cooperação" entre a instituição e o fiel, uma atualização do chamado "contrato de leitura" constituído pelas estratégias midiáticas (cf. Fausto Neto, 2004a).

Na religiosidade online, ocorre uma construção do religioso que se dá mediante estratégias interacionais "não só [...] atravessadas pelas lógicas e referências da cultura dos *media*, mas [que também] se apropriam de algumas de suas regras, gêneros, operações e 'leis', para, a partir daí, instituir [...] novas formas de religiosidades" (Fausto Neto, 2004a, p. 58). Portanto, as religiões hoje se fazem "muito mais pela mediação das estratégias de produção de sentido midiático e de seus efeitos" (Fausto Neto, 2004b, p. 53). Cabe perceber, assim, o papel que a técnica e a linguagem midiáticas têm nessa conversão e tradução da religião em um novo signo, ou seja, aquelas "estratégias pelas quais as instituições religiosas, via-mídia, se enlaçam numa determinada estrutura simbólica voltada para instituir novos laços com a esfera dos fiéis", ou ainda como "Deus deixa de ser uma contemplação, e se torna o personagem capturado pelo que propõe a enunciação na forma de objetos, linguagens, emoções e de novos vínculos" (Fausto Neto, 2004b, p. 55).

Depois de analisar a noção de midiatização do sistema religioso, especificamente em sua modalidade digital, é preciso compreender também como se dá, de forma mais ampla, a relação e a interação *midiatizada* entre o fiel e o sagrado. Ou seja: é preciso entender o papel da *técnica* nas interações comunicacionais.

3.3. Deus e o fiel: O papel da técnica

"Enquanto não tivermos a humildade de aceitar as mediações da técnica, estaremos sempre a reboque da história." O lamento do "padre online" dirigido ao Fábio não deve ser assumido apenas como uma queixa retórica ou vazia. Que sentido tem a técnica em suas "mediações" nas experiências de fé midiatizadas?

A experiência religiosa analisada neste livro ocorre centralmente a partir das mídias digitais, especialmente a internet. Já afirmamos que, aqui, entendemos as mídias como *dispositivos sociotécnicos e sociossimbólicos*[61], ou seja, uma relação sinérgica e em espiral de processos sociais e processos tecnológicos para a produção de sentido social. E é assim que entendemos os processos midiáticos: como práticas comunicacionais da sociedade a partir de técnicas específicas.

O ser humano sempre buscou entender e explicar o mundo a seu redor mediante tecnologias. A própria cultura é um fenômeno tecnológico desde suas origens. Desde sempre, "as qualidades humanas se constroem na realização com o não humano"[62], assim como as qualidades religiosas. Ainda em 1953, em sua mensagem de Natal, o Papa Pio XII, embora denunciando os riscos do "espírito técnico", afirmava: "A

---

[61] Cf. MIÈGE, 2009, op.cit.
[62] MARCHESINI, Roberto. O pós-humanismo como ato de amor e hospitalidade. *Revista IHU On-Line*, São Leopoldo, ano 6, n. 200, 16 out. 2006. Disponível em <http://migre.me/8UzBA>. Acesso em 5 maio 2012.

Igreja ama e favorece os progressos humanos. É inegável que o progresso técnico vem de Deus, e portanto pode e deve conduzir a Deus"[63].

Isso também foi reconhecido pelo próprio Papa Bento XVI (2009b, n. 69), em sua encíclica *Caritas in Veritate*. No documento, o pontífice afirma que "a técnica [...] é um dado profundamente humano, ligado à autonomia e à liberdade do homem. Nela exprime-se e confirma-se o domínio do espírito sobre a matéria". Na técnica, continua Bento XVI, "considerada como obra do gênio pessoal, o ser humano reconhece-se a si mesmo e realiza a própria humanidade". E acrescenta: a técnica "nunca é simplesmente técnica; mas *manifesta o ser humano* e suas aspirações ao desenvolvimento, exprime a tensão do ânimo humano para uma gradual superação de certos condicionamentos materiais" (grifo nosso). Nesse sentido, "a técnica é a essência do ser humano" (Gomes, 2010a, p. 164). Mas o relevante é que, hoje, mais do que em qualquer outra época, com o avanço da midiatização digital ou hipermidiatização, a técnica e tecnologia se tornaram um tema central de debate.

Mas, afinal, o que é a técnica? No grego, *techné* está associado a *episteme*: ou seja, um *saber* (*episteme*) concretizado em práticas ou coisas (em um *fazer*). Assim, a técnica é a arte/capacidade de produzir, fabricar: um *saber-fazer* aplicado em tecnologias.

"Em vez de simplesmente prover um meio para um fim, a técnica é muito mais um modo de revelar" de uma verdade[64]. Nesse sentido, é preciso compreender que "se há ser humano é *porque uma tecnologia o fez evoluir a partir do pré-humano*"[65], pois a nossa primeira técnica e a nossa primeira mídia, por consequência, foi a fala, tão natural quanto

---

[63] A afirmação foi feita em sua radiomensagem de Natal, no dia 24 de dezembro de 1953, disponível em <http://migre.me/9a1gk>.
[64] SANTAELLA, Lucia. Pós-humano, pós-humanismo e anti-humanismo: discriminações. In: FELICE, Massimo Di; PIREDDU, Mario. *Pós-Humanismo: As Relações entre o Humano e a Técnica na Época das Redes*. São Caetano do Sul: Difusão Editora, 2010, p. 127.
[65] SANTAELLA, 2010, op. cit., p. 131, grifo nosso.

artificial. Se, para Agamben, existem apenas seres vivos e dispositivos (aqui entendidos como técnicas e tecnologias), "desde que apareceu o *Homo sapiens* havia dispositivos, mas dir-se-ia que hoje não haveria um só instante na vida dos indivíduos que não seja modelado, contaminado ou controlado por algum dispositivo"[66].

E a própria comunicação é um fazer humano que depende de artificialidades. "Baseia-se em artifícios, descobertas, ferramentas e instrumentos, a saber, em símbolos organizados em códigos. Os homens comunicam-se uns com os outros de uma maneira 'não natural'"[67]. É a isso que Flusser chama de "mundo codificado": "um mundo construído a partir de símbolos ordenados, no qual se represam as informações adquiridas"[68].

Nesse sentido, "a midiatização, de novo não tem nada: é um processo que já leva (aqui as estimativas podem diferir) entre um milhão e meio e dois milhões de anos"[69], ao ser "uma das dimensões fundamentais do processo de especiação do *sapiens*"[70]. Por isso, no rastro de McLuhan, devemos reconhecer que o alfabeto e a escrita são tecnologias tanto quanto a roda, o telefone e o computador[71]. Desde as primeiras palavras faladas, passando pelas primeiras tabuletas de pedra até a internet, a midiatização aponta para o fato de que, com o surgimento de um novo dispositivo técnico, gera-se "um fenômeno midiático inédito, que modifica e complexifica a maneira com que se exteriorizam--materializam os processos cognitivos da espécie"[72].

Por isso é possível afirmar que "o *homo sapiens* é constitutivamente *homo technologicus* [...] por causa da própria constituição biológica"[73].

---

[66] AGAMBEN, 2005, op. cit, p. 13.
[67] FLUSSER, Vilém. *O Mundo Codificado: Por uma Filosofia do Design e da Comunicação*. São Paulo: Cosac Naify, 2007, p. 89.
[68] FLUSSER, 2007, op. cit., p. 96.
[69] VERÓN, 2012, op. cit., p. 11.
[70] VERÓN, 2012, op. cit., p. 9.
[71] Cf. FELICE, Massimo Di; PIREDDU, Mario. *Pós-Humanismo: As Relações entre o Humano e a Técnica na Época das Redes*. São Caetano do Sul: Difusão Editora, 2010.
[72] VERÓN, 2012, op. cit., p. 9.
[73] PIREDDU, Mario. *A Carne do Futuro: Utopia da Desmaterialização*. In: FELICE & PIREDDU,

Portanto, não há contraposição entre técnica e humano, técnica e natureza: ambos se *retroinfluenciam*. "A técnica não é só produção de manufaturados, mas também transformação daquele que os produz, é alteração, além da matéria e do ambiente, também do homem[74]."

Mas aqui não nos interessamos por todas as técnicas. Falamos de técnicas e tecnologias comunicacionais, especialmente digitais. Assim, em perspectiva histórica, nas origens da comunicação digital, ainda na década de 1970, para compreender as primeiras inter-relações entre as então "novas técnicas" e o social, surge o conceito de cibercultura. Esta seria uma cultura relacionada à "cibernética, a computadorização, a revolução digital, a ciborguização do corpo humano"[75]. De fato, a cibercultura deriva da cibernética, termo cunhado nas origens da informática, que deriva, por sua vez, do grego *tekhné kybernetiké*, a arte/técnica de pilotar, de governar embarcações. Ou seja, a cibernética seria a arte/técnica de "governar uma nave", de "pilotar máquinas", no auge da computadorização mundial.

O matemático norte-americano Norbert Wiener (1894-1964) é um dos grandes pensadores da cibernética. Em plenas guerras mundiais, Wiener via nas máquinas comunicacionais uma forma de poder, de ordem e de organização que poderia afastar as sociedades em geral da entropia das forças de destruição. Dessa forma, um conceito-chave que embasa a ideia de cibercultura é informação. "Essa noção de código capaz de dar conta de toda realidade (dos sistemas informáticos aos sistemas vivos) constitui o centro da experiência cultural do mundo 'ciber'[76]". Portanto, a cibercultura seria a "expressão das formas de vida, práticas e problemas

---

2010, op.cit., p. 47.
[74] ESPOSITO, Roberto. *A Natureza Humana Depois do Humanismo*. In: FELICE & PIREDDU, 2010, op.cit., p. 246.
[75] FELINTO, Erick. *Passeando no Labirinto: Ensaios sobre as Tecnologias e as Materialidades da Comunicação*. Porto Alegre: EDIPUCRS, 2006, p. 95.
[76] FELINTO, Erick, *"Sem Mapas para esses Territórios": A Cibercultura como Campo de Conhecimento*. Trabalho apresentado no XXX Congresso Brasileiro de Ciências da Comunicação, Santos, 2007, p. 4.

antropológicos ligados às tecnologias digitais"[77]. Além disso, ela também seria "uma espécie de saber próprio do contemporâneo"[78], na forma do "estudo de todos os fenômenos ligados à internet"[79]. Assim, a cibercultura se refere tanto à *forma sociocultural* que vai surgindo junto com as novas tecnologias da informação-comunicação, quanto ao *saber específico* que se debruça sobre essa forma sociocultural.

Porém, hoje, não estamos diante apenas de um fenômeno decorrente dos aparatos tecnológicos ou das técnicas especificamente digitais, mas sim de um processo em que "os dispositivos tecnológicos são apenas uma mínima parcela, a ponta do iceberg, de um novo mundo, configurado pelo processo de midiatização da sociedade" (Gomes, 2010a, p.161). A "cibercultura", a nosso ver, por enfatizar apenas as tecnologias digitais, acaba deixando de perceber o fenômeno histórico que se desenvolve a partir das técnicas comunicacionais desde muito antes da computadorização – e, o mais importante, o que se desenvolve a partir das *práticas sociais sobre essas técnicas*. Por outro lado, às vezes, há uma visão utópica e política da técnica como algo "melhor do que o humano", algo "para além do humano", "extra ao humano", que pode ajudar na construção do "melhor dos mundos possíveis". Mas essa é uma visão muito restrita das técnicas e de sua relação com o social.

Retomando a etimologia da palavra (ciber), podemos questionar se "tem sentido definir em termos de controle um espaço que, se se caracteriza por algo, é pela polifonia de vozes e pela falta de um centro de poder? Se seguimos o jogo dos profetas do ciberespaço, esse já é um território liberado. Essa mesma objeção – nos referimos ao uso do prefixo *ciber* – poderia ser aplicada ao conceito de *ciberculturas*", aponta Scolari[80]. Segundo o autor, esse é um conceito que nunca deixou de

---

[77] FELINTO, 2007, op. cit., p. 5.
[78] FELINTO, 2007, op. cit., p. 5.
[79] FELINTO, 2007, op. cit., p. 6.
[80] SCOLARI, Carlos. *Hipermediaciones: Elementos para una Teoría de la Comunicação Digital Interactiva*. Barcelona: Gedisa, 2008, p. 74.

se "desapegar totalmente da novela ciberpunk *Neuromancer* de William Gibson e do imaginário eletrônico-libertário"[81].

Como indica Manovich[82], "nos anos 90, só se falava de 'virtual', 'ciberespaço' e 'cibercultura'. Éramos fascinados pelas possibilidades que os espaços digitais ofereciam. O 'virtual', que existe à parte do 'real', dominou a década. Agora, a web é uma realidade para milhões, e a dose diária de 'ciberespaço' é tão grande na vida de uma pessoa que o termo não faz mais muito sentido. [...] O 'virtual' agora é doméstico. [...] Nossas vidas online e offline são hoje a mesma coisa. Para os acadêmicos que ainda usam o termo 'cibercultura' para falar da atualidade, eu recomendo que acordem e olhem para o que existe em volta deles".

Precisamos reconhecer, naturalmente, que a contribuição das teorias da comunicação de massa, assim como da cibercultura, é importante, *mas não suficiente*. Hoje, é preciso "separar as águas de certa produção textual de caráter meramente especulativo ou diretamente extravagante"[83]. "Muitas das conversas sobre ciborgues, realidades virtuais ou net.art – continua ele – são de interesse na hora de abrir novas perspectivas para a comunicação digital, mas, pelo fato de estarem mais baseadas em especulações futuristas do que em estudos empíricos, contribuem pouco para o edifício teórico. O mesmo acontece com os discursos utópicos e seus contrários distópicos. Em outras palavras – defende o autor –, o mosaico discursivo das ciberculturas é uma grande fonte para extrair novas perguntas e desafios, mas uma base frágil para construir uma reflexão teórica sobre as hipermediações."

Por isso, ao contrário, "a difusão das tecnologias digitais da informação [...], longe de serem os sintomas de uma comunicação finalmente imaterial ou desencarnada, podem ajudar-nos a descobrir a comple-

---

[81] SCOLARI, 2008, op.cit., p. 75.
[82] Apud CABRAL, Rafael. Para Lev Manovich, Falar em "Cibercultura" é Negar a Realidade. Link. [Post]. 21 ago. 2009, s/p. Disponível em: <http://migre.me/8MbHz>. Acesso em 25 jul. 2010.
[83] SCOLARI, 2008, op. cit., p. 143-144.

xidade das *relações vivas* entre homem, tecnologia e ambiente"[84]. No questionamento de que religião nasce da mídia, e do que a religião em midiatização revela acerca da mídia, estão em xeque os fundamentos de ambos os âmbitos sociais – comunicacional e religioso – em suas interações e afetações também de ordem técnica. A comunicação entre fiel-sistema nos sites católicos manifesta claramente a interposição da técnica digital nessa interação. Embora invisibilizada, transparenciada, a técnica digital, transformada em mídia por meio de complexas operações sociossimbólicas, ganha sentido em uma análise comunicacional por ser o suporte da interação. Aqui, queremos explicitar as "lógicas conjuntas e pluralistas" das "pontes híbridas" entre o humano e a técnica comunicacional[85]. O nosso tempo, por meio das tecnologias digitais, "torna o homem uma entidade mais conexa, e isso reforça a expressão multiforme da pessoa, quer dizer, a percepção de uma entidade múltipla e mutante: o multivíduo no lugar do indivíduo"[86].

É importante ressaltar, então, em primeiro lugar, que não foi simplesmente o surgimento das chamadas novas tecnologias de comunicação que desencadearam, "linear e mecanicamente" o surgimento de novas práticas sociais de produção e consumo. Segundo Verón[87], esses novos dispositivos tecnológicos foram se inserindo em contextos de utilização múltiplos e diversificados que foram moldando, justamente, uma nova "cultura", novos processos e regularidades sociais em sua posição diante da mídia.

Como afirma Braga[88], a própria midiatização aparece como "processo social *gerador* de tecnologia", gerando uma "necessidade de tecnolo-

---

[84] PIREDDU, 2010, op. cit., p. 53.
[85] Cf. PULCINI, Elena. Um poder sem controles. *Revista IHU On-Line*, São Leopoldo, ano 6, n. 200, 16 out. 2006. Disponível em <http://migre.me/8Uzlx>.
[86] MARCHESINI, Roberto. O pós-humanismo como ato de amor e hospitalidade. *Revista IHU On-Line*, São Leopoldo, ano 6, n. 200, 16 out. 2006. Disponível em <http://migre.me/8UzBA>.
[87] VERÓN, Eliséo. Esquema para el Analisis de la Mediatización. *Diálogos de la Comunicación*. Lima, n. 48, out. 1997.
[88] BRAGA, José Luiz. *Sobre "Mediatização" como Processo Interacional de Referência*. Trabalho apresentado no XV Encontro Anual da Compós – Associação Nacional dos Programas de Pós-Graduação em Comunicação. Bauru, 2006, p. 6.

gia", uma "demanda apriorística por 'mais tecnologia'". Em primeiro lugar, o avanço tecnológico é algo socialmente determinado. "Não aparece uma tecnologia desenvolvida por um inventor que está fora do mundo, fora da sociedade. São as demandas da sociedade que provocam o avanço. Não é a mídia, a televisão [ou a internet], que cria uma sociedade nova. É uma sociedade caracterizada por diversos eventos que precisa de processos interacionais novos, porque os atuais não conseguem dar conta do que está em efervescência. Isso determina a criação tecnológica[89]." Ou seja, há uma *necessidade* de algo para fazer determinada coisa, uma *carência*: "O homem é levado em sentido tecnopoiético a suprir uma percepção de carência, já que esta última é na realidade o resultado da parceria [ser humano-técnica]"[90]. Portanto, o humano é um ser que se constrói *com a alteridade* (humana, animal, maquínica etc.), e a técnica (ou mesmo a própria cultura) é um instrumento de compensação do que lhe falta ou de compartilhamento do que lhe transborda.

O interessante desse processo, em segundo lugar, é que a tecnologia, "uma vez criada, começa a ser usada para outras coisas. Afinal, já que temos algo novo, o que podemos fazer com isso? Então, o primeiro aspecto é que a sociedade tem necessidade de viver da tecnologia. O segundo aspecto seria que é ainda a sociedade que pega uma tecnologia inventada e diz 'vamos fazer isso ou vamos fazer aquilo'. São fenômenos que não estavam implicados no próprio gesto da invenção e, portanto, não estão implicados na tecnologia"[91].

Por fim, defende Braga[92], "a tecnologia é autopoiética; começa a se gerar a si mesma. Começa-se a inventar tecnologia por tecnologia. [...] É a interacionalidade que inventa a tecnologia. A força do interacional

---

[89] BRAGA, 2009, op. cit.
[90] MARCHESINI, Roberto, Uma Hermenêutica para a Tecnociência. In: NEUTZLING, Inácio; ANDRADE, Paulo Fernando Carneiro de (orgs.). *Uma Sociedade Pós-Humana: Possibilidades e Limites das Nanotecnologias*. São Leopoldo: Unisinos, 2009, p. 179.
[91] BRAGA, 2009, op. cit.
[92] BRAGA, 2009, op. cit.

é usar a mídia para fazer coisas que não eram possíveis fazer antes. Estamos em uma fase em que somos 'aprendizes de feiticeiro'. A 'feitiçaria', que é a tecnologia, está inventada, e a sociedade aceleradamente inventa coisas".

Por meio da rede, de fato, quem produz a tecnologia da internet – e ela mesma, por extensão – são fundamentalmente seus usuários, em coevolução, justamente por ser uma tecnologia de livre acesso e com códigos abertos[93]. Se os chamados meios de comunicação "de massa" já apontavam para a manifestação de uma sociedade em midiatização geradora de tecnologia, os ambientes online concretizam-na cada vez mais, gerando um "bios comunicacional", inerente até ao fato de existir hoje em sociedade – se existimos, existimos em comunicação, e em comunicação midiática.

Nesse contexto, assim como "todo corpo tem suas artificialidades, toda máquina tem suas virtualidades: são os agenciamentos sociais nos corpos e nas máquinas"[94] que também operam sobre e reconstroem os sentidos religiosos. Portanto, "se cada sociedade tem seus tipos de máquinas é porque elas são o correlato de expressões sociais capazes de lhes fazer nascer e delas se servir como verdadeiros órgãos da realidade nascente"[95].

Assim, não podemos restringir nosso objeto de pesquisa a uma mera consequência da técnica digital, de sua informatização e códigos numéricos – nem "determinismo social", nem "determinismo tecnológico". Ao fenômeno da digitalização, estão ligadas também formas e práticas de vida que são intrínsecas à internet, que nascem e se desenvolvem com ela, visto que "as atividades técnicas são formas de realização do processo de autocriação do ser humano"[96]. "Põe-se de

---

[93] Cf. CASTELLS, Manuel. *A Galáxia da Internet: Reflexões Sobre a Internet, os Negócios e a Sociedade*. Rio de Janeiro: Jorge Zahar Ed., 2003.
[94] PARENTE, André. *O virtual e o hipertextual*. Rio de Janeiro: Pazulin, 1999, p. 34.
[95] PARENTE, 1999, op. cit., p. 35.
[96] RÜDIGER, Francisco. *Introdução às Teorias da Cibercultura: Perspectivas do Pensamento Tecnológico Contemporâneo*. Porto Alegre: Sulina, 2003, p. 17.

manifesto nela [na técnica] um determinado tipo de humanidade", nas palavras de Donald Brinkmann[97]. Assim, o problema não é tanto o que a religião faz com a mídia, mas sim que tipo de religião está nascendo da mídia, em especial da internet, já que existem processos que distinguem, substancialmente, o espaço religioso do espaço midiático.

Portanto, cabe a análise de Gordon Graham[98], para quem as novidades tecnológicas, inclusive a internet, não são *positivas* apenas por serem novas, nem *negativas* apenas por serem tecnológicas. "Estamos habituados a pensar que [...] a questão da influência da tecnologia na vida do homem seja somente um problema no modo de usar[99]." Segundo o autor, é justamente isso que entra em eclipse a partir do final do século XX, pois é necessário compreender que a tecnologia não é uma "escrava" a serviço do homem, mas ela mesma é também "teleonômica", ou seja, imprime significados, e o homem se modifica, e seus predicados se transformam em várias direções[100]. De fato, a técnica não é nem positiva, nem negativa... mas também não é *neutra*. "Uma técnica é produzida dentro de uma cultura, e uma sociedade encontra-se condicionada por suas técnicas. E digo *condicionada*, não *determinada*"[101], no sentido de que "a alteridade não humana [...] é [...] uma entidade dialógica capaz de operar deslocamentos na dimensão humana"[102] e, portanto, religiosa.

E isso também se aplica à relação do fiel com a religião em midiatização, já que "os predicados humanos [e religiosos] são considerados qualidades emergentes pela hibridização com o não humano [ou seja, as tecnologias digitais]"[103]. Dessa hibridização, nasce uma outra religião, a

---

[97] Apud RÜDIGER, 2003, op. cit., p. 23.
[98] Apud RÜDIGER, 2003, op. cit.
[99] MARCHESINI, 2009, op. cit., p. 154.
[100] Cf. MARCHESINI, 2009, op. cit., p. 154.
[101] LÉVY, Pierre. *Cibercultura*. São Paulo: Ed. 34, 1999, p. 25.
[102] MARCHESINI, Roberto. *Contra a Pureza Existencialista, Rumo a Novos Modelos de Existência*. In: FELICE & PIREDDU, 2010, op. cit., p. 179.
[103] MARCHESINI, Roberto. *Uma Hermenêutica para a Tecnociência*. In: NEUTZLING & ANDRADE, 2009, op.cit., p. 158.

partir das interações entre o fiel e o sistema católico online. Assim, salta-se do determinismo tecnológico e social para uma perspectiva de "*indeterminação* inerente aos fenômenos de auto-organização"[104], incluindo também as interações e retroações entre o fiel e o sistema católico online. Nem a técnica determina o humano, mas nem o humano determina a técnica: é a indeterminação do devir dessa interação que merece análise, ou seja, os processos pelos quais os sujeitos se apropriam dos modos de existência por meio dos quais as técnicas são oferecidas.

Como indica Marchesini[105], podemos falar de uma "*coevolução* de bios e téchne [...] na definição dos predicados biológicos [e também sociorreligiosos]". Ou seja, ocorre uma construção livre, complexa, indeterminável e aberta, e não apenas um mero prolongamento, extensão ou magnificação por parte da técnica das "possibilidades já possíveis" aos seres humanos. "A linguagem, a mídia e possivelmente as novas gerações de máquinas inteligentes que imaginamos pouco acima do horizonte poderiam ser consideradas espécies companheiras que dependem de nós, mas também nos moldam poderosamente por meio de uma espiral coevolutiva."[106]

É claro que a análise dos dois polos, *socius* e *téchne*, não pode ser simétrica, já que cada um deles exerce forças diferenciadas de acordo com os momentos e os locais de suas inter-relações e disputas de poder. É preciso, na verdade, fazer a crítica da razão instrumental e desmontar os complexos processos que se escondem por trás do mito da "transparência" das interfaces tecnológicas. "Por trás das técnicas, agem e reagem ideias, projetos sociais, utopias, interesses econômicos, estratégias de poder, toda a gama dos jogos dos homens em sociedade. Portanto, qualquer atribuição de um sentido único à técnica [ou às mí-

---

[104] OLIVEIRA, Luiz Alberto. *Cibercentauros: Sobre a Possível Hibridização entre Homens e Máquinas*. In: NEUTZLING & ANDRADE, 2009, op. cit., p. 106.
[105] MARCHESINI, 2009, op. cit., p. 173.
[106] LENOIR, Timothy. *Biotécnica, Nootécnica e Nanotécnica: Desafios para as Ciências Humanas*. In: NEUTZLING & ANDRADE, op.cit., p. 190.

dias] só pode ser dúbia"[107]. Como indica Pulcini[108], "o desenvolvimento da técnica assumiu tais proporções a ponto de fazer as mudanças quantitativas se traduzirem em mudanças qualitativas, gerando uma inversão da função de 'meio' da técnica em sua autonomização como 'fim', capaz de subordinar a si, e à própria lógica funcional, as exigências humanas. De meio tendente a satisfazer as necessidades do ser humano, a técnica se transformou num fim que foge ao controle do homem, o qual perdeu a capacidade de administrar, controlar os processos por ele mesmo deflagrados", incluindo, neste caso, os processos midiáticos.

Ou seja, os processos sociais e os processos técnicos – *invenções sociais* sobre *inovações tecnológicas* – especialmente nas sociedades em midiatização, ocorrem em estreita relação, mas ainda há níveis claros de diferenciação entre eles: "O risco de fundo [...] consiste na aceitação substancialmente acrítica da técnica [ou do social], na legitimação pura e simples de processos transformadores que, ao invés, por sua própria radicalidade, por sua mole quantitativa e por seu caráter inovador, são potencialmente portadores de patologias, seja no plano psíquico, seja no plano ético e político", defende Pulcini[109].

Portanto, cabe ressaltar que uma *hibridização* e uma *coevolução* sociotécnicas não significam um salto qualitativo "positivo" em termos ético-político-morais. As técnicas também podem ser um *saber-fazer* concretizado em coisas que "constrangem, emolduram [...] as pessoas [e também a religião], cortando e impedindo a abertura e a autorrevelação, inibindo o pensamento [e também a fé]"[110]. Nesse sentido, retomamos a preocupação de Bento XVI (2009b, n. 70) ao defender que a técnica "livra [o ser humano] das limitações físicas e alarga seu horizonte. Mas a liberdade humana só o é propriamente quando responde à sedução da técnica com decisões que sejam fruto de *responsabilidade moral*" (grifo nosso).

---

[107] LÉVY, 1999, op. cit., p. 24.
[108] PULCINI, 2006, op. cit.
[109] PULCINI, 2006, op. cit.
[110] SANTAELLA, 2010, op. cit., p. 128.

Em suma, cremos já ter em mãos os elementos teóricos mais gerais para aprofundar, agora, os conceitos específicos que serão abordados em nossa análise empírica, especialmente no que se refere às interações comunicacionais propriamente ditas e seus desdobramentos, vínculos que provocam microalterações no processo de experiência da fé.

* * *

Neste capítulo, refletimos sobre alguns conceitos e perspectivas de análise centrais para a investigação dos sites católicos institucionais brasileiros. Discutimos principalmente a noção de midiatização como fenômeno e metaprocesso social contemporâneo, em sua relação com o fenômeno religioso, a partir de conceitos como ambiência, circulação, dispositivos e processos.

Vimos ainda como as mídias, entendidas como dispositivos sociotécnicos e sociossimbólicos, estão mudando a religião e estão sendo mudadas por essa relação com a religião. A religiosidade online, ao desencadear mudanças na experiência religiosa tradicional, transforma também o caráter da própria religião, sendo tanto sinal quanto produto da mudança. As estratégias desenvolvidas pelas instituições religiosas e pelos fiéis passam a estar permeadas por lógicas midiáticas, modos de consciência e formas de vínculo em que a internet passa a ser uma plataforma virtual para a construção de novos gêneros de experiência religiosa.

Analisamos ainda o papel da técnica comunicacional nessas interações e no funcionamento desse fenômeno comunicacional. Portanto, não há contraposição entre técnica e humano, entre internet e fenômeno religioso: ambos se *retroinfluenciam*. A técnica, como a entendemos, em sua relação com o ser humano e sua necessidade de sagrado, é também transformação do ambiente religioso e da religião.

Assim, o problema não é tanto o que a religião *faz* com a mídia, mas sim que tipo de religião *está nascendo da* mídia, em especial da internet, por meio das microalterações da fé, marcada por essa hibridização com o não humano. Nem a técnica (internet) determina o humano (religião), mas nem o humano determina a técnica: é a indeterminação do devir dessa interação que merece análise, ou seja, os processos pelos quais os sujeitos se apropriam dos modos de existência por meio dos quais as técnicas são oferecidas, em uma coevolução dos predicados comunicacionais e religiosos.

- 4 -

RELIGIÃO EM NOVAS MODALIDADES COMUNICACIONAIS

> [O Verbo] Veio para o que era seu e os seus não o receberam.
> Mas a todos que o receberam deu o poder de se tornarem
> filhos de Deus: aos que creem em seu nome.
> (João 1,11-12)

"Estou certo, vocês estão antecipando a Igreja do futuro." Foi essa a declaração do "padre online" ao Fábio, ao questionar o sacerdote sobre a validade ou não de sua experiência religiosa de assistir à "Santa Missa todo domingo pela TV Aparecida", inclusive comungando o pão e o vinho que ele mesmo colocava sobre a mesa da sala de sua casa, junto com seus familiares.

Em um processo de midiatização do fenômeno religioso, começam a surgir novas modalidades de experiência da fé, a partir do deslocamento das práticas religiosas para a ambiência comunicacional da internet. Poderíamos dizer que ocorre hoje uma "diáspora" (cf. Brasher, 2004), já que a internet torna-se o ambiente para o qual grande parte (senão todas) as religiões tradicionais vão, aos poucos, se deslocando. Como víamos, "as pessoas estão fazendo de forma online grande parte daquilo que fazem offline, mas o fazem de forma diferente" (Dawson & Cowan, 2004, p. 1). Ou seja, "há muito pouco no mundo real que não esteja eletronicamente reproduzido online, e há muito pouco online que não tenha fundamento ou referência offline" (Dawson & Cowan, 2004, p. 6). Assim "liturgia, oração, ritual, meditação e homilética se unem e funcionam com o próprio espaço online atuando como Igreja, templo, sinagoga, mesquita" (Hadden & Cowan apud Young, 2004, p. 94).

Neste capítulo, veremos como a religião se expressa em novas modalidades de experiência religiosa (4.1), especificamente por meio de um determinado tipo de interação (4.2). Esse contato midiatizado é possível mediante novas configurações da prática religiosa em termos de interface (4.3), discurso (4.4) e ritual (4.5), que provocam alterações na experienciação da fé por parte do fiel.

4.1. Experiência: Os fundamentos da interação

Nos ambientes católicos online, além da divulgação de *informações sobre* a religião, também se promove e se incentiva a *relação e o vínculo* do fiel com seu Deus: o fiel *pratica sua fé* na internet. As pessoas passam a encontrar uma oferta de experiência religiosa não apenas nas igrejas de pedra, nos padres de carne e osso e nos rituais palpáveis, mas também na religiosidade existente e disponível nos bits e pixels da rede.

Interessa-nos, portanto, a oferta de serviços online que possibilitem não um conhecimento de tipo "racional" ou "informativo" (como a publicação de documentos ou notícias), mas sim estratégias para uma vivência de fé, uma *modalidade interacional de experiência religiosa online* (aquilo que se chama de *online religion*, ou religião *pela* internet). Para compreender essa modalidade interacional, é preciso, antes, entender o que é experiência.

Para isso, é preciso partir de um pressuposto: a grande maioria dos estudiosos da religião defendem que o ser humano é *"naturaliter religiosus"*, um *"homo religiosus"*. Ou seja, a "religião aparece como uma característica constante dos seres humanos, em todas as épocas" (Martelli, 1995, p. 137), e não podia ser diferente na era das mídias digitais. Religião, nesse sentido, é entendida como a *re-ligação* do ser humano com Deus, "uma relação interior com a realidade transcendente" (Martelli, 1995, p.135), uma "relação do homem com uma realidade verdadeira e suprema, seja ela compreendida da maneira que for (Deus, o Absoluto, Nirvana, Shrûnyatâ, Tao" (Küng apud Libanio, 2002, p. 91). Em suma, podemos tratar essa "Realidade absolutamente transcendente" como o *sagrado*: aquilo que costuma se chamar por "Deus", a "dimensão de imanência e transcendência" (Boff, 2002), o "Totalmente Outro" (Boff, 2002; Libânio, 2002), o "*superior summo meo*" e "*intimior intimo meo*" (maior do que o que há de maior em mim e mais íntimo do que o que há de mais íntimo em mim; Boff, 2002), o "numinoso" (do latim *numen* = "divindade") (Martelli, 1995), enfim, o "Mistério" (Boff, 2002; Libânio, 2002).

Dessa forma, estamos falando de uma *relação* entre a imanência e a transcendência, ou ainda de uma "inter-retro-relação" entre Deus e o mundo, "um em presença do outro" (Boff, 2002, p. 33). A essa relação entre imanência e transcendência dá-se o nome de transparência (cf. Boff, 2002): a presença de Deus dentro do mundo, e do mundo dentro de Deus. Como isso se dá? "O homem toma conhecimento do sagrado porque *este se manifesta*, se mostra como algo de absolutamente diferente do profano" (Eliade apud Libanio, 2002, p. 93, grifo nosso). E essa manifestação, define Eliade, é a *hierofania*.

"Poder-se-ia dizer que a história das religiões – desde as mais primitivas às mais elaboradas – é constituída por um número considerável de hierofanias, pelas manifestações das realidades sagradas", afirma Eliade (1992, p. 13). Desde a manifestação do sagrado em uma pedra até a hierofania cristã suprema, que é a encarnação de Deus em Jesus Cristo, "não existe solução de continuidade. Encontramo-nos diante do mesmo ato misterioso: a manifestação de algo 'de ordem diferente' – de uma realidade que não pertence a nosso mundo – em objetos que fazem parte integrante de nosso mundo 'natural', 'profano'."

Próxima da religião, encontra-se a *religiosidade*, uma dimensão antropológica da "realidade que existe no ser humano que o faz religioso", ou ainda um sentimento religioso vago e difuso que "corresponde à necessidade afetiva pessoal de estar ligado com algo distinto de si mesmo" (Libanio, 2002, p. 92-99). Diferentemente da religião, a religiosidade não se vincularia de forma tão perceptível a expressões vinculadas a uma *tradição* e a uma *comunidade espiritual*.

Aqui, contudo, abordamos ambos os conceitos a partir de sua noção mais radical (de raiz): isto é, tanto a religião quanto a religiosidade apontam para uma *relação*, *re-ligação* entre o humano e o sagrado. Assim, deixamos de lado os aspectos mais estruturais da religião (enquanto "sistema de ritos, práticas, doutrinas, constituições, organizações, tradições, mitos, artes que possibilitam essa religação com o mundo divino", cf. Libanio, 2002, p. 90). Religião e religiosidade são "duas faces complementares": "A religiosidade é a pergunta. A religião é a resposta" (Libanio, 2002, p. 100).

É nesse contexto que a *experiência religiosa* adquire sua relevância. Podemos entendê-la como a "percepção da presença do sagrado por parte do sujeito que a faz" (Libanio, 2002, p.92). Ou seja, é o "dar-se conta", o "tomar conhecimento" das hierofanias que ocorrem na vida pessoal. Essa experiência também pode ser definida como "uma relação interior com a realidade transcendente" (Martelli, 1995, p. 135), independentemente de seu nível[1]. Ampliando o conceito, Boff (2002, p. 39) afirma que experiência é a "ciência ou o conhecimento que o ser humano adquire quando sai de si mesmo (ex) e procura compreender um objeto por todos os lados (peri)", "objeto" que, na experiência religiosa, é o sagrado. Essa experiência se expressa em muitas linguagens, pois ocorre em todos os lugares e em toda a história, embora suas expressões sejam culturalmente condicionadas.

Mas a experiência de Deus ou do sagrado é *algo mais*: A "experiência de Deus na diafania do mundo [...] não é uma vivência de um objeto ou uma experiência ao lado de outra experiência. A experiência de Deus não deve ser imaginada como uma experiência de ver um pôr-do-sol e, ao lado disso, como a experiência de uma dor de dente. Se assim fora, Deus seria um fenômeno do mundo. Deus não é encontradiço em nenhuma parte. Daí insistirmos que Deus só se torna

---

[1] Conforme Martelli (1995, p. 174), a experiência religiosa pode ser *primária* (a realizada pelo místico); *secundária* (experimentada por aquele que, por meio do ritual e dos símbolos, revive as experiências primárias, próprias ou de outros); e *terciária* (definida como hábito, "incolor ou quase", que se "reduz a uma simples adesão da vontade às práticas religiosas fixadas pela tradição", como pela participação nos ritos, na qual o indivíduo dificilmente "consegue reviver o conteúdo da experiência primária"). Aqui, abordamos o conceito de experiência religiosa em termos amplos, incluindo e subsumindo todas essas dimensões.

real e vivo se emergir da radicalidade da experiência do mundo, como sentido, como mistério que suporta o mundo, como força libertadora dentro de nosso engajamento por mais justiça e humanidade. Nem a experiência de Deus consiste em ter visões, audições e enlevos místicos. Tudo isso pode existir, mas fica no nível das vivências subjetivas do mistério de Deus. Deus não é 'visível', nem 'audível' nem 'acessível' só na experiência mística. Se assim fora, Deus seria o privilégio e o luxo de alguns iniciados e não o sentido que pervade toda a existência, por mais cotidiana que se apresente. *Daí poder-se experimentar Deus sempre e em qualquer situação*, a partir do momento em que atingirmos a profundidade da vida, *lá onde ela mostra uma abertura absoluta* que ultrapassa todos os limites e que, por isso, comparece como o Transcendente em nós" (Boff, 2002, p. 90-91, grifos nossos).

Portanto, não nos interessa analisar se tal experiência religiosa foi "válida" ou não, se foi "total" ou "parcial": nosso foco não é a consistência mística ou a densidade teológica da experiência, mas sim que a experiência religiosa *pode ocorrer* sempre e em qualquer situação. O que nos interessa centralmente é a *dimensão comunicacional* da experiência religiosa: sentidos religiosos que circulam pelas páginas da internet, por meio das quais o fiel, onde quer que esteja, quando quer que seja – diante de um aparelho eletrônico conectado à internet – desenvolve assim um novo vínculo com a Igreja e o transcendental, e um novo ambiente de culto. Portanto, virtualmente, diante de fiéis que se deixam afetar por esses sentidos religiosos em rede, que com eles se *relacionam*, ocorrem experiências religiosas *diversas e difusas* – que, além disso, se consumam em sua comunicação aos demais. Um circuito comunicacional, de fato, que interliga o fiel e o sagrado, mas também um "outro" a quem o fiel narra sua experiência, via mídia.

Mas na internet? Isso é possível? Cabe à teologia responder com maior propriedade, mas adiantamos o seguinte: "Porque Deus perpassa toda a realidade, pode, por isso, ser percebido e experimentado nas mais diferentes situações da vida e em cada detalhe da vida pessoal e do universo" (Boff, 2002, p. 156). O importante, em nosso estudo, é perceber *como se dão essas experiências* na internet e *em que elas diferem*, em nível comunicacional, das experiências realizadas, por exemplo, nos templos territorializados ou em rituais não midiáticos.

Abordamos aqui experiências religiosas que ocorrem a partir de um universo simbólico cristão. E, para o cristianismo, "Deus [...], sendo Infinito e Transcendente, se fez finito e imanente como uma parte de nosso mundo" (Boff, 2002, p. 106). Mesmo no mais ínfimo bit, Deus pode ser percebido e experimentado. Mesmo que lhes faltem "densidade e consistência verdadeiramente cristãs" (Libanio, 2002, p. 95), as experiências religiosas aqui trabalhadas, por conseguinte, partem de uma definição bastante ampla: *a percepção da presença do sagrado* (de um universo simbólico nomeadamente cristão-católico) na internet.

Nesse sentido, o mais importante no contexto da experiência religiosa online é que ela revela que o ser humano "existe voltato para fora (ex), *em diálogo e em comunhão* com o outro ou com o mundo" (Boff, 2002, p. 42, grifo nosso). Ou seja, são experiências, acima de tudo, relacionais. *A experiência religiosa é a religação/relação/interação entre o indivíduo e o sagrado.* E, em sociedades em midiatização, esses processos relacionais e interacionais das experiências religiosas passam a ocorrer no âmbito das mídias.

Ao analisar a experiência estética, Braga[2] percebe que passam a ocorrer principalmente dois deslocamentos a partir da midiatização, que aqui trazemos para o âmbito religioso: 1) as possibilidades de experiência religiosa se dispersam e se ampliam em meio a diversas possibilidades comunicacionais (não mais dependendo de um ritual ou templo específicos); e 2) por sua abrangência, a mídia envolve um público muito mais amplo em termos de alcance e de possibilidade de expe-

---

[2] BRAGA, José Luiz. Experiência estética e mediatização. In: GUIMARÃES, Cesar; LEAL, Bruno Souza; MENDONÇA, Carlos (orgs.). *Entre o sensível e o comunicacional*. Belo Horizonte: Autêntica, 2010, p. 73-88.

riências religiosas, o que estimula, assim, uma oferta mais diversificada de serviços e produtos religiosos. Portanto, "em uma sociedade na qual a mediatização vai se tornando o processo interacional de referência, decorre daí que os produtos [e os sentidos religiosos] em circulação mediatizada tornam-se geradores probabilísticos de experiência [religiosa]"[3]. A ocorrência ou na da experiência religiosa, dessa forma, irá depender da ativação ou não, da afetação ou não, por parte do fiel dos sentidos religiosos disponíveis na internet.

Por fim, a experiência religiosa, entendida como *percepção* e *expressão* de um "outro", o sagrado, aponta para um aspecto central da comunicação: a interação. É o que agora iremos analisar.

4.2. Interação:
As processualidades da circulação comunicacional

A partir do conceito de midiatização e de uma abordagem sistêmico-complexa, buscamos compreender como se dá a *interação* entre os elementos do sistema católico online, entre o sistema e seu ambiente, ou entre o sistema e demais sistemas, assim como a *circulação* (que também é construção) de "matéria" comunicacional-religiosa intra e intersistemicamente. Pois, entre a existência do sagrado – conforme entendido em suas tradicionais manifestações pelos rituais e liturgias históricos –, sua ressignificação e remodelagem na linguagem e nos espaços da internet e sua apropriação pelo usuário, há "processos midiáticos [que] não podem ser visto como *um objeto em si*, mas por meio de suas relações, conexões e interconexões"[4]. Isso explica nosso interesse em estudar as *interações* que ocorrem nesse ambiente.

A "complexidade organizada" que se manifesta nos sites e serviços religiosos católicos e na relação destes com o fiel-usuário apresen-

---
[3] BRAGA, 2010, op. cit., p. 78.
[4] GOMES, Pedro Gilberto. Fenomenologia da Comunicação. In: FERREIRA, Jairo; PAOLIELLO, Francisco J.; SIGNATES, Luiz A. *Estudos da Comunicação: Transversalidades Epistemológicas*. São Leopoldo: Unisinos, 2010, p. 109.

ta claros sinais de "elementos em interação". Mas o que é interação? Em poucas palavras, uma *ação-entre*. "Interações são ações recíprocas que modificam o comportamento ou natureza de elementos, corpos, objetos, fenômenos em presença ou em influência"[5]. Ou seja, são as *ações-entre* fiel e sistema católico online para a construção de sentido religioso. Essa ação também pode se manifestar como *transação*, que inclui *reações, retroações entre os interagentes*. Por meio dessas ações e transações, fiel e sistema se "agitam", "perturbam-se" e assim se inter-relacionam, ou seja, formam associações, ligações, combinações: em suma, comunicam-se. Mas é bom lembrar que não são "interações lineares", em que uma *causa* gera um *efeito* possível de ser previsto e "controlado": e, vice-versa, também não são "retroações diretas", em fluxos contrários: as interações sistêmicas são indetermináveis, complexas, livres, dinâmicas, e por isso não estão dadas de antemão, mas vão se construindo a partir de sua própria ocorrência.

Aqui, em termos comunicacionais, ao falar de sistemas, entendemos que as propriedades essenciais da comunicação, de seus subsistemas, são propriedades do todo: ou seja, existem e se constroem a partir das interações e das relações entre as partes. Portanto, a comunicação se constrói na interação, e a interação constrói comunicação, já que a interação sempre é um processo comunicacional[6]. Mas interação não pressupõe necessariamente simetria (linearidade) entre os interagentes, nem reciprocidade como a do modelo conversacional, ou dialogicidade: interagir é negociar[7].

Nesse sentido, a interação social que se constrói a partir das mídias e por meios delas é "uma produção objetivada e durável, que viabiliza uma comunicação diferida no tempo e no espaço, e permite a

---

[5] MORIN, Edgar. *O Método 1: A Natureza da Natureza*. Porto Alegre: Sulina, 2002, p. 72.
[6] Luhmann irá afirmar que a comunicação só existe por causa da interpenetração entre sistemas, como veremos no capítulo 6.
[7] Cf. SANTAELLA, Lucia. *Navegar no Ciberespaço: O Perfil Cognitivo do Leitor Imersivo*. São Paulo: Paulus, 2004.

ampliação numérica e a diversificação dos interlocutores", ultrapassando até mesmo um "recorte simplista 'ações mútuas entre produtor e receptor'"[8]. A interação é um processo mais complexo, pois diversos elementos do sistema católico online interagem e coexistem também em um mesmo ambiente, e suas relações não são necessariamente recíprocas, pois envolvem ainda outros sistemas, assim como entre subsistemas. "Trata-se de relações amplas entre um subsistema produtor/produto e um subsistema receptor/produtor permeadas ainda em outras mediações[9]."

Assim, partimos do pressuposto de que, apesar das simetrias ou assimetrias, da falta ou não de reciprocidade nas trocas simbólico-comunicacionais, em processos midiáticos, *sempre há interação*. De outra forma, não haveria comunicação. Em vez, portanto, de nos focarmos na existência ou não de interatividade – pois a consideramos como dada –, merece nossa atenção *como a interatividade (a capacidade de permitir interações) parece estar sendo operada*[10].

---

[8] BRAGA, José Luiz. *Interatividade e Recepção*. Trabalho apresentado no IX Encontro Anual da Compós – Associação Nacional dos Programas de Pós-Graduação em Comunicação. Porto Alegre, 2000, p. 8.

[9] BRAGA, 2000, op. cit., p. 9.

[10] Diferentemente das mídias anteriores, as mídias digitais permitem que os meios de comunicação possam chegar a seus usuários e receber uma resposta *(feedback)* dessa ação instantaneamente e pela mesma mídia. Mas isso não significa que os receptores das mídias pré-digitais (TV, rádio, jornal etc.) eram "passivos": sua leitura sempre era uma *releitura* (a partir de sua subjetividade, de seu ambiente social etc.), sua construção sempre era uma *reconstrução*, seu ponto de vista sobre os produtos midiáticos era sempre uma vista *a partir de um ponto*. Nesse sentido, interação não significa necessariamente retroação. Essa releitura, essa reconstrução, essa resposta dos receptore retornava às mídias, muitas vezes diretamente (por meio de cartas, telefonemas etc.), mas também era reencaminhada para outros processos sociais (por exemplo, os debates e conversas nos cafés da cidade, no seio da família, as manifestações de rua etc.). Nesse sentido, o "receptor" sempre elaborou "respostas" ao que recebia midiaticamente e, assim, *interagia* com as mídias. Mas, por impossibilidades de ordem técnica, essa interatividade nem sempre era perceptível, pois não se voltava *linearmente* ao "produtor". Aqui, partimos do pressuposto de que, se algo foi *comunicado*, necessariamente houve interação. Aliás, o próprio "produto" midiático (programa de TV, de rádio, jornal ou site etc.) é um resultado de interações – pois "responde" também a determinadas necessidades ou desejos da sociedade. Dessa forma, também é preciso ultrapassar um interesse restrito sobre os possíveis *graus* de interatividade (quem é mais interativo: o telefone, o livro ou a TV e seu controle remoto?), restringindo a perspectiva comunicacional a um cálculo matemático que não leva a lugar algum.

A interação é, em suma, uma "circulação diferida e difusa"[11], já que os sentidos midiaticamente produzidos chegam à sociedade e passam a circular nesta (entre pessoas, grupos e instituições), impregnando e parcialmente direcionando a cultura. Por isso, a compreensão acerca do fenômeno da circulação deve passar pelas proposições do sistema comunicacional religioso online, por exemplo, que "circulam", já trabalhadas, tensionadas, manipuladas, ressignificadas por parte dos fiéis novamente no interior do sistema e para além dele.

Afastamo-nos, por isso, de uma visão de interação e interatividade simplesmente valorativa, em que, havendo reciprocidade dialógica (como em uma conversação face a face) em determinada interação, está é positiva e, ao contrário, negativa. Cremos que, como afirma Braga[12], a interatividade é "um processo socialmente construído", e, portanto, "se um produto midiático é posto em circulação na sociedade, e efetivamente circula, há inevitavelmente interatividade". Assim sendo, "todas as experiências culturais, no fundo, podem ser definidas como uma forma de interação. [...] Toda comunicação intermediada por um computador é interativa, por isso [precisamos] desenvolver termos diferentes para os diversos tipos de interatividade"[13].

Precisamente nas mídias digitais, "não temos que analisar os objetos concretos, e sim as interações. Devemos seguir os internautas enquanto eles navegam por um site e analisar os caminhos pelos quais andam, em vez de apenas analisar o conteúdo do site. [...] Com isso, poderemos usar a tecnologia para captar traços de personalidade e

---

[11] BRAGA, José Luiz. Sobre "Mediatização" como Processo Interacional de Referência. Trabalho apresentado no XV Encontro Anual da Compós – Associação Nacional dos Programas de Pós-Graduação em Comunicação. Bauru, 2006, p. 27.
[12] BRAGA, 2000, op. cit., p. 6.
[13] CABRAL, Rafael. Para Lev Manovich, Falar em "Cibercultura" é Negar a Realidade. Link. [Post]. 21 ago. 2009, s/p. Disponível em: <http://migre.me/8MbHz>.

emoções das pessoas enquanto elas leem um livro, assistem a um filme e interagem com as novas mídias"[14].

Portanto, a religião também passa a ter seus sentidos coproduzidos pelo fiel, a partir de uma oferta do sistema católico online. É essa interação mútua, em fluxo, que gera a circulação comunicacional, os processos de percepção, de leitura, de decodificação, de reconhecimento, de reconstrução do sentido religioso ofertado pelo sistema católico online, e que reconstroem o religioso, por meio das lógicas e das processualidades das mídias, como a internet. A partir desse pressuposto, buscamos fazer, então, uma análise das *condições, manifestações* e *possibilidades* dessas interações intra e intersistêmicas entre os sistemas comunicacional e religioso: ou seja, como se dá a *circulação comunicacional*[15].

Estudando esse conceito, Fausto Neto[16] indica que "a circulação deixa de ser um elemento 'invisível' no processo de comunicação para ser instituída como um dispositivo com claros níveis de evidência". Estabelecem-se "zonas de contato", "superfícies multi-midiáticas" controladas pelo receptor que indicam "claros níveis de evidência" desse processo circulatório da comunicação. Nele, o sujeito se apropria da linguagem para "referir-se, referir o mundo e referir seu 'socius'"[17].

Porém, hoje, com a expansão da internet convertida em meio e de novas formas e organizações comunicativas, ficou mais claro que a circulação não é apenas "uma problemática de intervalos entre elementos de um determinado processo de comunicação"[18], mas sim um dispositivo central. Cada página ou produto online é construído em vista de um usuário empírico, que, diante da tela, decide se aceita ou

---

[14] MANOVICH apud CABRAL, 2009, op. cit., s/p.
[15] Abordamos o conceito de circulação no capítulo 3.
[16] FAUSTO NETO, Antônio. Olhares sobre a Recepção Através das Bordas da Circulação. Trabalho apresentado no XVIII Encontro Anual da Compós – Associação Nacional dos Programas de Pós-Graduação em Comunicação. Belo Horizonte, 2009, p. 1.
[17] FAUSTO NETO, 2009, op. cit., p. 5.
[18] FAUSTO NETO, 2009, op. cit., p. 9.

rejeita determinada oferta. Isso já acontecia anteriormente com as demais mídias, mas a internet, de certa forma, "escancara" esse processo, pois os indícios dessa aceitação ou rejeição tornam-se mais patentes. O usuário, portanto, tem grande influência nessa nova configuração, sendo um *cogestor* dos processos de produção e recepção, um "ator do processo" comunicativo, não apenas passivo. No entanto, o controle final do processo de produção de sentidos, defende Fausto Neto[19], ainda é dos chamados *"neo-gatekeepers"*, ou seja, daqueles que possuem as "chaves" do sistema. Mesmo assim, essa apropriação do sagrado por parte do fiel manifesta modificações e desvios de uma estrutura religiosa consagrada, a das Igrejas tradicionais, seus ritos e liturgias.

São essas modalidades específicas da experiência religiosa que aqui nos interessam, pois alimentam *microalterações da fé* a partir das práticas do fiel em interação com o sistema católico online – ou seja, da prática de fé observada a partir de uma perspectiva comunicacional de vínculo entre o fiel e o sagrado digitalizado. Essa interação não está dada nem ocorre automaticamente, mas depende de complexos dispositivos. Por isso, para podermos entender como se dão as interações fiel-sagrado para a vivência e a experiência da fé nos rituais online, analisaremos aqui três categorias específicas que favorecem esse vínculo e a experiência religiosa: a *interface* (as materialidades gráficas dos sites católicos), o *discurso* (coisa falada e escrita nos sites católicos) e o *ritual* (operações, atos e práticas do fiel), âmbitos que, a partir da internet, vão conhecendo novas possibilidades e limites. Isto é, na economia dos sites católicos, essas três categorias possibilitam a interação fiel-sistema, mas não a esgotam: são os usos e apropriações do fiel – as operações por ele desenvolvidas no interior do sistema – a partir dessas três categorias, em modalidades complexas, que permitem que sua experiência religiosa ocorra nas páginas da internet.

Por outro lado, a partir de uma perspectiva sistêmica e complexa, as interações fiel-sistema possibilitadas por cada uma dessas categorias

---
[19] FAUSTO NETO, 2009, op. cit., p. 9.

não só transformam os sujeitos que participam da interação, mas também modificam toda a rede sociocomunicacional. Na prática, essas três categorias são inseparáveis na análise das operações realizadas pelo fiel, pois são elas que favorecem a interação, como dizíamos, e também a construção de sentido por parte do fiel. Aqui, para fins didáticos, analisamo-las separadamente para compreender suas especificidades e características próprias.

4.3. Interface: As materialidades da interação

Em uma interação fiel-sistema, o sagrado que é acessado pelo fiel na internet passa por diversos níveis de *codificação* por parte do sistema. Ou seja, a interação é possibilitada porque o fiel "decodifica" o sagrado a partir de sua configuração computacional ofertada pelo sistema. Mas essa decodificação vai além de uma mera recepção de mensagens da forma como foram emitidas pelo sistema católico online – novamente estaríamos vendo as mídias como meros condutos. Não: essa decodificação envolve diversos níveis de *reconstrução* por parte do fiel do que é disponibilizado pelo sistema – mediante elementos vários que permitem que, em meio a todos os protocolos digitais, o fiel possa experienciar o sagrado. Em suma, a interface é o "lugar" da interação.

Isso se dá por meio de instrumentos e aparatos *físicos* (tela, teclado, mouse) e *simbólicos* presentes na linguagem computacional (navegadores[20], menus, ambientes). Com eles, o fiel "manipula" o sagrado ofertado e organizado pelo sistema e navega por seus meandros da forma como preferir, uma gramática de ações em "um campo de possibilidades cujas proporções são suficientemente grandes para dar a impressão de infinitude"[21].

Interface, portanto, é o *código simbólico que possibilita a interação fiel-sistema* e também a *superfície de contato tecnossimbólico entre fiel-sistema*.

---

[20] Do inglês *browser*, programa que permite ter acesso e navegar pela internet.
[21] SANTAELLA, 2004, op. cit., p. 163.

Em um sentido mais restrito, referimo-nos aqui à *interface gráfico-computacional* dos sites, os elementos não textuais[22] presentes no sistema – como o layout e a organização interna das informações nele disponíveis – e a dimensão material das mídias, que orientam a leitura, a construção de sentido e a experiência religiosa do fiel. Por isso, é por meio da interface que o fiel interage com o sistema: este informa ao usuário seus limites e possibilidades, e aquele comunica ao sistema suas intenções: assim, o sistema não apenas indica ao fiel uma forma de ler o sagrado, mas também uma forma de *lidar com* o sagrado. A partir de uma perspectiva mais ampla de análise da comunicação, por meio dos processos sociais desencadeados e fomentados pelas mídias, não nos interessamos aqui por um estudo estrito das características computacionais dos sites católicos, mas sim da religião e do sagrado em forma digital que nascem a partir desse fenômeno comunicacional.

Nesse sentido, "a interface do computador age como um código que carrega mensagens culturais em uma grande variedade de mídias. Quando você usa a internet, tudo o que você acessa – textos, música, vídeo, espaços navegáveis – passa por meio da interface do navegador e então, por sua vez, pela interface do sistema operacional"[23]. Mas é preciso esclarecer novamente que esses "mecanismos de transporte" raramente são neutros ou automáticos: eles carregam consigo sentidos e afetam a mensagem transmitida – assim como a experiência do usuário. A interface oferecida pelo sistema molda, dentro de seus limites, a

---

[22] Cremos que o discurso textual, como veremos no item a seguir, também pode ser compreendido como uma interface interacional entre fiel-sistema, e vice-versa (a interface pode ser compreendida como um "texto" que diz coisas). Porém, para fins didáticos, utilizamos em nosso estudo o conceito de interface apenas enquanto *interface gráfico-computacional, aquilo que se vê* (simbólica ou maquinicamente), sua *textualidade icônica e material,* aquilo por meio do qual o sistema fala ao fiel *implicitamente.* Reservamos assim o conceito de *discurso* ao *texto* propriamente dito – seja ele escrito ou falado, *aquilo que se lê,* sua *textualidade escrita ou falada,* aquilo por meio do qual o sistema fala ao fiel *explicitamente.* Em uma análise semiótica, poderíamos falar da interface enquanto o *paratexto* dos sites, ou seja, aquelas informações subordinadas ao texto propriamente dito que o prolongam e delimitam a sua interpretação.
[23] MANOVICH, Lev. *The Language of New Media.* London: The MIT Press, 2000, p. 64.

forma como o fiel pode interpretar os símbolos religiosos acessados pela internet e também fornece linhas pré-determinadas de decodificação do sentido religioso desses símbolos ao organizá-los de determinada forma, como no layout das páginas e em seus menus. Outras configurações, por sua vez, já são fornecidas ainda antes, pela própria linguagem computacional, como as formas possíveis de se lidar com as informações disponíveis: "clicar", "cortar", "colar", "copiar", "deletar", "acessar" etc[24]. Como sintetiza Scolari[25], "cremos usar as interfaces, mas na realidade também elas estão nos modelando".

Assim, "longe de ser uma janela transparente para as informações de dentro de um computador [ou da internet], a interface traz consigo fortes mensagens de si mesma"[26]. Essas mensagens começam pela própria configuração inicial do sistema, produzida pelo programador da página da internet em que os rituais online ocorrem, ou seja, as condições, regras e procedimentos que condicionam as possibilidades de interação entre o fiel e o sagrado. Nesse sentido, "as informações iniciais fornecidas pelo programador atuam como um genótipo que é expandido a um fenótipo total pelo computador"[27]. O programador, de fato, é quem determina, desde o início, a caracterização do sistema e suas normas de uso, além de seus objetos e de suas propriedades.

Porém, a *ativação* dessas propriedades ocorre apenas a partir do "clique" do usuário: é ele que *faz funcionar* a interface, é ele que a *atualiza* a partir de seus usos e apropriações virtuais programados pelo programador. Sem ele, a interface só existe virtualmente. Portanto, "a navegação

---

[24] É interessante perceber que o léxico da tecnologia é composto, muitas vezes, por conceitos tomados de empréstimo do plano religioso, como "salvar", "converter", "justificar", "compartilhar". Como indica Antonio Spadaro, "a linguagem da fé é tão densa de significado que, depois, ultrapassa fronteiras" (*Em busca de Deus em tempos de Google*, site do Instituto Humanitas Unisinos, São Leopoldo, 27 abr. 2012, disponível em <http://migre.me/8XCal>).
25 SCOLARI, Carlos. *Hacer Clic: Hacia una Sociosemiótica de las Interacciones Digitales*. Barcelona: Gedisa, 2004, p. 239.
[26] MANOVICH, 2000, op. cit., p. 65.
[27] MANOVICH, 2000, op. cit., p. 67.

responde às nossas escolhas"[28]. No caso da experiência religiosa, é o fiel que desencadeia as processualidades da interface, é ele quem permite que os símbolos "falem" e que "liberta" o sagrado "estocado" nos subsolos da internet. E esse processo de atualização da interface se dá por meio de uma espécie de *roteiro de viagem*[29]. Ou seja, é preciso que o fiel se posicione diante de uma tela – estaticamente, ao usar um computador pessoal, ou em movimento, usando dispositivos móveis –, abra um programa de navegação na internet clicando em algumas teclas do aparelho e em alguns botões internos do sistema operacional, digite um determinado endereço e movimente-se entre os links disponíveis por esse serviço. E, nessa movimentação, o fiel se encontra diante de uma determinada *organização*, *distribuição* e *hierarquização* das informações estipuladas pelo sistema – alguns ambientes dos sites recebem mais destaque do que outros, alguns estão diretamente relacionados a outros, determinadas informações estão disponíveis em determinados links.

Como indica Scolari[30], nenhum sistema funciona ou é utilizado conforme o programador previu. Porém, este estabelece um *campo de interações possíveis* dentro do qual o usuário navegará autonomamente, em uma "luta" constante entre as estratégias de sentido (ofertas de sagrado) por parte do sistema em sua interface, e as estratégias (desejos, necessidades e ações) do fiel. Esse campo, no entanto, pode ser ultrapassado em situações em que o usuário ou *abusa* do sistema – não

---

[28] SANTAELLA, Lucia. *Culturas e Artes do Pós-Humano: Da Cultura das Mídias à Cibercultura*. São Paulo: Paulus, 2003, p. 93.
[29] E por isso a imagem da navegação é rica enquanto metáfora (mesmo que toda metáfora ilumine muitos aspectos de seu objeto, enquanto ilumina menos ou esconde diversos outros): um deslocamento de um lugar ao outro através do tempo em determinados suportes. Mas aqui surge uma *metáfora da metáfora*: ao pensar em navegação, pensamos em uma superfície *sobre a qual* navegamos, mantendo-nos "secos" da água que está abaixo de nós. A superfície da água seria, assim, uma camada que separa dois mundos, é uma fronteira entre o mundo de cima e o mundo de baixo. Mas, assim como em uma experiência religiosa, não podemos navegar na internet apenas *superficialmente*. Em uma perspectiva de sociedades em midiatização, já estamos "submersos" nessa realidade. Então, mais do que surfistas, somos *golfinhos*, que vivem embaixo da água (as mídias), navegando por seus meandros (só saindo muito raramente – nas poucas ocasiões ainda não midiatizadas – para respirar) (cf. Hammerman, 2000).
[30] SCOLARI, 2004, op. cit.

correspondendo às suas propostas – ou então *o abandona* em busca de "novos mares". Assim, mesmo que as possibilidades sejam (de)limitadas por parte do sistema ao usuário, este pode ultrapassá-las e buscar novas possibilidades.

Nesse sentido, quando antes falávamos da coevolução da técnica e as microalterações da fé, referíamo-nos também ao *desequilíbrio* e a *dialética* entre como o sistema é pensado e projetado, e como ele é usado na prática pelo fiel. Isto é, o sistema cria seu próprio fiel, assim como o fiel também ajuda a criar seu próprio sistema comunicacional religioso. Esse é um dos motores que dinamiza a evolução das interfaces, pois ao se desviar dos usos previstos pelo programador, o usuário empírico está efetuando um trabalho criativo, recriando e redesenhando virtualmente a interface – e essa recriação irá impulsionar novas atualizações, que caberão ao próprio sistema.

A interação entre fiel-sistema, após o primeiro contato com a interface dos sites católicos, também é construída a partir de uma outra modalidade, isto é, o *discurso*, as trocas comunicacionais por meio do texto e das narrativas sobre o sagrado, como veremos agora.

4.4. Discurso: As narrativas da interação

É assumida a centralidade do papel e da importância do conceito da "Palavra" dentro da tradição cristã, especialmente para a Igreja Católica. Desde a frase "e o Verbo se fez carne", do Evangelho de João, até o mandato de Jesus para que seus discípulos "anunciem a boa nova ao mundo", derivam daí, também, a centralidade e a importância da escritura (texto) e da pregação (fala) para essa corrente religiosa, para a qual "toda a história da salvação é uma prova de como a Palavra de Deus é viva", cuja "iniciativa de se comunicar é [de] Deus, fonte da vida" (Sínodo, 2009, online).

Portanto, fé e comunicação, enquanto discursos, para a Igreja Católica, convivem e caminham juntas. A relação com os meios de comunicação, assim, é quase "vital" à instituição da Igreja. Esta se sentiria culpada diante do Senhor se não lançasse mão dos meios de comunicação (cf. Concílio, 1971). Ou seja, a Igreja quer fazer uso da *palavra* também no nível social em geral, não apenas dentro de seus templos e rituais. Fora deles, é *mandato divino* falar, proclamar, anunciar. O discurso é central para a própria existência da Igreja (mediante todos os meios de comunicação a seu alcance), sob pena de descumprir a vontade de Deus e descaracterizar-se enquanto tal.

E não é diferente nos ambientes digitais. A Igreja se faz presente na internet como um complexo dispositivo para sua evangelização, para a construção de sentido religioso em contato com o fiel. Esse contato passa pelo *discurso*, pela *narração da fé*, pela *Palavra* e pelo *Verbo*: sem a mediação da linguagem textual – desde o comando computacional mais básico até a formulação teológica mais elevada –, o intercâmbio entre fiel e sistema ficaria impossibilitado. É por meio do discurso, também, que se gera o sentido religioso nos sites católicos. Por isso, chamamos aqui de discurso uma "*realidade material de coisa pronunciada ou escrita*"[31], o fluxo constante de construção de sentido religioso por meio da linguagem nas páginas da internet.

Referimo-nos aqui ao discurso também enquanto forma midiático-comunicacional que se expressa por meio do texto, da "coisa escrita", de *discurso textual*, para sermos mais precisos. E o texto, como indica Manovich[32], tem um papel privilegiado na cultura computacional, manifestando-se como uma *metalinguagem* da mídia do computador e da internet, em consequência. O texto é a forma mais básica de comunicação entre o sistema e o fiel: digita-se algo no navegador ou em algum site católico, e o sistema responde com determinada reação ou erro, abrindo uma determinada página ou exibindo determinada mensagem. Por isso, o discurso aqui analisado

---
[31] FOUCAULT, Michel. *A Ordem do Discurso: Aula Inaugural no Collège de France, Pronunciada em 2 de Dezembro de 1970*. São Paulo: Loyola, 2008, p. 8.
[32] MANOVICH, 2000, op. cit.

faz referência às *trocas comunicativas* e às *conversas simbólicas* que se estabelecem na internet.

Por meio do discurso disponível nos sites católicos, podemos entrever, nos enunciados do sistema, marcas e indícios da dinâmica de oferta do sagrado. E nos enunciados do fiel podemos perceber marcas e indícios de seu comportamento enquanto interagente simbólico na leitura (que também é reconstrução) dos sentidos ofertados pelo sistema. Ou seja, o sistema *escreve para alguém*, e, portanto, esse alguém – o fiel – já está presente – simbólica e virtualmente – no texto produzido pelo enunciador. "O espectador entra simbolicamente no texto e estabelece uma conversação com o sujeito enunciador[33]." O texto também indica virtualmente entidades como o enunciador e o enunciatário – entidades que estão *inscritas* e *vivem* no interior do texto –, assim como as regras para as interações entre eles.

Assim, os discursos incluem e manifestam um *projeto de interação*. "O espectador [...] não se limita a receber o saber comunicado pelo texto, mas se prepara com um 'projeto de interação com as articulações semióticas que o discurso textual lhe propõe'[34]." Colocam-se em ação, assim, duas estratégias textuais e discursivas – de enunciador e enunciatário, de fiel e sistema – que, operadas simbolicamente nos rituais online, possibilitam a interação. Isto é, o discurso do sistema se dirige e se refere *a um determinado fiel*: e assim também constrói e atualiza um determinado tipo de fiel. Por outro lado, o discurso do fiel se dirige e se refere *a um determinado sistema comunicacional religioso*: ou seja, também constrói e atualiza uma determinada imagem simbólica de Deus, do sagrado.

Se essa "manifestação protésica"[35] do enunciatário (fiel) no texto do enunciador (Igreja) já ocorria nos textos impressos, ela se manifesta

---

[33] SCOLARI, 2004, op.cit., p. 56.
[34] SCOLARI, 2004, op.cit., p. 55.
[35] Cf. SCOLARI, 2004, op. cit.

muito mais nas interações fiel-sistema, construída em *diálogo* com o fiel, a partir das possibilidades ofertadas pelo hipertexto e das estratégias potenciais que deverão ser atualizadas pelo usuário. Em consequência, pode ocorrer ainda uma alteração do sentido desejado pelo enunciador, já que, na fluidez das páginas e dos textos da internet, o sistema busca direcionar a navegação do usuário por meio de sua interface e dos links disponíveis em seu conteúdo, mas é o usuário quem, no fim, irá definir se o trajeto escolhido será de acordo com o "mapa" oferecido ou irá por caminhos não indicados no percurso desejado pelo enunciador.

Nesse contexto, cabe a diferenciação indicada por Flusser[36] entre as formas de comunicação *dialógica* e *discursiva*. Na primeira, trocam-se diferentes informações disponíveis para sintetizar uma nova informação. Na segunda, compartilham-se informações existentes para que, compartilhadas, possam resistir e ser preservadas. Porém, para o autor, ambas as formas de comunicação são interdependentes, já que, para que um diálogo tenha início, precisam estar disponíveis as informações que foram colhidas em discursos anteriores; e, por outro lado, para que um discurso aconteça, são necessárias as informações produzidas em um diálogo anterior. Em suma, *cada diálogo é uma série de discursos, e cada discurso faz parte de um diálogo.*

Dito de outra forma, "o diálogo se dá na estrutura da circularidade, da boa circularidade; nesse sentido, podemos dizer que um diálogo se alimenta de si mesmo [e de outros discursos] sem se consumir a si mesmo; quanto mais um diálogo é alimentado [com outros discursos], mais produtivo ele se torna, e isso só é possível porque a circularidade se dá no *ponto médio* regulado pelas ideias de mesmidade e da alteridade (outridade)"[37]. Aqui, portanto, analisamos dois níveis de discursividade: o *discurso* propriamente dito e as *narrativas* – aquilo que Flusser

---

[36] Cf. FLUSSER, Vilém. *O Mundo Codificado: Por uma Filosofia do Design e da Comunicação*. São Paulo: Cosac Naify, 2007.
[37] ALMEIDA, Custódio. Sistema e Auto-Organização. In: CIRNE-LIMA, Carlos; ROHDEN, Luiz (orgs). *Dialética e Auto-Organização*. São Leopoldo: Editora Unisinos, 2003, p. 193.

chama de diálogo –, ou seja, a série dos discursos sobre o sagrado presentes nos sites católicos. Por meio desses dois níveis, o sagrado é operado e reconstruído nas interações discursivas online.

Porém, essas reconstruções ocorrem moldadas pelos limites e possibilidades das interações online. A tendência do sistema é a de, justamente, tentar evitar ao máximo os desvios de rota discursiva e as mudanças de percurso por parte do fiel. "Em toda sociedade, a produção do discurso é ao mesmo tempo controlada, selecionada, organizada e redistribuída por certo número de procedimentos que têm por função conjurar seus poderes e perigos, dominar seu acontecimento aleatório, esquivar sua pesada e temível materialidade. [...] O discurso não é simplesmente aquilo que traduz as lutas ou os sistemas de dominação, mas aquilo por que, pelo que se luta, o poder do qual nos queremos apoderar"[38]. No discurso, em suas diferentes formas textuais, podemos encontrar "a representação de suas normas de uso, de suas modalidades de acesso a seu sentido por meio da articulação semiótica"[39].

Por fim, além de interagir com o sistema por meio de suas interfaces e por meio do discurso e da narrativa sobre o sagrado, o fiel também *opera* sobre esse sagrado, *fazendo coisas* que o levam a Deus. Isso se manifesta com clareza nos rituais online.

4.5. Ritual: As operações da interação

O que percebemos nas experiências religiosas da internet é um deslocamento dos rituais até então celebrados no templo físico para o ambiente online, o que favorece o surgimento de novas ritualidades digitais. Com a revolução tecnológica, como dizíamos, especialmente a partir do computador e da internet, "a velha concepção do poder ritualístico da ação simbólica [...] não morreu; ela sobreviveu dentro dos domínios agora limitados da Igreja e tem um novo lar na rede de

---

[38] FOUCAULT, 2008, op.cit., p.8-10.
[39] BETTETINI apud SCOLARI, 2004, op.cit., p. 55

comunicação global" (O'Leary, 2004, p. 44). O que ocorre hoje é uma bricolagem, com os "fragmentos do velho sistema [sendo] incorporados no novo mosaico cultural" (O'Leary, 2004, p. 44). Portanto, os rituais presenciais e temporais não perdem sua validade, mas o que fica "escondido" em um canto dos templos territorializados (como o ritual de acender velas) passa a ser posto no centro dos ambientes católicos online, e o que é de extrema intimidade mística e mistérica na fé católica (como a hóstia consagrada) passa a ser exposto pública e abertamente.

Em alguns casos, ocorre a apresentação de um ritual pela mídia (um documentário, por exemplo); ou um ritual que é estendido pela mídia (como a transmissão de uma missa); ou ações rituais que são realizadas no ambiente online (como as "velas virtuais"); ou a disponibilização de um objeto ritualístico via mídias (como as Bíblias online); ou um comportamento ritualizado em relação a objetos eletrônicos (o computador como espaço para a realização de rituais) etc. Manifesta-se assim não apenas uma liturgia assistida pela mídia, mas também uma liturgia *centrada* na mídia (cf. Grimes, 2001), já que a mídia também oferece modelos para a vivência, para o espaço e para o imaginário litúrgicos.

De certa forma, há deslocamentos interessantes nesse processo, em que aquilo que é considerado religiosidade popular e marginal pela Igreja em seus templos passa a ser a principal interface de contato entre o fiel e a instituição nos ambientes online. Além disso, se, na prática offline, o fiel tem na vela sua mediação para o encontro com o divino, por exemplo, pela internet há uma nova mediação em jogo: o próprio sistema e seus protocolos. Ou ainda o sistema e, depois dele, o padre ou a comunidade offline que irão rezar pelo fiel. Há, no ambiente online, novas mediações que são interpostas entre o fiel e o divino, gerando também uma religiosidade em que o fiel precisa passar por muitas "camadas" para ter acesso a Deus.

No caso da internet, os rituais funcionam como "novas 'magias' midiáticas", que agem por meio de "dispositivos que tratam de constituir os novos processos de reencantamento do mundo" (Fausto Neto, 2004a, p. 60). Mesmo que os rituais partilhem alguns traços formais e padronizados, estes são variáveis, fundados em construtos culturais particulares – como, em suma, ocorre nos rituais online. Para quem busca alimentar sua fé via rede, essas práticas de fé possuem uma liturgia e uma sacramentalidade próprias de um ritual religioso, seja diante da tela, digitando uma mensagem para um além, clicando (com tudo o que isso implica) em um botão que nos informa "Enviar". Todos esses protocolos – incluindo ainda a formatação gráfica dos sites para gerar uma aura de sacralidade, as imagens expostas, o local em que o usuário utiliza o serviço etc. – colaboram para pensarmos em uma ritualidade já estabelecida na internet.

Porém, Casey (2008) defende que um ritual nem sempre é religião, e que a religião nem sempre é ritual. Para Peirano[40], o ritual não deve ter uma definição *apriorística*, rígida ou absoluta. Dependerá sempre da observação feita sobre um grupo específico de "nativos" (o outro, o diferente). Por isso, afirma, é preciso "desenvolver a capacidade de apreender o que os nativos estão indicando como sendo único, excepcional, crítico, diferente"[41]. E que rituais estão diretamente relacionados ao repertório cultural dos nativos. Ou seja, ritual é "um *fenômeno especial* da sociedade, que nos aponta e revela representações e valores de uma sociedade, mas o ritual expande, ilumina e ressalta o que já é comum a um determinado grupo"[42]. Ritual, assim, seria a corporificação do contrato social, o ato social fundamental sobre o qual a sociedade é instituída (cf. Rappaport apud Fernback, 2001).

O que interessa, como afirma Peirano[43], é que "o ritual esclarece mecanismos fundamentais do repertório social". Segundo ela, "falas e ritos – esses fenômenos que podem ser recortados na seqüência dos atos sociais

---

[40] PEIRANO, Mariza G.S. *Rituais Ontem e Hoje*. Rio de Janeiro: Jorge Zahar Editores, 2003.
[41] PEIRANO, 2003, op. cit., p. 9.
[42] PEIRANO, 2003, op. cit., p. 10, grifo nosso.
[43] PEIRANO, Mariza G.S. A Análise Antropológica de Rituais. In: _____. (org.) *O Dito e o Feito. Ensaios de Antropologia dos Rituais*. Rio de Janeiro: Relume Dumará, 2001, p. 14.

– são bons para revelar mecanismos também existentes no dia-a-dia e, até mesmo, para se examinar, detectar e confrontar as estruturas elementares da vida social"[44]. Porém, um ritual "não é algo fossilizado, imutável, definitivo"[45]. É preciso estar atentos aos rituais como *ação comunicativa:* "O culto não é simplesmente um sistema de símbolos pelos quais a fé se traduz exteriormente; é o meio pelo qual ela se cria e se recria periodicamente"[46].

Aqui, interessamo-nos por "fenômenos especiais" que ocorrem a partir de um repertório religioso católico na internet. Por isso, compreendemos os rituais online como *atos e práticas de fé por meio de ações e operações de construção de sentido em interação com o sistema católico online para a busca de experiência religiosa.* Nesse sentido, são operações que remetem ao sagrado e que contêm um elemento comunicativo implícito. Por isso, não são apenas uma performance complexa de atos simbólicos, mas também são, eles próprios, um símbolo representado que remete para um além. O ritual, ao encobrir o sagrado em formas concretas por meio de vários elementos simbólicos midiatizados, *torna presente o virtual* (cf. Casey, 2006). Assim, essas operações não são apenas formas de lidar com o sagrado disponível na internet, mas, em nível mais geral, verdadeiras *formas de pensamento e de existência* na era das mídias digitais.

Aqui entram em jogo também os modos para se compreender os processos midiáticos nos quais os rituais online estão envolvidos. Um ritual traz novas questões de espaço-tempo; de comunicação, discurso e narrativa; e de construção de sentido (valores). Cabe ressaltar que "as novas mídias [como a internet] não apenas acrescentam algo a um ambiente, mas efetuam uma mudança qualitativa no ambiente" (Casey, 2008, p. 2, nota de rodapé). Portanto, a internet não oferece simplesmente "outro 'lugar' no qual se podem realizar rituais, mas induz a uma mudança qualitativa naquilo que é considerado um ritual religioso viável" (Casey, 2008, p. 2, nota de rodapé).

---

[44] PEIRANO, 2001, op. cit., p. 14.
[45] PEIRANO, 2003, op. cit., p. 12.
[46] DURKHEIM apud PEIRANO, 2001, op. cit., p. 9.

***

Procuramos até aqui compreender como se dão as microalterações da fé reconhecendo que: 1) as novas modalidades midiatizadas de experiência religiosa, entendidas como percepção e expressão de um "outro" (o sagrado), apontam para um aspecto central da comunicação: a interação; 2) esta, entendida como ação-entre fiel e sistema católico online para a construção de sentido religioso, é possibilitada por três âmbitos; o primeiro deles é 3) a interface, a superfície de contato simbólico entre fiel-sistema; o segundo é 4) o discurso, aqui concebido como as trocas comunicativas e simbólicas entre sistema e fiel; o terceiro é 5) o ritual, as novas "liturgias" midiáticas para a busca de uma experiência religiosa.

Esses cinco eixos apontam para o *ato comunicacional midiatizado* que embebe as práticas religiosas na internet, instaurando novas materialidades, novas narrativas e novas operações de construção de sentido religioso: o fiel *percebe* midiaticamente e *expressa* também midiaticamente o sagrado com o qual interage, mediado pelo sistema católico online.

Assim, após ter analisado as categorias centrais por nós utilizadas para perceber as ações e operações comunicacionais no ambiente católico online, cabe-nos agora aprofundar a compreensão dos deslocamentos e alterações que ocorrem na experiência religiosa via internet, abordando algumas das características desse amplo processo de midiatização digital do religioso.

- 5 -

RELIGIÃO EM NOVAS CONFIGURAÇÕES DE TEMPO-ESPAÇO-MATERIALIDADE

[O Verbo] que não foi gerado nem do sangue, nem de uma vontade da carne, nem de uma vontade do homem, mas de Deus.(João 1,13)

Todo domingo, o Fábio preparava seu altar caseiro com "cinco hóstias para mim, meus pais e avós, e uma tacinha com um pouquinho de vinho e uma gota de água", oferecendo este sacrifício junto com o celebrante da missa da TV. Mas ele não sabia se esse sacrifício era válido e "se pela fé a nossa hóstia também se tranforma no Santíssimo Sacramento como a da TV", embora o celebrasse com "o maior respeito e carinho". Afinal, que mudanças e deslocamentos as mídias trazem para a vida religiosa?

Nos rituais online, o sagrado se faz bit. Porém, todo esse processo não é simples, nem instantâneo, nem automático. Deus ou o sagrado precisa ser engendrado, ressignificado, relido, reapresentado, moldado em uma processualidade informático-computacional-comunicativa. É preciso que ele seja "disponibilizado" na internet e que, ao mesmo tempo, o usuário possa acessar o sagrado por meio da Rede e interagir com essa nova modalidade espiritual, segundo as características do ambiente online. Ou seja: nessa nova modalidade de experiência comunicacional-religiosa, muda o estatuto do receptor (que também passa a ser, de certa forma, cocriador da informação "emitida"), muda a natureza da mensagem (que passa a estar aberta em um leque de possibilidades) e também muda o papel do emissor (que não apenas emite, mas também recebe instantaneamente)[1].

---

[1] Cf. SANTAELLA, Lucia. *Culturas e Artes do Pós-Humano: Da Cultura das Mídias à Cibercultura.* São Paulo: Paulus, 2003.

Para compreender o fenômeno da midiatização digital do sistema religioso a partir das novas configurações espaço-temporais, portanto, é preciso refletir sobre algumas das implicações dessa "disponibilização" de Deus na rede. Aqui, iremos nos deter, especificamente, sobre quatro características centrais dos processos midiáticos online para a experiência religiosa, a saber: a *digitalidade* (5.1); a *ubiquidade* (5.2); a *conectividade* (5.3); e a *hiperdiscursividade* (5.4).

5.1. Digitalidade: Novas formas de existência e presença

Vivemos em um "período de sincronização" de "quase todas as mídias que já foram inventadas [oral, escrita, impressa, de massas, das mídias e digital]"[2]. Não temos uma "superação" de determinada mídia por outra: as recentes tecnologias da comunicação, como o computador e a internet, não marcam uma passagem para "um outro estado de coisas", mas sim uma "complexificação", um "imbricamento de uma cultura na outra", ou, citando Mark Poster, uma "multiplexidade"[3]. Nesse sentido, o fenômeno religioso passa a estar fortemente embebido pelas mídias, que tensionam e ressituam o religioso e são por ele tensionadas e ressituadas (cf. Gomes, 2008b)[4].

Assim, na internet, a Igreja Católica encontra uma grande capacidade de "estocagem do sagrado", que passa a estar disponível a qualquer hora e em qualquer lugar – porém agora digitalizado (em formatos como texto, áudio ou vídeo). Para vivenciar uma experiência religiosa online, exige-se do indivíduo novas percepções de leitura e de reconhecimento dessa realidade, pois ela se apresenta em um novo am-

---

[2] SANTAELLA, 2003, op. cit., p. 78.
[3] Apud SANTAELLA, 2003, op. cit.
[4] De um lado, por meio das mídias digitais, o fiel é convidado a interagir com o sagrado nos ambientes digitais. Porém, o próprio ambiente religioso territorializado passa a ser uma extensão do ambiente digital: as capelas, as igrejas, os santuários, as catedrais passam cada vez mais a contar com sensores, câmeras, projetores e demais aparatos técnicos interconectados com a internet, para usos comunicacionais, ampliando a abrangência e o alcance dos templos também no ambiente online.

biente, deslocado de seu espaço tradicional, o templo. O internauta, confiante na promessa desses espaços religiosos online, espera poder encontrar uma experiência do transcendente mediante os bits e pixels da tela do computador.

Sem entrarmos em detalhes técnicos mais aprofundados, a chamada "digitalização" permite que toda informação seja dividida em pequenas partes, quantificada em códigos informáticos sob forma binária (isto é, dois números, 0 e 1 – bits da informação). Por meio do fluxo dessas microunidades, é possível estocar e reagrupar a informação, que pode ser "manipulada" por qualquer computador. Digitalizar uma informação, portanto, "consiste em traduzi-la em números"[5].

Levando esse processo a uma amplitude maior, Santaella[6] afirma que, "via digitalização, todas as fontes de informação, incluindo fenômenos materiais e processos naturais, incluindo também nossas simulações sensoriais, [...] estão homogeneizados em cadeias seqüenciais de 0 e 1". Depois de terem sido colocados em formato digital, quaisquer dados (documento escrito, audiovisual, telecomunicacional, informático) podem ser sintetizados em qualquer lugar e em qualquer tempo. Abstraindo um pouco, podemos nos questionar a respeito do que, no fundo, essa "sintetização" significa para o fiel e para sua percepção e relação com o sagrado.

Ocorreria assim uma informatização do mundo, "na qual toda a natureza, incluindo a subjetividade humana, pode ser compreendida como padrões informacionais passíveis de digitalização em sistemas computadorizados"[7]. Para Rüdiger[8], as novas tecnologias da comunicação e informação estariam reduzindo a experiência humana, se-

---

[5] LÉVY, Pierre. *Cibercultura*. São Paulo: Ed. 34, 1999, p. 50.
[6] SANTAELLA, 2003, op. cit., p. 83.
[7] FELINTO, Erick. *Passeando no Labirinto: Ensaios sobre as Tecnologias e as Materialidades da Comunicação*. Porto Alegre: EDIPUCRS, 2006, p. 101.
[8] RÜDIGER, Francisco. *Elementos para a Crítica da Cibercultura*. São Paulo: Hacker Editores, 2002.

não a própria figura do homem – e de Deus – a dados que podem ser armazenados, processados e disponibilizados para manipulação. O homem e o sagrado, por conseguinte, passam, assim, a se projetar em um ambiente em que tende a ser reduzido à informação, sujeitando-se, dessa forma, a todo tipo de cálculo, manuseio e reconstrução. Assim, os sujeitos dessa nova realidade, segundo o autor, poderiam se tornar cada vez mais instáveis, fluidos, múltiplos, difusos e abertos.

A digitalização consiste, em suma, "em fazer cacos de tudo até obter *bits* e pôr depois o reconstituinte da matéria, da vida e da realidade nas mãos de pessoas como vocês e como eu. Como fenômeno de definição de nosso tempo, está movendo o comércio e a indústria do domínio dos átomos ao dos *bits*. [...] Os *bits* fazem com que a matéria seja mais maleável do que os átomos"[9].

Entretanto, como pano de fundo da digitalização, está uma visão puramente física e matemática da comunicação, meramente cibernética, em que "informações" (ou "cacos" dela) são transmitidas por meio de determinados condutos, tentando-se evitar ao máximo os riscos do ruído (as perturbações que deturpam a mensagem) e da redundância (o excedente desnecessário da mensagem), para evitar a "degradação" da mensagem ao longo de sua transmissão. Porém, essas teorias cibernéticas, que ainda moldam o nosso imaginário, "oculta[m] o metassisma antropossocial que [a informação] supõe e na qual ela ganha sentido"[10]. Por isso, "o bit não é uma unidade de sentido", pois, segundo as teorias cibernéticas, o "sentido é evacuado [...] porque ele se decide na prática antropossocial". Assim, "a informação se torna imperial precisamente ao ocultar os caracteres multidimensionais, recursivos, retroativos, concretos e e pelos quais é preciso compreender a máquina, a vida, a sociedade"[11].

---

[9] KERCKHOVE, Derrick de. *A Pele da Cultura: Investigando uma Nova Realidade Eletrônica.* São Paulo: Anablume, 2009, p.18.
10 MORIN, Edgar. *O Método 1: A Natureza da Natureza.* Porto Alegre: Sulina, 2002, p. 366-367.
11 MORIN, 2002, op. cit., p. 377.

A carência da visão puramente cibernética ou "informacionista" é justamente ocultar seu substrato social, pois "não é a quantidade de informação que importa, é a organização da informação"[12]. Mesmo o conceito mais puramente físico e matemático da informação "é inconcebível sem o conceito biológico e o conceito antropossociológico da informação"[13]. Portanto, no caso das interações comunicacionais, o sentido que escapa ao bit é reencontrado no "contexto, ou seja, o metassistema antropossocial onde se efetua [...] a comunicação [e] a produção de sentido"[14]. O que importa é como os bits são articulados e organizados mediante práticas comunicacionais da sociedade: isto é, como se dá a construção de sentido – a partir dos bits, mas para além deles – na prática social. Daí a importância da "lógica do corta e cola", do *remix* dentro das processualidades da digitalidade.

Por conseguinte, mesmo que ocorra uma fragmentação da informação em uma multiplicidade de partes por meio da hibridização de linguagens possibilitada pela digitalização, o que nos interessa é que, "assim como em um mosaico, montamos uma imagem dos acontecimentos a partir de vários pedaços de informação"[15]. E isso também no âmbito religioso, em que se dá uma montagem individual e comunitária, mediante práticas comunicacionais, de novas discursividades e ritualidades religiosas.

Nesse sentido, a noção de banco de dados como coleção estruturada de dados[16] é fundamental para compreender o fenômeno da digitalização. O que os computadores permitem (e a rede complexifica ainda mais) é uma *determinada forma de organizar* os conteúdos, promovendo que os dados sejam buscados e encontrados rapidamente.

---

[12] MORIN, 2002, op. cit., p. 379.
[13] MORIN, 2002, op. cit., p. 382.
[14] MORIN, 2002, op. cit., p. 367-368.
[15] SANTAELLA, Lucia. *Culturas e Artes do Pós-Humano: Da Cultura das Mídias à Cibercultura*. São Paulo: Paulus, 2003, p. 96.
[16] Cf. MANOVICH, Lev. *The Language of New Media*. London: The MIT Press, 2000.

Portanto, na internet, o banco de dados é uma forma cultural que nos ajuda a compreender como o usuário se relaciona com essas coleções de dados: buscando-os, visualizando-os, navegando entre eles. Não é apenas um "espaço", um "depósito" de informações, mas sim uma ambiência que em que a interação com o usuário remodela-o e reconfigura-o constantemente, por meio de um trabalho em rede.

A partir do momento em que o indivíduo, a partir dessas mídias, pode "manipular", "montar" e "sintetizar" Deus e o sagrado – em qualquer lugar e em qualquer hora –, que reviravolta está ocorrendo na tradicional noção de religião, tão enraizada no tempo e no espaço? Como indica Santaella[17], com a digitalização, cada um pode tornar-se produtor, criador, compositor, montador, apresentador, difusor de seus próprios produtos. Na internet, o processo social de criação e manipulação de símbolos se aproxima da capacidade de produzir e distribuir bens e serviços[18]. Da mesma forma, o fiel online participa desse fenômeno, portanto, criando e manipulando a "fé", produzindo novos bens simbólicos, estimulando e demandando novos serviços religiosos. Porém, o que há na base dessa nova postura do fiel diante do sagrado, estimulada pelas mídias digitais?

Na era digital, a interface da tecnologia com o ser humano redefine uma outra realidade e um novo sujeito, em que humano e tecnológico coexistem, codependem e se definem mutuamente. Assim, poderíamos questionar, em que realidade passamos a existir? Ou, por outro lado, em que "Igreja" passamos a "nos relacionar com Deus" neste mundo que surge? E que Deus é esse? Quando um fiel, por meio da internet, pode acompanhar uma missa que ocorreu no dia anterior, sentado na poltrona de seu quarto, o que isso acarreta para os moldes da religião como a conhecíamos anteriormente? E que religiosidade se apresenta quando um outro fiel, no interior da Amazônia, acende uma "vela vir-

---

[17] SANTAELLA, 2003, op. cit.
[18] Cf. CASTELLS, Manuel. *A Sociedade em Rede: A Era da Informação – Economia, Sociedade e Cultura.* Vol. 1. São Paulo: Paz e Terra, 1999.

tual" na "Capela Virtual" do Santuário de Nossa Senhora Aparecida de São Paulo ou tem a possibilidade de rezar "diante" do nicho da imagem da santa por meio da internet?

É importante perceber que "as tecnologias e agenciamentos virtuais (...) não podem ser vistos como instrumentos a serviço de órgãos e comunidades pré-dados; ao contrário, eles próprios são contextos que trazem consigo novas corporalidades e novas políticas que correspondem a mundos-espaço e mundos-tempo que nunca existiram antes na história humana (Holmes apud Dawson, 2004, p. 165). A partir das lógicas e das estratégias de vínculo digitais, nascem, portanto, novos hábitos sociais, que demarcam uma nova cultura e ambiência, da velocidade e das redes, que passa a embeber também o fenômeno religioso por meio dos processos da midiatização. Analisaremos agora algumas características dessas estratégias em termos de espaço-tempo.

5.2. Ubiquidade: Novas formas de acesso e participação

O fiel, conectado à internet, pode vivenciar sua experiência religiosa e estabelecer seu vínculo com a Igreja onde quer que esteja e a qualquer momento. O acesso aos mesmos conteúdos religiosos independe do local em que ele os esteja acessando, e estarão lá independentemente do momento em que forem acessados (a não ser que sejam deletados pelo sistema). Por isso, utilizamos aqui o termo *ubiquidade*, cuja origem é do advérbio latino *ubique*, "em/por tudo", o estado daquilo que está em toda a parte ao mesmo tempo.

Com o surgimento da internet, há um salto para uma maior compressão espaço-temporal em comparação com as demais mídias, pois essa característica se encontra somada a outras especificidades da rede. "Vivemos uma nova conjuntura espaço-temporal marcada pelas tecnologias digitais-telemáticas onde o tempo real parece aniquilar, no sentido inverso à modernidade, o espaço de lugar, criando espaço de fluxos, redes planetárias pulsando no tempo real, em caminho para a desmaterialização dos espaços de lugar. [...] Podemos estar aqui e agir à distância"[19]. De um lado, os conceitos de espaço e lugar na internet são substituídos pela ideia de "acesso" (não importa onde, mas sim *como* chegar); de outro, o conceito de tempo é relativizado e substituído pelo de "instantaneidade" (não importa quando, mas sim em *quanto* tempo).

Portanto, o espaço-tempo online é indefinidamente fracionado em muitos lugares/instantes por meio das mídias. Vivemos hoje um paradoxo espaço-temporal, pois, conectados à internet, temos acesso, onde quer que estejamos, a informações/eventos que se encontram a uma grande distância de nós ou que ocorreram em outros momentos. Assim vivemos em um *continuum* em termos de espaço-tempo que se constituiu, paradoxalmente, de restos, resíduos[20].

Por outro lado, essas informações nos chegam em uma instantaneidade temporal. Vivemos em um mundo cada vez mais "aqui e agora". Ou seja, a fase da ubiquidade pós-moderna permite escapar do tempo linear e do espaço geográfico. Porém, se o sujeito pode "escapar" do espaço-tempo tradicional para um outro espaço-tempo digital, ambos convivem em determinadas ritualidades, especialmente no que se refere à Igreja Católica, tão demarcada por estruturas espaço-temporais. Nesse sentido, é preciso levar em conta a "mensagem" de qualquer meio ou tecnologia enquanto mudança de escala, cadência ou padrão que esse meio ou tecnologia introduz na vida humana. A internet, especialmente no que se refere ao religioso, acelera e amplia a escala espaço-temporal das funções religiosas anteriores.

Por outro lado, essa nova configuração espaço-temporal provoca alterações no âmbito sociocultural, como sua *fragmentação, desterritorialização, aceleração, expansão*. Gomes (2006) nos indica que esse

---

[19] LEMOS, André. Cibercultura: Alguns Pontos para Compreender a nossa Época. In: _____; CUNHA, Paulo (orgs.). *Olhares sobre a Cibercultura*. Porto Alegre: Sulina, 2003, p. 14.
[20] VIRILIO, Paul. O Resto do Tempo. In: MARTINS, Francisco Menezes; SILVA, Juremir Machado da (orgs.). *Para navegar no século XXI: Tecnologias do Imaginário e Cibercultura*. 3. ed. Porto Alegre: Sulina, 2003, p. 105-110.

fenômeno provoca o aparecimento de culturas que não estão ligadas à memória territorial. Há um ultrapassamento desse caráter cultural, com a formação de comunidades culturais sem suporte geográfico, o que gera ainda "novos modos de operar e perceber a identidade" (Gomes, 2006, p. 129).

Isso se explica pelo fato de que, "ao tempo extensivo, que tentava aprofundar o caráter integral do 'infinitamente grande do tempo', sucede hoje um tempo intensivo que, desta vez, aprofunda o infinitamente pequeno da duração, de um tempo microscópico [...]. Eternidade intensiva, onde a instantaneidade permitida pelas últimas tecnologias comportaria o equivalente ao contido no 'infinitamente pequeno do espaço e da matéria'. [...] a velocidade supera o tempo e o espaço, assim como a luz supera a matéria, ou a energia, a massa inanimada"[21].

Assim, o universo do sagrado passa a estar ubiquamente presente em cada lugar, em cada instante, por meio da internet, subvertendo uma experiência religiosa do sagrado de uma duração "pelos séculos dos séculos" e de uma extensão geográfica das grandes peregrinações. Assim como o sagrado se faz bit, o espaço-tempo de sua experiência também se reduz ao infinitamente pequeno – mas ganha sentido e se amplia novamente a partir das interações sociais, que ocorrem, cada vez mais, mediante conexões entre fiéis e comunidades.

5.3. Conectividade: Novas formas de vínculo e interação

Para a compreensão dessa nova configuração espacial-temporal, um dos conceitos-chave é a noção de *rede*. A internet nasce com essa característica, desde suas primeiras experiências, em que alguns estudiosos da informática encontraram uma forma de manterem-se *conectados*, apesar da distância e do tempo. Da *computação*, propriamente dita, passou-se cada vez mais à *comunicação*: "Os computadores deixaram de ser vistos como gigantescos cérebros eletrônicos destinados

---

[21] VIRILIO, 2003, op. cit., p. 107.

a resolver problemas matemáticos para serem considerados dispositivos de comunicação"[22]. O mais relevante nessa transformação é que, segundo McLuhan[23], "é o meio [neste caso, a internet] que configura e controla a proporção e a forma das ações e associações humanas".

Portanto, hoje, "a internet é o tecido de nossas vidas. [...] [e] passou a ser a base tecnológica para a forma organizacional da Era da Informação: a rede"[24], ou seja, o conjunto de *nós interconectados*. Para Kerckhove[25], a "essência de toda rede" é precisamente a conectividade. Para ele, a internet é "o meio [mídia] conectado por excelência, é a tecnologia que torna explícita e tangível essa condição natural da interação humana"[26]. Como indica Gomes (2009, p. 167), "na sociedade do conhecimento, a sociedade de redes, todo ponto é início para entrar no todo". Todos os que compõem a rede estão conectados a todos os demais integrantes da rede.

Assim, "o conectado se tornou uma alternativa ao individual e ao coletivo", e a conectividade passou a ser "uma condição para o crescimento acelerado da produção intelectual humana"[27]. Em termos psicológicos, a conexão é o núcleo do bem-estar psicológico, uma necessidade humana básica, enraizada na existência humana, pois rompe com o isolamento, sendo uma qualidade essencial para o estabelecimento de relações (cf. Rice, 2009). Percebe-se ainda mais sua importância nas experiências de *desconexão* (seja uma ligação telefônica ou o sinal de internet que cai, a perda de um vínculo social ou afetivo etc.). Em suma, "nunca acabamos chegando a 'alguma coisa'; sempre lidamos com interconexões"[28].

---

[22] SCOLARI, Carlos. *Hipermediaciones: Elementos para una Teoría de la Comunicação Digital Interactiva*. Barcelona: Gedisa, 2008, p. 91.
[23] MCLUHAN, Marshall. *Os Meios de Comunicação como Extensões do Homem*. São Paulo: Cultrix, 1964, p. 23.
[24] CASTELLS, Manuel. *A Galáxia da Internet: Reflexões Sobre a Internet, os Negócios e a Sociedade*. Rio de Janeiro: Jorge Zahar Ed., 2003, p. 7.
[25] KERCKHOVE, 1999, op. cit.
[26] KERCKHOVE, 1999, op. cit., p. 25, grifo nosso.
[27] KERCKHOVE, 1999, op. cit., p. 26.
[28] CAPRA, Fritjof. *A Teia da Vida: Uma Nova Compreensão dos Sistemas Vivos*. São Paulo: Ed. Cultrix, 1996, p. 41.

Para entender a rede é preciso analisá-la enquanto rede: ou seja, é preciso se afastar de outras construções teóricas mais hierarquizadas, como a do edifício, da pirâmide etc. Diferentemente de um edifício, em que, retirada alguma parte de seus fundamentos, tudo desmorona, a rede é uma "teia dinâmica de eventos inter-relacionados", de "relações [...], de concepções e de modelos, na qual não há fundamentos"[29]. Assim, não há um ponto central de sustentação de uma rede. Ela não é uma estrutura linear, mas sim rizomática: retirado ou acrescentado qualquer ponto ou nó, a estrutura da rede se auto-organiza. Assim, "nenhuma das propriedades de qualquer parte dessa teia é fundamental; todas elas resultam das propriedades das outras partes, e a consistência global de suas inter-relações determina a estrutura de toda a teia"[30]. Por isso, "o desenvolvimento do jogo comunicativo não pertence a uma entidade central, mas a este organismo-rede"[31].

Compreender assim o fenômeno da fé no âmbito digital leva também a novas compreensões da construção do religioso: como uma estrutura hierarquizada (piramidal) como a Igreja institucional se posiciona diante de um cenário tão horizontalizado? Se não há mais "fundamentos", no sentido de um edifício do conhecimento, mas sim uma rede (que não *está* no espaço, mas é o próprio espaço digital), como fica a conservação da Tradição, o monopólio sobre a fé e a doutrina? Por outro lado, que religioso esse "organismo-rede" constrói e em que ele se diferencia do religioso tradicional e hierarquizado? Para responder a isso, é preciso entender a internet como "um ecossistema complexo onde reina a interdependência entre o macro-sistema tecnológico (a rede de máquinas interligadas) e o micro-sistema social (a dinâmica dos

---

[29] CAPRA, Fritjof. *A Teia da Vida: Uma Nova Compreensão dos Sistemas Vivos*. São Paulo: Ed. Cultrix, 1996, p. 48.
[30] CAPRA, 1996, op. cit., p. 48.
[31] LEMOS, André. *Cibercultura: Tecnologia e Vida Social na Cultura Contemporânea*. 4ª edição. Porto Alegre: Sulina, 2008, p. 147.

usuários), construindo-se pela disseminação da informação, pelo fluxo de dados e pelas relações sociais aí criadas"[32].

É por isso que aqui sempre fazemos referência não apenas a um produto *digital*: o que nos interessa também é aquilo que está *em rede*, ou, em sua versão inglesa, *online* (em linha). Por isso, não nos referimos a uma "Igreja eletrônica", conceito que faz referência às primeiras mídias eletrônicas como o rádio e a televisão. Também nos afastamos, nesse sentido, do conceito de *virtual*. Estamos agora em uma Igreja *digital*, que busca digitalizar o sagrado, torná-lo informação computacional, disponibilizando-o *em rede*, *online*.

Cabe definir também porque nos referimos aqui, por exemplo, a rituais *online* (e não "virtuais", como grande parte dos sites católicos preferem utilizar – "capelas virtuais", "velas virtuais" etc.). Em sua análise do termo "virtual", Gomes (2010a, p. 44) afirma que o termo vem do latim medieval (*virtualis*) e do latim clássico (*virtus, virtutis*), no sentido de "força corporal, ânimo, denodo, ferocidade, força de espírito, virtude". Contemporaneamente, o virtual é um "dispositivo ou serviço que não é, na realidade, o que aparenta ser". Ou ainda, em termos gerais, "aquilo que não existe na realidade, mas sim como potência ou faculdade", e não em ato.

Portanto, em seu sentido filosófico mais profundo, virtual é "o que está predeterminado e contém todas as condições essenciais à sua realização", mas que não existe concretamente. Transferido para a informática, "o virtual é a experimentação de algo antes que seja configurado como real" (Gomes, 2010a, p. 45). Porém, como questiona o autor, isso não pode ser aplicado à Igreja. Não é possível experimentá-la sem sua existência prévia no mundo "real". A Igreja que se encontra na internet não existe como "potência ou faculdade".

Assim, nesse sentido, cremos que a conceituação de virtual de Lévy[33] não nos possibilita compreender a internet e suas processuali-

---

[32] LEMOS, 2008, op. cit., p. 147.
[33] Cf. LÉVY, 1999, op. cit.

dades. Segundo o autor, "o virtual existe sem estar presente"[34], e nisso ele é devedor da linha filosófica. Porém, para ele, *justamente por isso*, a internet é virtual, pelo fato de não poder ser fixada em nenhuma coordenada espaço-temporal. Porém, o que o autor não percebe é que a internet, sim, pode ser considerada virtual quando o indivíduo está, por exemplo, descansando no campo, longe de um computador conectado. Nesse momento, a internet, para ele, é virtual. Contudo, assim que ele a acessa e interage com a rede, ele já a *atualiza*, a *presentifica*, poderíamos dizer. Passa-se do virtual ao atual. Por isso, mesmo que a informação da internet esteja *"virtualmente presente em cada ponto da rede onde seja pedida"*, ela se atualiza, fisicamente até, em algum lugar, em determinado momento, em determinado suporte.

Preferimos aqui utilizar o conceito de *digital* ou *online* (em linha, em rede, conectado). Digital porque existe essa tentativa de informatizar o sagrado, torná-lo dígito, código, número, dados. Porém, diferentemente de um CD-Rom ou de um DVD de uma missa gravada, a internet oferece a possibilidade de *navegar em rede*, em "mar aberto", possibilita ao fiel não uma navegação restrita e fechada (como em um DVD, em que as opções de uso do produto já estão delimitadas e restringidas), mas sim uma navegação *aberta* e *sem mapa determinado*, configurada pelas ofertas do sistema e também pelas afetações do internauta e de suas escolhas. Essa é uma característica fundamental na navegação em rede, que não pode passar despercebida, e que afeta sobremaneira os moldes da religiosidade contemporânea. Portanto, utilizamos aqui a conceituação de *ritual online*, subsumindo o termo digital no conceito online, pois para estar online (nas características da rede digital conformada pela internet) é necessário ser digital.

Assim, a rede online vai ganhando um papel central nesses processos, visto que passa sempre mais a ser o ponto de convergência[35] por

---

[34] LÉVY, 1999, op. cit., p. 48.
[35] Talvez, em vez de convergência (que poderia levar a entender que todas as mídias passam a

excelência de todas as demais mídias, como defende Castells[36]. Para o autor, a internet está se convertendo no coração articulador dos distintos meios, está se tornando um sistema conector interativo da multimídia. Por isso, afirma, "a internet é – e será ainda mais – o meio de comunicação e de relação essencial sobre o qual se baseia uma nova forma de sociedade que nós já vivemos"[37], marcada pela midiatização. Ou ainda "o coração de um novo paradigma sociotécnico"[38].

Não queremos aqui defender uma causalidade central (existe midiatização *por causa* da internet), mas sim uma centralidade causal (por causa da internet, a midiatização ganha força e se manifesta mais claramente). O ponto é que "certas questões que antes não se manifestavam de forma tão evidente quanto agora [...] o digital (e as formas de conhecimento que lhe são culturalmente coetâneas) *favoreceu a problematização do próprio cerne da noção de comunicação*"[39]. "A especificidade [da internet] é que ela constitui a base material e tecnológica da sociedade em rede [e da sociedade em midiatização]: é a infra-estrutura tecnológica e o meio organizativo que permitem o desenvolvimento de uma série de novas formas de relação social que não têm sua origem na internet, que são fruto de uma série de mudanças históricas, mas que não poderiam desenvolver-se [nem aprofundar-se] sem a internet[40]."

Portanto, para compreender o fenômeno da midiatização digital do religioso, é preciso estar atento ao fato de que as novas formas

---

operar *unicamente* no suporte digital e *somente por causa dele* ganham sentido e importância), poderíamos falar de *sinergia* (*sim + energia*, energia que une, que congrega), em que as mídias digitais impulsionam todas as demais mídias a um novo patamar e, vice-versa, esse novo patamar das mídias "tradicionais" impele, por sua vez, as mídias digitais a novas possibilidades, em uma coevolução constante.

[36] CASTELLS, Manuel. Internet e sociedade em rede. In: MORAES, Dênis de (org.). *Por uma Outra Comunicação: Mídia, Mundialização Cultural e Poder*. Rio de Janeiro: Record, 2003.
[37] CASTELLS, 2003, op. cit., p. 256.
[38] CASTELLS, 2003, op. cit., p. 287.
[39] FELINTO, Erick. *Da Teoria da Comunicação às Teorias da Mídia: Ou, Temperando a Epistemologia com uma Dose de Cibercultura*. Trabalho apresentado no XX Encontro Anual da Compós – Associação Nacional dos Programas de Pós-Graduação em Comunicação. Porto Alegre, 2011, p. 5.
[40] CASTELLS, 2003, op. cit., p. 287.

de religiosidade surgem a partir de uma série de mudanças históricas, mas que teriam sua explicação incompleta sem levar em consideração o papel das mídias. Em suma, isso também nos leva a perceber o que ocorre quando Deus se faz bit – e bit conectado: acima de tudo, novas narrativas da fé.

5.4. Hiperdiscursividade:
Novas formas de discurso e narrativa

Na fluidez e na velocidade da internet, a Igreja encontra-se diante de muitas interrogações, acostumada a um "discurso único". Até agora, a tendência da Igreja tem sido a de "usar a internet [...] para manter sua autoridade como fonte do texto sagrado e da doutrina fixa – em vez de explorar justamente aqueles aspectos da internet (como a interatividade) pensados para ser a chave da reviravolta revolucionária das autoridades tradicionais online" (Ess, 2006, p. 12).

Mas a experiência religiosa pode ser encarnada em palavras? "Devemos ter em mente que muitos dos eventos mais significativos da história religiosa são o produto de encontros humanos com palavras [...]. Isso faz parte do poder e da importância das escrituras" (Dawson, 2005, p. 17). E, nas experiências religiosas online, os participantes dos rituais online talvez até "prefiram a imaginação textualmente invocada como veículo da ação ritual à encarnação virtual dos elementos físicos e sensoriais do ritual" (O'Leary, 2005, p. 41).

Essas relações, inter-relações e interações entre os três atores discursivos centrais deste estudo – sagrado, sistema e fiel –, maleáveis e abertos como a grande rede, mas nem por isso sem regras e restrições, trazem consequências importantes por ocorrerem em um ambiente digital e em rede como a internet, provocando alterações na vivência do tempo e do espaço religioso. Nesse sentido, é importante destacar que a produção e a recepção desse discurso se dão agora em um ambiente digitalizado. De uma tradição tão fundamentada na Palavra e no Livro (a Bíblia sagrada, os Missais, os

Breviários etc.), passa-se para uma "nova tradição", para aquilo que veio a se chamar de *hipertexto*[41].

Na hipertextualidade, o leitor, por meio dos links disponíveis em uma página da internet, vai construindo uma leitura de um texto em fluxo, não sequencial e não linear, que vai se bifurcando e lhe permite o acesso a um número praticamente ilimitado de outros textos a partir de escolhas locais e sucessivas, em tempo real. As próprias formas de acesso do fiel ao sagrado disponível na internet sempre se darão por meio de um processo hipertextual fluido e aberto: ele poderá acessar um site católico digitando diretamente o endereço dessa página (que também é um link), ou então por meio do clique nesse mesmo endereço "lincado" em outro site, ou então por um sistema de busca, como o Google, que lhe dará como resposta diversos links possíveis. O fluxo de leitura é coconstruído entre o(s) leitor(es) e as opções oferecidas pelo sistema, sem se

---

[41] Um "detalhe" pouco conhecido é que, embora o termo hipertexto tenha sido cunhado por Theodor Holm Nelson em 1964, essa função computacional surgiu ainda em 1949, por meio das pesquisas do jesuíta italiano Roberto Busa. Procurando analisar a *opera omnia* de São Tomás (1,5 milhões de frases, 9 milhões de palavras), ele já havia compilado à mão 10 mil cartões só para inventariar a preposição *in*, que ele julgava essencial do ponto de vista filosófico. Porém, ele buscava um modo de relacionar – *linkar* – os fragmentos individuais do pensamento do *Aquinate*, para assim compará-los com outras fontes. Em viagem aos Estados Unidos, Busa pediu uma entrevista com Thomas Watson, fundador da IBM, e, após negociações – tendo sido até zombado por Watson pela sandice do pedido –, o jesuíta conseguiu chegar ao hipertexto, ou seja, um conjunto estruturado de informações unidas entre si por ligações dinâmicas consultáveis no computador com um clique. Afirma Busa: "O primeiro passo de nossa colaboração [com a IBM] foi criar um arquivo de 12 milhões de cartões perfurados, que encheram uma fila de armários de 90 metros de comprimento, com um peso total de 500 toneladas. Pense que, naquele tempo, um processador IBM gastava uma hora para colocar 20 mil palavras em ordem alfabética, uma velocidade que hoje causa graça. O segundo passo foram as fitas magnéticas, um rebanho bastante difícil de apascentar: eu tinha 1.800 fitas, que, unidas entre si, chegavam a 1.500 quilômetros". Esse jesuíta, assim, encarna o primeiro exemplo documentável na história do homem de utilização do computador para a análise linguística. O seus experimentos foram, depois publicados no "Index Thomisticus", que hoje está disponível em CD-Rom e impresso: ocupa 56 volumes, em um total de 70 mil páginas. A partir do primeiro tomo, publicado em 1951, o religioso catalogou todas as palavras contidas nos 118 livros de São Tomás e de outros 61 autores. Como diz o próprio Busa, "a vida é um safari: sabe-se de onde se parte, mas não se sabe o que se encontrará", assim como em uma leitura hipertextual, poderíamos dizer. (cf. IBM? *"International Busa Machines". O jesuíta que criou o hipertexto*, site do Instituto Humanitas Unisinos, São Leopoldo, 28 nov. 2010, disponível em <http://migre.me/8MaDV>).

prender a uma sequência fixa nem a tópicos estabelecidos, embora estes tentem direcionar a visão do leitor.

"Trata-se de uma forma de estruturação textual que faz do leitor simultaneamente coautor do texto final"[42]. Assim, é um processo de escritura/leitura em fluxo, digital, multilinear, multisequencial, indeterminado e, portanto, complexo. Nesse sentido, a "revolução do livro eletrônico é uma revolução nas estruturas do suporte material do escrito assim como nas maneiras de ler"[43]. Se a digitalização permite uma "nova condição da produção de conteúdos, a hipertextualidade é a nova condição do armazenamento e da entrega de conteúdos[44]. O que interessa agora, por meio da internet, é a nova forma de textualidade que se constrói a partir da tecnologia, que permite que o leitor passe de um texto a outro, ou mesmo de um texto a um vídeo, sem necessitar mudar o "suporte" de sua leitura: tudo está na rede.

Por isso, aqui falamos de *hiperdiscursividade*, ou seja, retomando Foucault (2008), analisamos uma realidade material de coisa pronunciada ou escrita construída a partir dos protocolos da internet: e, complexivamente, uma realidade nunca dada, mas sempre imprevisível, dependendo dos caminhos tomados pelo usuário em interação com o sistema e com os demais usuários: uma discursividade em rede. Nesse sentido, é importante reconhecer que o hipertexto permite sua própria construção "parcialmente pelos escritores [sistema] que criam as ligações, e parcialmente pelos leitores [fiéis] que decidem os caminhos a seguir"[45]. Assim, algo é "tecido" (eis a origem da palavra "texto") pela interação entre o usuário e o sistema.

Isso já acontecia nas leituras em suporte impresso (afinal, nada obrigava o leitor a permanecer em determinada página; em um livro ele também pode ler notas de rodapé no meio da sequência da leitura,

---

[42] MARCUSCHI, Luiz Antonio. Linearização, cognição e referência: o desafio do hipertexto. *Línguas e Instrumentos Lingüísticos*, v. 3, Campinas, 1999, p. 1. Disponível em: <http://migre.me/8MaNE>.
[43] CHARTIER, Roger. *A Aventura do Livro: Do Leitor ao Navegador*. São Paulo: Ed. Unesp, 1999, p. 13.
[44] KERCKHOVE, 1999, op. cit., p. 24.
[45] MARCUSCHI, 1999, op. cit., p. 3.

ou ir direto ao fim do livro e descobrir o final da história, ou mesmo trocar de livro). Porém, o que a mídia digital permite é tornar a leitura "*simultaneamente* uma escritura"[46].

Nesse sentido, "o novo suporte do texto permite usos, manuseios e intervenções do leitor infinitamente mais numerosos e livres do que qualquer uma das formas antigas do livro"[47]. Do livro para a tela, as condições de recepção e de compreensão são modificadas. Para o autor, existe uma tríade importante na análise da produção de sentidos: o leitor, o texto e a forma na qual esse texto se encontra. Por isso, afirma, "um romance de Balzac [ou a Bíblia] pode ser diferente, sem que uma linha do texto tenha mudado"[48] caso seja publicado em formatos diferentes.

Essa hiperdiscursividade ocorre moldada (mas não determinada) pelos limites e pelas possibilidades das interações online. A tendência do sistema é a de, justamente, tentar evitar ao máximo os desvios de rota e as mudanças de percurso por parte do fiel. Como afirma Foucault[49], a produção do discurso é controlada, selecionada, organizada e redistribuída por certo número de procedimentos e estruturas que gerem o controle dos discursos por parte do sistema – pois assim também se controla o poder (quem fala, quem escuta, para quem se fala, como se fala, como se escuta etc.), inclusive e principalmente religioso.

* * *

Neste capítulo, refletimos sobre as novas configurações de tempo-espaço-materialidades da fé, para a compreensão das experiências religiosas em sites católicos brasileiros a partir de interações comunicacionais entre fiel-sistema-sagrado.

---

[46] MARCUSCHI, 1999, op. cit., p. 4.
[47] CHARTIER, 1999, op. cit., p. 88.
[48] CHARTIER, 1999, op. cit., p. 138.
[49] Cf. FOUCAULT, Michel. *A Ordem do Discurso: Aula Inaugural no Collège de France, Pronunciada em 2 de Dezembro de 1970.* São Paulo: Loyola, 2008.

Vimos que o sagrado é experienciado por novas formas de existência e presença, por meio da noção de *digitalidade* (o sagrado moldado em bits). O acesso e a participação no sagrado também são modificados, a partir de sua *ubiquidade* (o sagrado acessível em qualquer ponto da rede a qualquer momento). Por outro lado, há novas formas de vínculo e de interação com o sagrado, a partir de sua crescente *conectividade* (conexões/interações em rede entre o sagrado e o fiel e entre fiéis). Isso se manifesta em novas formas de discurso e de narrativa sobre a fé, que chamamos de *hiperdiscursividade* (o sagrado dito e contado a partir de lógicas digitais).

Cabe-nos agora examinar empiricamente, a partir dos conceitos aqui trabalhados, como se desenvolvem as interações comunicacionais nas novas modalidades de experiência religiosa online do contexto católico brasileiro, ou seja, como "o Verbo se fez bit".

- 6 -

"E O VERBO SE FEZ BIT"
A EXPERIÊNCIA RELIGIOSA NA INTERNET

E o Verbo se fez carne, e habitou entre nós; e nós vimos sua glória, glória que ele tem junto ao Pai como Filho único, cheio de graça e de verdade.
(João 1,14)

"Nós nos confessamos e temos o maior respeito e carinho com a nossa celebração em casa." Para o Fábio, a missa "concelebrada" com o sacerdote pela TV, com as cinco hóstias compradas para ele e seus familiares e a tacinha de vinho postas sobre a mesa da sala, era o grande evento dominical. Respeito e carinho que comovem o "padre online", ao tentar responder ao fiel se sua celebração era válida ou não.

Na internet, surge uma nova relação mediada e midiatizada entre o fiel-internauta e o sagrado, mediante o sistema católico online. Essa relação se manifesta como um lócus de análise relevante para as pesquisas no campo da Comunicação, visto que o vínculo entre fiel e sagrado se dá por meio de interações em que as mídias desempenham um papel central para a experiência religiosa.

Em síntese, cremos ter em mãos alguns dados relevantes: o fiel pode vivenciar uma *experiência religiosa* na internet (cf. capítulos 2, 3 e 4.1); essa experiência manifesta seu aspecto comunicacional central a partir das *interações* entre o indivíduo, o sistema católico online e o sagrado (cf. capítulo 4.2); mediante diversas modalidades que ajudam a construir sentido religioso, a saber: por meio da *interface* (materialidade) dos sites (cf. capítulo 4.3), do *discurso* (narrativas) construído na internet (cf. capítulo 4.4), e dos *rituais online* (práticas e operações simbólicas, cf. capítulo 4.5); o que leva a uma experiência do sagrado marcada por novas configurações, como a *digitalidade,* a *ubiquidade,* a *conectividade* e a *hiperdiscursividade* (cf. capítulo 5).

Neste capítulo, portanto, buscaremos "responder", a partir desses pressupostos, a nossa pergunta inicial: *como se dão as interações entre fiel-sagrado para a vivência, a prática e a experienciação da fé no ambiente digital católico brasileiro?* Para isso, analisaremos as estratégias de interação encontradas em nossa observação, desenvolvidas pelo sistema católico online e pelo fiel. Nelas, buscaremos perceber como se constitui o vínculo digital entre sagrado e fiel. Dessa forma, poderemos entrever pistas da religiosidade que vai surgindo no ambiente online, segundo os protocolos e as lógicas digitais.

Para isso, primeiramente, apresentaremos nosso corpus de análise, os critérios que nos fizeram optar por determinados sites e não outros, e ainda nosso horizonte de pesquisa em termos de método (6.1). Em seguida, a partir desse corpus, examinaremos três "modalidades" de interação: a *interface interacional* dos sites católicos (6.2); as *interações discursivas* entre fiel-sistema-sagrado (6.3); e por último, as *interações rituais* que se desenvolvem nos serviços religiosos online (6.4). Essa conceituação busca explicitar as processualidades que possibilitam ao fiel vivenciar uma experiência religiosa na internet e que evidenciam o processo de midiatização do fenômeno religioso em sites católicos brasileiros.

6.1. Complexidades sistêmicas: Elementos sobre o método

Em geral, a grande maioria dos sites católicos brasileiros, sendo institucionais, contam com documentos e demais informações oficiais de cada órgão, além de registros históricos, dados gerais e cobertura jornalística de eventos relacionados a cada instituição. Nesses casos, o fiel se *informa sobre* a religião. Porém, em alguns desses sites, ao mesmo tempo, são oferecidos diversos outros serviços religiosos ao fiel-internauta: versões online da Bíblia; orientações de líderes religiosos via online; espaços espirituais (orações feitas na própria página ou pedidos de oração que são remetidos ao site); programas de áudio e vídeo online, como missas, palestras e orientações; serviço de recebimento de mensagens religiosas por e-mail ou celular; fóruns de debates; aplicativos para celulares e redes sociais online; dentre muitas outras opções. Ou seja, estando ligados à Igreja Católica, esses sites também promovem e incentivam a relação do fiel com seu Deus na internet. Dessa forma, a fé católica também vai se manifestando em práticas religiosas no ambiente digital, por meio de processualidades comunicacionais. E é isso que aqui nos interessa[1].

Assim, além de se informar sobre sua Igreja, portanto, o fiel também *pratica, vivencia e experiencia sua fé* no ambiente digital. Ou seja, as pessoas passam a encontrar uma oferta do sagrado não apenas nas igrejas de pedra, nos padres de carne e osso e nos rituais palpáveis, mas também na religiosidade existente e disponibilizada, midiaticamente, na internet. Uma categoria de sites que reúne grande parte desses serviços religiosos são as chamadas "capelas virtuais", ambientes online que reúnem grande parte dos rituais aqui analisados, mediante uma transmutação de rituais tradicionais da Igreja (como as velas, o terço, a leitura orante etc.) para a ambiência digital. Uma busca pelo termo "capela virtual" em um sistema de pesquisa da internet indica milhares de resultados[2].

Dentro dessa grande abrangência e dispersão, optamos por incluir em nosso corpus de pesquisa apenas sites católicos brasileiros, ou seja, páginas da internet de instituições que tenham uma sede física no Brasil e que possuam algum tipo de vínculo oficial com a Igreja Católica.

---

[1] A opção por um objeto católico tem ligação com nossa trajetória pessoal. Porém, cremos que os fenômenos aqui analisados dizem respeito às religiões em geral, não só católica, nem só cristã.
[2] Em setembro de 2012, a busca pelo termo "capela virtual" retornava a seguinte resposta: Google, 186.000 resultados; Bing, 133.000 resultados; Yahoo!, 133.000 resultados. Os demais dados sobre os sites indicados ao longo deste capítulo também se referem a setembro de 2012.

Assim, pudemos focar e delimitar o nosso estudo dentro de uma compreensão específica da midiatização do fenômeno religioso no ambiente católico brasileiro. Nosso corpus de pesquisa é composto por um mosaico de quatro sites – CatolicaNet[3]; Irmãs Apóstolas do Sagrado Coração de Jesus – Província do Paraná[4]; A12, do Santuário Nacional Nossa Senhora Aparecida[5]; padre Reginaldo Manzotti[6].

Esse mosaico foi montado a partir de um conjunto específico de "peças", e por isso outras delas foram deixadas de lado, buscando, no entanto, a máxima abrangência e representatividade possível. Assim, entre as variáveis por nós consideradas para a seleção desse corpus estão:

- sua *relevância*: analisamos sites que possuem um forte e claro vínculo com a Igreja Católica do Brasil e que demonstram uma grande participação de usuários por meio de comentários e visitas, ou então por estarem lincados em demais sites católicos de referência. Assim, deixamos de lado sites que não eram indicados em outras páginas como pontos de referência ou que manifestavam pouca visitação;
- sua *atualização*: as páginas que utilizamos como objeto de pesquisa, durante nossas observações, foram continuamente atualizadas, não sendo apenas um banco de dados "esquecido", mas sim um meio de comunicação ativo com uma comunidade de fiéis. Evitamos, dessa forma, sites desatualizados e antigos[7];
- a *disponibilidade* das informações: para que nossas análises fossem possíveis, era necessário que tivéssemos

---

[3] Disponível em <http://www.catolicanet.com>.
[4] Disponivél em <www.apostolas-pr.org.br>
[5] Disponível em <http://www.a12.com>.
[6] Disponível em <http://www.padrereginaldomanzotti.org.br>.
[7] Nosso estudo iniciou em 2009. Portanto, desde lá, os sites já passaram por algumas reformulações e atualizações. Sempre que possível, nos casos mais relevantes, tentaremos fazer uma comparação entre as versões antigas e novas.

acesso aos conteúdos dos rituais online ofertados (como os "pedidos de oração" ou as intenções pedidas nas "velas virtuais"), para que pudéssemos perceber as marcas e as pistas inscritas pelos fiéis em seu interior. Desse modo, deixamos de lado páginas que exigiam um cadastro prévio para o uso dos serviços ou então que não permitiam ler os conteúdos inseridos pelos demais fiéis-internautas;

- e, principalmente, sua *oferta de sagrado*: ou seja, sites que não fossem meramente informativos, mas que também disponibilizassem serviços religiosos para a prática e a vivência da fé por meio da internet. Desconsideramos, assim, sites que eram apenas institucionais ou noticiosos, ou então que ofereciam poucas opções de serviços religiosos).

Os quatro sites que compõem o nosso corpus de análise, portanto, buscam representar uma totalidade muito maior e mais complexa. Dessa forma, da totalidade fluida e geometricamente crescente dos sites católicos institucionais brasileiros, extraímos para análise a página do principal santuário nacional e de sua rede de comunicação (A12); de uma grande congregação religiosa (Irmãs Apóstolas do Sagrado Coração de Jesus – Província do Paraná); de uma "personalidade" e representante ordenado da Igreja brasileira (padre Reginaldo Manzotti); e de uma associação e movimento católico historicamente ligado à internet (CatolicaNet). Veremos agora quem é quem.

O site A12[8] é a página oficial da Rede Aparecida, com sede no Santuário Nacional de Nossa Senhora da Conceição Aparecida, também co-

---

[8] É curiosa a escolha do nome desse site. Em 2006, a Rede Globo lançou o seu portal G1, reunindo o conteúdo da TV Globo, GloboNews, rádios Globo e CBN, jornais O Globo e Diário de São Paulo, revistas Época e Globo Rural, entre outras, além de reportagens próprias em formato de texto, áudio e vídeo. Por outro lado, em 2009, a Rede Record, seguindo a tendência, lançou o site R7, aproveitando os conteúdos da TV Record, da Record News e da Record Internacional, além de conteúdos do jornal Correio do Povo e das rádios Cidade, Record e Guaíba. Em 2010, foi a vez da Rede Aparecida acompanhar a tendência e reunir seus serviços (Santuário Nacional, Rádio e TV Aparecida e Editora Santuário), em um único portal, caracterizando-os também por uma letra e um número.

nhecido como Basílica de Nossa Senhora Aparecida, a santa padroeira do Brasil, localizado na cidade de Aparecida, em São Paulo. Esse é o terceiro maior templo católico do mundo, inaugurado em 4 de julho de 1980, pelo Papa João Paulo II, e elevado a basílica em 1984. O site A12, portanto, reúne informações da rede que é composta pelo Santuário Nacional, pela Rádio e TV Aparecida e pela Editora Santuário, administrados pela Congregação do Santíssimo Redentor (redentoristas) e pela Arquidiocese de Aparecida. Em 2010, foi lançada uma nova versão do site, com a remodelagem de todas as seções internas, inclusive da *Capela Virtual*. O portal também remete o internauta a todas as redes sociais online utilizadas pela Rede Aparecida, somando mais de 60 links externos em que a instituição se faz presente na internet (17 blogs diversos, 22 contas no Twitter[9], 21 contas no Facebook[10], uma conta no Flickr[11] e 4 contas no YouTube[12], embora esses números sejam bastante flexíveis).

Já o site da Província do Paraná do Instituto das Apóstolas do Sagrado Coração de Jesus reúne conteúdos sobre a congregação italiana fundada por Clélia Merloni, em 1894. A congregação chegou ao Brasil em 1900. A Província do Paraná abrange os Estados brasileiros do Paraná, Santa Catarina, Rio Grande do Sul, Mato Grosso do Sul, e quatro países da América Latina: Argentina, Chile, Paraguai e Uruguai. Para fins de leitura, faremos referência a essa página como site das Apóstolas.

O padre Reginaldo Manzotti é o fundador da Associação Evangelizar é Preciso, movimento católico de ação evangelizadora nascido em 2005. Manzotti também é diretor da Rádio Evangelizar AM 1060 (Curitiba), da Rádio FM 90,9 (Sul do Paraná e Norte de Santa Catarina), TV 3º Milênio (Maringá)

---

[9] O Twitter é um microblog e rede social online em que os usuários podem enviar e receber atualizações pessoais de outros contatos em textos de até 140 caracteres, conhecidos como "tuítes" (*tweets*), disponível em <http://www.twitter.com>.
[10] O Facebook é uma rede social online lançada em 2004, disponível em <http://www.facebook.com>.
[11] O Flickr é um site para hospedagem e compartilhamento de fotos de propriedade do Yahoo! desde 2005, disponível em <http://www.flickr.com>.
[12] O YouTube é um site para o compartilhamento de vídeos em formato digital, fundado em fevereiro de 2005 e disponível em <http://www.youtube.com>.

e TV Lumen (Curitiba), que compõem a Rede Evangelizar de Comunicação. É autor de oito livros, já lançou sete CDs e dois DVDs, tendo por isso recebido o "carinhoso apelido [de] o padre que arrasta multidões, por reunir até mais de um milhão de pessoas em suas missas seguidas de shows"[13]. Seu portal na internet, segundo dados de sua própria página, recebe um milhão de acessos mensalmente. Em sua página, há links para seu blog, perfis do Orkut[14], Facebook (pessoal e da Associação Evangelizar é Preciso), Flickr, MySpace[15] e Twitter, além de seu canal de vídeos no YouTube. O site passou por uma reformulação gráfica em 2011, com algumas mudanças em suas páginas internas e também em sua *Capela Virtual*. Para fins de economia textual, referir-nos-emos a essa página como o site do padre Manzotti.

O CatolicaNet é uma "associação privada de fiéis de direito diocesano" da Diocese de Santo Amaro, São Paulo, fundada em 2002, mas presente na internet desde 1999. O site é considerado "o maior portal católico de língua portuguesa do mundo", com mais de cinco milhões de visitantes anuais[16]. A página também tem suas versões internacionais em inglês[17] e espanhol[18].

Sabemos que o corpus aqui analisado é apenas uma manifestação de microssistemas católicos online do amplo macrossistema ou sistema religioso em geral. Por isso, nossa preocupação será a de entender esse corpus no contexto de um "todo" mais amplo, buscando compreender suas inter-relações em termos de conexidade e contexto com o fenômeno comunicacional e religioso em geral. Mas o que observaremos nesses "observáveis"?

Primeiramente, nosso foco estará no caráter comunicacional da experiência religiosa, ou seja, na *prática*, na *vivência* e na *experienciação da fé* no ambiente digital. Porém, é um enorme desafio – ou mesmo uma impossi-

---

[13] Conforme release disponível em <http://migre.me/94Pke>.
[14] O Orkut é uma rede social online filiada ao Google, criada em 2004, disponível em <http://www.orkut.com>.
[15] O MySpace é uma rede social online de preferências musicais, criada em 2003, disponível em < http://br.myspace.com>.
[16] Cf. dados disponíveis em < http://migre.me/94PyB>.
[17] Disponível em <http://www.catholic.net>.
[18] Disponível em <http://es.catholic.net>.

bilidade – analisar uma experiência do "Mistério" por excelência. Por isso, "a compreensão da experiência interior somente é possível interpretando sua expressão objetiva" (Martelli, 1995, p. 172), ou seja, os "atos públicos", a prática religiosa e devocional, as pistas, marcas e indícios deixados pelo fiel no interior do sistema. Só assim é possível ter uma compreensão *eidética*, ou "a partir de dentro", do fenômeno comunicacional-religioso.

Consideramos que as interações comunicacionais entre fiel-sistema-sagrado se manifestam mais claramente em serviços religiosos específicos, aqui chamados de rituais online. No site A12, por exemplo, esses serviços estão reunidos em sua "Capela Virtual"[19]. Esse ambiente oferece nove opções de rituais online:

1. *Consagração* – orações de consagração a Nossa Senhora Aparecida[20];
2. *Nicho da imagem* – vídeo com imagens do espaço onde está depositada a imagem de Nossa Senhora Aparecida, no Santuário Nacional[21];
3. *Vela Virtual* – formulário para o envio de pedidos de oração e o "acendimento" de velas digitais[22];
4. *Terço Virtual* – oração em honra a Nossa Senhora[23];
5. *Via sacra* – "antiga devoção da comunidade cristã que consiste num acompanhamento oracional e meditativo da última caminhada de Jesus, desde sua condenação até seu sepultamento (ou ressurreição)", como indica o próprio serviço[24];
6. *Intenção de missa* – formulário para o envio de "pe-

---

[19] Disponível em <http://migre.me/97bwq>.
[20] Disponível em <http://migre.me/97aNK>.
[21] Disponível em <http://migre.me/97aOo>.
[22] Disponível em <http://migre.me/97aOW>.
[23] Disponível em <http://migre.me/97aPO>.
[24] Disponível em <http://migre.me/97aQj>.

didos e agradecimentos" que serão apresentados na "celebração das 16h, no Santuário Nacional", conforme indica o serviço[25];

7. *Meditação do dia* – trecho do Evangelho do dia, com uma breve explicação e oração[26];
8. *Santo do dia* – biografia do/a santo/a do dia[27]; e
9. *Mensagem do dia* – breve mensagem bíblica diária[28].

Já no site das Apóstolas, a "Capela Virtual"[29] apresenta seis opções de rituais online:

1. *Adoração ao Santíssimo* – ritual em que se expõe a hóstia consagrada (partícula de pão consagrada pelo sacerdote ordenado que, para os católicos, é o Corpo de Cristo) para a adoração dos fiéis[30];
2. *Orações* – listagem de orações em formato de texto[31];
3. *Acenda uma Vela* – formulário para o envio de pedidos de oração e o "acendimento" de velas digitais, ritual que "tem a ver com gratidão e fé", como indica o site[32];
4. *Peça uma Oração* – formulário para o envio de "orações de louvor, agradecimento e súplica"[33];
5. *Mensagens* – "mensagens, preces e poesias" textuais "que alegram, animam, confortam e elevam sua vida e de suas pessoas queridas"[34]; e

---

[25] Disponível em <http://migre.me/97aQR>.
[26] Disponível em <http://migre.me/97aRk>.
[27] Disponível em <http://migre.me/97aRR>.
[28] Disponível em <http://migre.me/97aSj>.
[29] Disponível em <http://migre.me/95xRd>.
[30] Disponível em <http://migre.me/95xT6>.
[31] Disponível em <http://migre.me/97aV5>.
[32] Disponível em <http://migre.me/97aW3>.
[33] Disponível em <http://migre.me/97aWu>.
[34] Disponível em <http://migre.me/97aWM>.

6. *Imagens* – "imagens do Sagrado Coração de Jesus para você copiar"[35].

No "Santuário Virtual de Jesus Misericordioso"[36] do site do padre Manzotti, estão reunidos os quatro seguintes serviços religiosos:

1. *Novena Virtual* – diversas opções de orações para serem rezadas ao longo de nove dias por uma intenção específica[37];
2. *Vela Virtual* – formulário para o envio de pedidos de oração e o "acendimento" de velas digitais[38];
3. *Oração e Conforto* – "reunião de várias preces e orações [em formato de texto] para que lhe acompanhem em todos os momentos de sua vida: seja para louvar, para dar graças ou pedir a Deus por sua intenção"[39]; e
4. *Bíblia Virtual* – texto sagrado dos cristãos em formato digital[40].

Além do "Santuário", a página inicial do site do padre Manzotti oferece outro serviço: a seção *Testemunhos* – "área do site destinada à publicação de testemunhos e agradecimentos de graças alcançadas"[41].

Por fim, no site CatolicaNet, as opções de serviços religiosos estão espalhados por sua página inicial. Nela, encontramos:

---

[35] Disponível em <http://migre.me/97aXf>.
[36] Disponível em <http://migre.me/97bsk>.
[37] Disponível em <http://migre.me/97aXX>.
[38] Disponível em <http://migre.me/97aYl>.
[39] Disponível em <http://migre.me/97aZ4>.
[40] Disponível em <http://migre.me/97aZB>.
[41] Disponível em <http://migre.me/97b0V>.

1. *Pedido de Orações* – formulário para o envio de pedidos de oração[42];
2. *Velas Virtuais* – formulário para o envio de intenções e o "acendimento" de velas digitais[43];
3. *Especialistas* – ambiente para o envio de perguntas a "especialistas" da Igreja[44];
4. *Santos do Dia* – biografia do/a santo/a do dia[45];
5. *Liturgia Diária* – leituras bíblicas do dia[46];
6. *Bíblia Online* – texto sagrado dos cristãos em formato digital[47].

Nos sites, também constam diversos rituais offline estendidos para o ambiente online (como missas, palestras ou programas de TV e rádio exibidos em formato digital).

Assim, analisamos esse mosaico como um tecido de acontecimentos, ações, interações, retroações, condicionamentos, acasos, que também moldam a complexidade do fenômeno comunicacional e religioso: buscamos compreender a circularidade autoprodutiva e coevolutiva da interface comunicacional-religiosa, na qual mídia e religião são produtos e produtoras em suas processualidades. Nas interações midiatizadas entre fiel-sagrado, a mídia produz a religião que a produz, da mesma forma que a religião produz a mídia que a produz, e assim complexivamente. Mas é bom detalhar, embora brevemente, como *mapeamos* nossa pesquisa em termos de método.

Em termos metodológicos, nossa análise abrange um processo que se encontra em uma interface do sistema comunicacional com um

---

[42] Disponível em <http://migre.me/97b3M>.
[43] Disponível em <http://migre.me/97aHV>.
[44] Disponível em <http://migre.me/97b5v>.
[45] Disponível em <http://migre.me/97b69>.
[46] Disponível em <http://migre.me/97b79>
[47] Disponível em <http://migre.me/97b85>.

amplo âmbito social, o sistema religioso, interface que se dá em um processo criativo e contínuo: ou seja, um processo complexo. Como indicava Italo Calvino, pela boca de Marco Polo[48], não nos interessa apenas esta ou aquela pedra que sustenta a ponte, mas sim a curva do arco que estas formam. Mas, ao mesmo tempo, não podemos ignorar que "sem as pedras o arco não existe".

Por isso, partimos aqui, de um horizonte metodológico de pesquisa baseado no pensamento sistêmico e complexo. A tentativa de ambos os horizontes é a de superar o reducionismo do conhecimento do conjunto ao conhecimento das partes. Há um salto da noção de objeto isolado e mensurável, que existe independentemente do observador e do ambiente – isto é, de um mundo objetivo, da objetividade[49] – para uma perspectiva de análise mais ampla: a do "objeto organizado ou sistema cuja explicação não pode mais ser encontrada unicamente na natureza de seus constituintes elementares, mas se encontra também em sua natureza organizacional e sistêmica, que transforma o caráter dos componentes"[50]. E, além disso, "não há nem subjetividade pura e nem objetividade pura, mas informação do sujeito pelo objeto e vice-versa"[51], em *complexidade* e *complementariedade* crescentes.

Com o avanço da ciência, infere-se que até aquilo que se considerava como a menor unidade da matéria – o átomo (isolado, indepen-

---

[48] O conto do autor italiano encontra-se no capítulo 1.
[49] Isso não significa, porém, que não tenhamos um *objeto* de pesquisa. Tomado ao pé da letra, objeto é aquilo que é posto diante de, à frente de. Aqui, observamos e analisamos *algo*, mas não necessariamente algo isolado ou fora de nós mesmos. Afastamo-nos, assim, de um pensamento filosófico "duro", que contrapõe radicalmente o *objeto* – aquilo que está fora do pesquisador – ao *sujeito* – aquilo que está em seu interior. A realidade não é composta por um *fora* ou por um *dentro*: estamos todos – nós, enquanto pesquisadores, e nosso objeto – embebidos e envolvidos por uma ambiência midiatizada. Nosso exercício aqui, portanto, é o de abstração, de *tirar para fora* algo que nos faz parte, de analisar nosso objeto *como se* ele estivesse a nossa frente. Mas, reforçamos, especialmente em um período histórico marcado pela midiatização, e tomando como base o pensamento sistêmico e complexo, sabemos que nosso objeto faz parte de nós mesmos, e nós fazemos parte de nosso objeto.
[50] MORIN, Edgar. *O Método 1: A Natureza da Natureza*. Porto Alegre: Sulina, 2002, p. 127.
[51] PINTO, Paulo R. M. Dialética, Lógica Forma e Abordagem Sistêmica. In: CIRNE-LIMA, Carlos; ROHDEN, Luiz (orgs). *Dialética e Auto-Organização*. São Leopoldo: Editora Unisinos, 2003, p. 97.

dente, mensurável) – era, na realidade, um conjunto de partículas em interações mútuas. Surge, então, o conceito de *sistema*, aqui proposto a partir da teoria dos sistemas de Bertalanffy[52], ultrapassando a compreensão de um todo como soma de partes, ou de átomos isolados. Sistema é o "total de partes com suas inter-relações", um "complexo de elementos em interação"[53].

"O conceito 'sistema' tem sua origem no grego: *sýstema* consta da junção do advérbio *sýn* – 'todos juntos', 'juntamente' – com o verbo *hístemi* – 'colocar'. 'Sistema' significa, portanto, 'colocar junto', 'dar unidade'"[54]. Morin, aprofundando o conceito e defrontando-o com os de outros autores, concebe sistema como "unidade global organizada de inter-relações entre elementos, ações ou indivíduos[55]." E, nesse sentido, o sistema possui algo mais do que a soma de seus componentes: "sua organização; a própria unidade global (o 'todo'); as qualidades e propriedades novas emergindo da organização e da unidade global"[56].

Essas interações complexas no interior de um sistema, entre sistemas e entre sistema e ambiente operam também em complexidade, pois, na totalidade, dentro de um sistema, também existem subsistemas, e um sistema sempre é um subsistema por ser parte de um sistema maior. E essas relações entre sistemas ocorrem em constante e dinâmica interação. Impõe-se o fenômeno-sistema, já que "a vida é um sistema de sistemas de sistemas"[57]. O que se costumou chamar de "pensamento sistêmico", portanto, nos ajuda a pensar, em nossa pesquisa, "em termos de conexidade, de relações, de contexto"[58]. Segundo Capra, "as propriedades essenciais de um orga-

---

[52] Cf. BERTALANFFY, Ludwig von. *Teoria Geral dos Sistemas. Fundamentos, Desenvolvimentos e Aplicações*. 5. ed. Petrópolis: Vozes, 2008.
[53] BERTALANFFY, 2008, op. cit., p. 83-84.
[54] LUFT, Eduardo. Natureza e Coerência. In: CIRNE-LIMA, Carlos; ROHDEN, Luiz (orgs). *Dialética e Auto-Organização*. São Leopoldo: Editora Unisinos, 2003, p. 212.
[55] MORIN, 2002, op. cit., p. 132.
[56] MORIN, 2002, op. cit., p. 136.
[57] MORIN, 2002, op. cit., p. 129.
[58] CAPRA, Fritjof. *A Teia da Vida: Uma Nova Compreensão dos Sistemas Vivos*. São Paulo: Ed. Cultrix, 1996, p. 40.

nismo, ou sistema [...], são propriedades do todo, que nenhuma das partes possui. Elas surgem das interações e das relações entre as partes"[59]. Nesse sentido, há um salto teórico em comparação com linhas de pesquisa mais cartesianas, para as quais "o comportamento do todo pode ser entendido inteiramente a partir das propriedades de suas partes"[60].

Por isso, em nosso estudo, valemo-nos dessa definição para analisar os sites católicos como *sistema católico online*, e a religião em geral como um *macrossistema* ou *sistema religioso*, do qual os sites são apenas uma micromanifestação. Esses sistemas são compostos por elementos vários – comunicacionais e/ou religiosos – em uma unidade organizada. O fiel, por sua vez, pode ser tanto ambiente para esse sistema, como também um outro subsistema do macrossistema religioso, que interage com o sistema católico online.

Cabe aqui ressaltar que essa construção teórica de sistemas e ambientes é uma abstração. Isto é, depende de nosso olhar enquanto observadores. "O isolamento de um sistema e o isolamento do conceito de sistema são abstrações operadas pelo observador/conceituador[61]." A definição do que é sistema, subsistema, ambiente etc. "depende de seleções, interesses, escolhas, decisões, que eles mesmos dependem de condições culturais e sociais em que se inscreve o observador/conceituador"[62]. Não há uma fronteira nítida entre esses conceitos, que podem até ser permutáveis. Ou seja, "os objetos já não são unicamente os objetos, as coisas não são mais coisas; todo objeto de observação ou de estudo deve agora ser concebido em função de sua organização, de seu ambiente, de seu observador"[63].

---

[59] CAPRA, 1996, op. cit., p. 40.
[60] CAPRA, 1996, op. cit., p. 41.
[61] MORIN, 2002, op. cit., p. 175.
[62] MORIN, 2002, op. cit., p. 175.
[63] MORIN, 2002, op. cit., p. 458.

Daí chegamos à concepção de complexidade, que faz parte da noção de sistema. Complexidade é, em suma, a "unidade de uma multiplicidade"[64]. Portanto, pensá-la é abordar os "*problemas da complexidade organizada, isto é, a interação de um número grande, mas não infinito, de variáveis*"[65]. Com essa abordagem, as propriedades das partes podem ser entendidas apenas a partir da *organização* do todo: "a organização é o encadeamento de relações entre componentes ou indivíduos que produz uma unidade complexa ou sistema[66]. A complexidade se manifesta na "diversidade na unidade", nas "formas de inter-relação cada vez mais flexíveis, dos polissistemas cada vez mais ricos e emergentes[67]." É por isso que o pensamento sistêmico e complexo é contextual: não isolamos a coisa a fim de entendê-la, mas a colocamos no contexto de um todo mais amplo, buscando compreender suas inter-relações. Assim, o pensamento complexo também ultrapassa a ideia de causa-efeito (visão linear, linearidade retroativa). Busca-se pensar uma circularidade autoprodutiva (visão circular). "Somos [...] produtos e produtores no processo da vida. [...] Produzimos a sociedade que nos produz [68]."

Na busca de compreender a inscrição dos rituais online e da fé vivenciada e experienciada por meio da internet em um processo social mais amplo de midiatização, buscamos fazer uma espécie de *"jogo de lentes"* entre o microcosmo das interações que ocorrem no interior de um subsistema do sistema católico online e seus interagentes, e o macrocosmo das interações em um sistema de sistemas (como o macrossistema católico) e entre um sistema de sistemas e seu ambiente social (os sites católicos e seus fiéis-usuários).

---

[64] LUHMANN, Niklas; DE GIORGI, Raffaele. *Teoria della Società*. Milão: Franco Angeli, 1996, p. 41.
[65] BERTALANFFY, 2008, op. cit., p. 130.
[66] MORIN, 2002, op. cit., p. 133.
[67] MORIN, Edgar. *Introdução ao Pensamento Complexo*. 5. ed. Lisboa: Instituto Piaget Editora, 2008, p. 143.
[68] MORIN, Edgar. Da necessidade de um pensamento complexo. In: MARTINS, Francisco Menezes; SILVA, Juremir Machado da (orgs.). *Para navegar no século XXI: Tecnologias do Imaginário e Cibercultura*. 3. ed. Porto Alegre: Sulina, 2003, p. 17.

É importante ressaltar que operamos esses conceitos por *metonímia* e *metáfora*, já que nos apropriamos de uma construção teórica que nasce em outros campos do saber. Por isso, abandonamos desde já qualquer interpretação literal e estrita dos conceitos aqui abordados, visto que foram construídos por razões e em situações específicas. Porém, vemos que são de extrema valia para uma compreensão, justamente, sistêmica e complexa do fenômeno estudado: nesse sentido, o uso dos conceitos aqui é mais amplo e flexível do que o proposto pelos autores originais. No entanto, como um exercício de transdisciplinaridade, tomamos a liberdade de usá-los, de forma, portanto, metonímica e metafórica, para compreender um fenômeno específico – mas nem por isso restrito ao campo da Comunicação.

Esses horizontes metodológicos ajudam-nos a compreender um fenômeno que ocorre em uma ambiência fluida e em constante mudança como a internet. Esses conceitos se referem, assim, à circularidade da comunicação, ou a seu sistema circulatório. Abordar o fenômeno comunicacional-religioso enquanto fenômeno sistêmico e complexo é analisá-lo não mais a partir de categorias independentes de produção e recepção: do ponto de vista da complexidade, todo sistema que produz recebe e, sempre que recebe, produz, e vice-versa. É nessas inter-relações e interações que se manifesta a circulação comunicacional.

Por ser um fenômeno complexo e difuso, realizamos um exercício de *errância* pelos materiais analisados. Mas não se trata de uma técnica sem organização ou falta de problematização. Pelo contrário: a partir da formulação de nossa pergunta-problema, buscamos, a partir dela, *errar* pelo ambiente online católico, vagar pelo fluxo comunicacional digital. Mas navegamos errantes *dentro dos condicionamentos exigidos por nosso problema de pesquisa*, deixando-nos tocar pelos fenômenos analisados *a partir de uma pergunta*. De certa forma, uma *errância metódica*, ou seja, em busca de uma meta: possíveis respostas a nosso problema.

Embora navegar pela internet seja um processo não linear, descentralizado e aleatório – no sentido de ser movido por desvios e deslocamentos, fomentados pela *sedução* dos links disponíveis, em um movimento de busca por aquilo que se quer e abertura àquilo que nos atrai –, isso não significa que não se possa *apreender e construir sentido* a partir dela. Mas não sem engajamento em torno de algumas conjecturas. Não sem uma *paixão*, um projeto que seja. Nossa intenção de pesquisa não está desvinculada de um problema com o qual nos defrontamos em nossa experiência de mundo. Portanto, partimos de uma errância engajada e participativa nos ambientes pelos quais "erramos". Isso não significa falta de objetividade, mas sim o reconhecimento de que nenhuma abordagem está isenta de um posicionamento diante da realidade pesquisada – mesmo a indiferença já é um posicionamento.

Nessa errância metódica, buscamo coletar – em forma de *pistas, marcas, traços, rastros, fragmentos, pedaços* – sinais que nos levassem a construir um *texto-mosaico* de uma realidade muito mais complexa e fluida. Dessa forma, analisamos a complexidade do fenômeno religioso na internet a partir do *método em mosaico* sugerido por McLuhan, justamente "uma metáfora de um olhar em fragmentos, disperso no real"[69]. Somado a nossa errância metódica, o mosaico é uma abordagem atenta a fragmentos do real. Analisando seu problema de pesquisa a partir de uma *galáxia* ou *constelação* de eventos, McLuhan "adota e desenvolve uma abordagem de seus problemas por campo, apresentando-os sob a forma de um mosaico de numerosos dados e citações que os evidenciam ou comprovam"[70]. Essa sua compreensão é justamente uma tentativa de fugir dos estudos de "sistemas fechados, determinados e fixos, para buscar uma análise de um 'campo aberto', de uma 'sociedade aberta'"[71], possibilitados pelas trocas, interações e cooperações promovidos pela comunicação. Esse mosaico de percepções e obser-

---

[69] LEMOS, André. Ciber-Flânerie. In: SILVA, Dinorá Fraga da; FRAGOSO, Suely. *Comunicação na Cibercultura*. São Leopoldo: Unisinos, 2001, p. 23.
[70] MCLUHAN, Marshall. *A galáxia de Gutenberg*. São. Paulo: Companhia Editora Nacional, 1972, p. 15.
[71] MCLUHAN, 1972, op. cit., p. 25.

vações é, para o autor, uma tentativa de escapar do ponto de vista fixo, homogêneo ou especializado para ir a busca do que está em processualidade – das "aberturas" do sistema que também pressupõem fechamentos. "Hoje em dia, nossa ciência e método esforçam-se não por chegar a um ponto de vista, mas por descobrir como não ter um ponto de vista: não é o método fechado de limitação e perspectiva, mas o de 'campo' aberto e de julgamento suspenso[72]."

Buscamos, assim, evitar a posição do ponto de vista e da perspectiva em favor de um mosaico, ou seja, das relações existentes entre as diversas variáveis de um quadro de análise incerto e complexo. Em nossa observação, por isso, procuramos *ir clicando* pelos caminhos disponíveis no sistema católico online, desvendando essa ambiência, juntando fragmentos e materiais desse ambiente, para construir e montar um mosaico de percepções e observações diversas que aqui apresentamos. Seguindo Flusser[73], buscamos realizar um percurso semelhante ao proposto por ele em termos de leitura: primeiro, um *"sobrevoar apressado"* (quando desvendávamos pelas primeiras vezes o sistema católico online); depois, um *"farejar desconfiado"* (coletando pistas, fragmentos e marcas das interações comunicacionais); e, por fim, um *"desdobrar cuidadoso"* (montando e analisando o nosso mosaico de percepções e observações).

Enfim, um processo de *navegar, coletar, montar, analisar* e *(d)escrever* o fenômeno comunicacional-religioso na internet, que agora passaremos a apresentar.

6.2. Interface interacional: Novas materialidades do sagrado

Antes mesmo de qualquer interação online possível entre fiel-sistema, existem alguns elementos técnicos e simbólicos que moldam esse vínculo e também interferem na construção do sentido religioso

---

[72] MCLUHAN, 1972, op. cit., p. 367.
[73] Cf. SANTAELLA, Lucia. *Navegar no Ciberespaço: O Perfil Cognitivo do Leitor Imersivo*. São Paulo: Paulus, 2004, p. 176.

dessa experiência de fé. Aqui, portanto, retomamos a preocupação com a *interposição da técnica*, claramente manifestada, na interação entre fiel e sites católicos, pela presença de uma tela (de computador, celular, leitores digitais etc.) e de periféricos[74] de contato, como teclado e mouse. Por outro lado, no interior do sistema católico online, o fiel também se depara com uma interface[75], com *códigos simbólicos* que possibilitam sua interação com o sistema. Esses códigos atuam como uma *superfície de contato simbólico* entre fiel-sistema-sagrado.

Assim, em uma interação fiel-sistema, o sagrado que é acessado pelo fiel passa por diversos níveis de *codificação* por parte do sistema, e o fiel "decodifica", em interação com o sistema, o sagrado a partir de instrumentos e aparatos físicos (tela, teclado, mouse) e metafóricos presentes na linguagem computacional e online (navegadores[76], menus, ambientes). Dessa forma, a internet, técnica convertida em mídia, se oferece e se apresenta como mediação ao sagrado.

Nessa perspectiva, esses dois tipos de interface interacional – tecnológica e simbólica – orientam a leitura e a construção de sentido, e a experiência religiosa do fiel. A interface também indica ao usuário seus limites e possibilidades com relação ao sistema, e aquele, por meio da interface, comunica ao sistema suas intenções: assim, o sistema não apenas oferece ao fiel uma forma de ler o sagrado, mas também uma forma de *lidar com* o sagrado. Portanto, analisaremos aqui aqueles elementos tecnológicos e simbólicos que estão a serviço das interações propriamente ditas que ocorrem no interior do sistema católico online. Faremos esse estudo a partir de quatro níveis de interface interacional: 1) a tela; 2) periféricos como teclado e mouse; 3) a estrutura organizacional dos conteúdos; e 4) a composição gráfica das páginas em que se encontram disponíveis os serviços e rituais católicos.

---

[74] Periféricos são equipamentos acessórios que, conectados ao computador, permitem o envio ou o recebimento de informações por parte do usuário ou de demais equipamentos.
[75] Para um maior detalhamento do conceito, remetemos nosso/a leitor/a às seções 4.3 e 5.1.
[76] Do inglês *browser*, programa que permite ter acesso e navegar pela internet.

Nossa análise aqui não deseja ser puramente tecnológica ou semiótica, mas também e principalmente *interacional*, visto que a interface é um elemento importante que está a serviço e favorece o vínculo simbólico entre fiel-sistema-sagrado. São esses elementos que agora analisaremos.

6.2.1. A tela

Em um primeiro nível de interface interacional, o fiel se conecta ao sistema por meio de uma tela, seja ela fixa, como no caso de um computador pessoal, ou móvel, como em celulares e demais mídias móveis. Conectada à rede, essa tela torna-se uma janela de acesso a lugares distantes: é por meio dela que o sistema *fala e mostra* ao fiel, e, por meio dela, o fiel *imerge* nesse "amplo mar" de navegação.

A tela também exige a total atenção do usuário ao que se encontra dentro de sua moldura, ignorando o espaço físico "do lado de fora": a tela filtra e torna inexistente tudo o que não se encontra dentro de seu marco. Diante de uma tela, o fiel concede ao sistema a "permissão" de dirigir seu olhar pelos meandros do sagrado. Diferentemente de uma igreja territorializada, por exemplo, em que temos uma visão abrangente do todo e aos poucos vamos dirigindo nosso olhar ao que mais nos atrai, o fiel conectado ao sistema olha para aquilo que este lhe permite ver na tela, hierarquizado de acordo com os enquadramentos oferecidos pelo sistema e pelos menus disponíveis.

Além da "janela" da tela, outras janelas internas – dos programas e demais aplicativos do computador – emolduram um determinado conteúdo, separando-o dos demais dentro da tela do computador. Em seu interior, a tela é um somatório de janelas (de vários programas, de várias janelas do mesmo programa, de várias molduras dentro de uma mesma janela etc.), cada uma remetendo a um "mundo" diferente, em que o usuário é convocado a fazer coisas diferentes: cabe a ele saber gerir essas ofertas, concedendo-as a importância e a relevância que lhe pareçam mais apropriadas.

Em determinados ambientes online, a tela não é apenas uma janela: é também um portal de entrada para um outro ambiente, totalmente digital, em que – em nosso caso de estudo – o fiel pode visitar um santuário do outro lado do mundo e "caminhar" dentro de suas dependências. Esse é o caso da "Peregrinação Virtual"[77] do site A12. Ao clicar nesse link, em destaque em um pequeno banner na página de entrada do site, abre-se uma nova janela com a mesma composição gráfica da página inicial, porém com novos conteúdos centrais referentes à "Peregrinação Virtual" (fig. 1)[78].

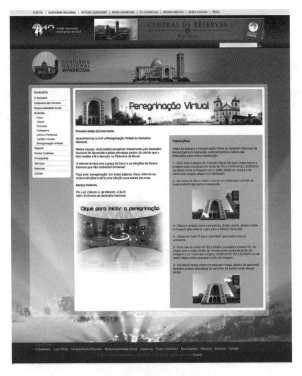

Figura 1 – Página da "Peregrinação Virtual" do site A12

O convite da página dirigido ao fiel-internauta é o de "peregrinar virtualmente pelo Santuário Nacional de Aparecida e pelos principais pontos da cidade que o fará meditar a fé e devoção na Padroeira do

---

[77] Disponível em <http://migre.me/95xNT>.
[78] As imagens utilizadas neste capítulo foram originadas em maio de 2012. Caso contrário, será indicado.

Brasil". E informa: "A internet lembra-nos a graça de Deus e as bênçãos de Nossa Senhora que *não conhecem fronteiras*" (grifo nosso). Portanto, reforça-se aqui que a tela e todas as processualidades da internet não são uma fronteira para o sagrado: o fiel que estiver diante dos aparatos eletrônicos estará presente na mesma ambiência do Santuário. O texto explicativo é assinado pelo sacerdote administrador do Santuário, conferindo à experiência certo nível de oficialidade e sacralidade. Ao lado direito, há uma seção de "Instruções", para que o fiel entenda os protocolos e as funcionalidades do serviço. Ali se afirma, dentre outras coisas: "Recomendamos a leitura das instruções para melhor apreciação".

Uma das imagens, logo abaixo, indica: "Clique para iniciar a peregrinação". Acionando esse dispositivo, abre-se uma nova janela com uma representação visual em primeira pessoa da vista frontal do Santuário, em que o fiel-internauta deverá clicar e arrastar o cursor para a esquerda, direita, acima, abaixo para assim efetuar o "giro do olhar" para a direção que quiser (fig. 2).

Figura 2 – Detalhe da "Peregrinação Virtual" do site A12

Acima à esquerda, há um mapa geral com a vista aérea do santuário e de todos os pontos possíveis que o internauta poderá visitar pela internet. Na tela de navegação pelo "santuário virtual", o fiel poderá pressionar os ícones ✠ e dirigir-se diretamente para outras cenas ou ambientes indicados pelo sistema, sem a necessidade de "caminhar" pelo santuário digital. Ao clicar no ícone da porta principal, abre-se uma nova imagem com a vista do corredor central do Santuário a partir do altar principal, com uma sub-janela superposta contendo dados do Santuário (fig. 3).

Figura 3 – Detalhe da página interna da "Peregrinação Virtual" do site A12

Ao clicar em outros ícones, são exibidas fotos com pontos de vista muitas vezes impossíveis ao visitante do templo territorializado: a vista do altar (onde geralmente apenas bispos e padres têm acesso), a vista do alto da cúpula, a visão aérea do altar central etc. (fig. 4).

Figura 4 –Visão do alto da cúpula na
"Peregrinação Virtual" do site A12

Portanto, a tela, para o fiel-internauta, torna-se uma janela de entrada em um ambiente que se torna coextensivo à sala ou ao quarto de sua casa. Por meio da tela, o fiel pode ver, com riqueza de detalhes, diversos espaços do Santuário, internos e externos, transferindo-se de um ao outro com um mero clique de mouse (sem o desgaste das caminhadas longas e extensas no templo territorializado), e ainda com a possibilidade de fazer *zoom in* e *zoom out*: ou seja, processualidades novas que o olho humano não conhece naturalmente e que produzem novas sensações no indivíduo. Nessa "peregrinação", o fiel concede ao sistema a "permissão" de dirigir seu olhar aos locais e pontos que este lhe permite ver – apenas esses, e não outros. Além disso, para acompanhar o fiel em sua "peregrinação virtual" ao Santuário, o sistema aciona automaticamente cantos e hinos a Nossa Senhora, criando um entorno sagrado para essa experiência online. Ou seja, essa reconstrução simbólica do religioso produz uma *sensação de sacralidade* para o fiel, que não apenas se sente naquele ambiente, mas também sente (vendo, ouvindo, "apalpando" etc.) o sagrado por meio das processualidades comunicacionais.

A tela também se torna uma janela de acesso ao sagrado no link "Adoração ao Santíssimo" da "Capela Virtual" das Apóstolas. Nesse serviço, o sistema mostra ao fiel uma foto do espaço físico de uma capela do ambiente offline, com os bancos vazios, o tapete vermelho que cobre o piso, a luz do sol que entra pelas janelas à direita, os quadros sagrados na parede à esquerda e, à frente, o altar com velas, flores e, após uma animação automática que exibe o acendimento das velas e a abertura da portinhola do sacrário[79], surge o ostensório[80] expondo a hóstia consagrada (fig. 5 e 6).

Figura 5 – Página da "Adoração ao Santíssimo"
do site das Apóstolas antes da animação automática

---

[79] Pequeno armário sobre o altar ou em local separado dentro das Igrejas em que são conservadas as hóstias consagradas.
[80] Objeto sacro em que se expõe a hóstia consagrada.

Figura 6 – Página da "Adoração ao Santíssimo"
do site das Apóstolas após a animação automática

Diante dessa tela, portanto, o fiel novamente concede ao sistema a "permissão" de dirigir seu olhar, em "adoração", à hóstia. Dessa forma, o fiel conectado ao sistema olha para aquilo que este lhe permite ver – e totalmente a sós, em "privado", como indicam os bancos vazios. Depois da animação, as luzes das velas e a aura de brilho do hostensório permanecem tremulando, criando uma sensação de sacralidade e de algo que ocorre "ao vivo" diante do olhar do fiel. Nesse serviço, o fiel é convidado a permanecer contemplando a hóstia em oração, sem outras possibilidades de ação junto ao sistema.

Em ambos os casos, na "Peregrinação Virtual" do site A12 e na "Adoração ao Santíssimo" do site das Apóstolas, a tela se torna "uma janela por meio da qual podemos entrar em lugares a milhares de quilômetros de distância"[81]. Mediante a tela, os ambientes digital e físico *parecem* coincidir, visto que o fiel *se sente presente* no santuário e na

---

[81] MANOVICH, Lev. *The Language of New Media*. London: The MIT Press, 2000, p. 94.

capela, e a técnica parece *transparecer* para o usuário: a tela "desaparece" para o fiel, pois ele só vê o (e só se vê no) ambiente online. Somada ao sistema de som do computador, a tela torna ainda mais realista essa sensação, com sons ambientes ou músicas sacras, como no caso do site A12, que remetem a um ambiente religioso e envolvem a oração do fiel. A sensação de sacralidade também é criada pelas inter-relações entre essas processualidades comunicacionais disponibilizadas pelo sistema e as intenções do fiel ao longo da navegação. Quanto mais eficaz for a interface comunicacional (as funcionalidades de sua "tela"), mais forte será essa sensação e, por conseguinte, mais transparente será a técnica comunicacional para o fiel, que se verá estimulado a essa sensação de sacralidade.

6.2.2. Os periféricos

Em um segundo nível de interface interacional, analisamos o papel dos demais periféricos como teclado e mouse. Por meio deles, o computador se torna "um ser inteligente capaz de se engajar conosco em diálogo"[82]: é por meio deles que o fiel *se comunica* com o sistema e *manifesta sua presença* em seu interior. Como vimos no exemplo anterior, o teclado e o mouse permitem que o fiel tenha um nível de interação ainda maior com o santuário digital do que apenas com a tela: é por meio das teclas desses periféricos que o usuário pode indicar ao sistema o que deseja fazer, como abrir novas páginas e navegar por essa ambiência online.

O teclado, por exemplo, é o aparato por meio do qual o usuário *diz algo* ao sistema, por meio do qual o indivíduo se comunica com o computador. Em alguns casos, é preciso que o usuário conheça os códigos comuns para se fazer entender pelo sistema (na internet, por exemplo, a necessidade ou não de digitar o "http://" ou o "www", os atalhos de teclado em determinados softwares). Portanto, é por meio

---

[82] MANOVICH, 2000, op. cit., p. 94.

das pontas dos dedos e da teclas que o usuário *fala* ao sistema, ordenando a este as operações que ele deve realizar.

Por outro lado, o cursor indicado na tela – nos conteúdos em geral, sob a forma de uma seta; ou sobre os links, sob a forma de uma mão com o indicador esticado – é um convite ao fiel para *fazer o sistema fazer* determinadas coisas por meio do clique do mouse: uma espécie de extensão do tato na ambiência digital, possibilitando ao fiel-internauta sua interação com os objetos digitalizados (fig. 7).

Figura 7 – Tipos de cursores

O cursor também localiza o fiel nos conteúdos da página digital, diz-lhe onde deve pôr sua atenção e informa-lhe com a seta o que é apenas conteúdo "estático" (como os espaços "vazios" ou imagens e textos que não são links e não remetem a outros conteúdos) ou, com em formato de dedo indicador, indica o que é conteúdo "dinâmico" (os links). Já nas telas sensíveis ao toque, o avanço é transformar o próprio dedo do usuário em cursor. Nesse sentido, o tato ganha um novo significado, transformando o dedo em um "objeto" que *faz o sistema digital fazer coisas*, que *opera sobre o sistema digital* a partir de seu toque. Assim, quer por meio de um clique de um cursor, quer por meio do toque de um dedo, o sistema possibilita que o fiel *manuseie* o sagrado digitalizado.

Esses aparatos de interface instauram, assim, uma dinâmica interacional, ou seja, um *regime de visão* e *de ação* para o fiel-usuário. Por meio dessas interfaces, o fiel não interage com o sistema de qualquer forma ou como quiser, mas sim por meio de um determinado tipo de vínculo, moldado, regulado e condicionado – embora com possíveis fugas e escapes – por essas interfaces. Assim, a *ativação* das propriedades do sistema ocorre apenas a partir do "clique" do usuário: é ele que *faz funcionar* a interface, é ele que a *atualiza* a partir de seus usos e apropriações virtuais programados pelo programador. É o fiel quem permite que os símbolos "falem" e que "liberta" o sagrado "estocado" nos subsolos da internet, por meio de seus comandos de teclado, ou de seus cliques de mouse, ou do toque de seus dedos. Sem ele, a interface só existe virtualmente. Portanto, "a navegação responde às nossas escolhas"[83].

Essa interação, em termos de *sensorium* (cf. Ong apud O'Leary, 2004), passa pela ponta dos dedos, pelo uso do teclado, do mouse ou de uma tela sensível ao toque, que permitem que o usuário opere e interaja com os símbolos religiosos e o sagrado digitalizados e disponibilizados na internet. Um novo conjunto de sentidos é acionado na experiência religiosa online: na interface digital, embebida pelas lógicas e protocolos da linguagem computacional e da internet, desenvolve-se uma espécie de "sinestesia" (cf. Young, 2004) em que todos os sentidos passam por meio de olhos e dedos. Assim, a experiência religiosa passa por um complexo diferente dos sentidos, ou seja, por meio de um *sensorium* particular da vida digital, o que também traz consigo um profundo impacto sobre a formação da identidade religiosa.

O fiel-internauta, por isso, é um homem que não lida mais *diretamente* com as coisas sagradas, mas apenas com coisas "imateriais" (velas digitalizadas, altares imagéticos etc.). Assim, "as teclas são dispositivos que permutam símbolos e permitem torná-los perceptíveis"[84]. Por isso, o fiel-internauta não faz mais ações sobre objetos concretos e materiais; é apenas um *performer*, quer vivenciar, experimentar, desfrutar. Nesse sentido, os periféricos são próteses digitais, ao esten-

---

[83] SANTAELLA, Lucia. *Culturas e Artes do Pós-Humano: Da Cultura das Mídias à Cibercultura*. São Paulo: Paulus, 2003, p. 93.
[84] FLUSSER, Vilém. *O Mundo Codificado: Por uma Filosofia do Design e da Comunicação*. São Paulo: Cosac Naify, 2007, p. 63.

derem e complexificarem as funções dos órgãos humanos (como as mãos e os olhos) dentro de uma nova processualidade técnica. Por meio da radicalização do *sensorium* digital, tela e periféricos tornam-se, assim, uma extensão complexificada do corpo (do tato, da visão etc.) no ambiente digital[85]. Mas não extensões neutras: a interface oferecida pelo sistema molda, dentro de seus limites, a forma como o fiel pode lidar com e interpretar os símbolos religiosos acessados pela internet. Fiel, periféricos e sistema passam por transformações recíprocas durante a interação. Como sintetiza Scolari, "cremos usar as interfaces, mas na realidade também elas estão nos modelando"[86]. Mouse e teclado estendem nosso "corpo" para dentro de uma nova ambiência, digital, online, demarcada pela tela, em que podemos manipular objetos digitalizados[87].

Aqui também, durante a experiência religiosa online do fiel, a técnica pode *transparecer* para o usuário: por não poder se ocupar de incontáveis tarefas ao mesmo tempo, o fiel-internauta precisa automatizar alguma(s) delas para que a(s) outra(s) possam ser controladas eficientemente – assim, o teclar ou o tocar em telas se transformam, quase imperceptivelmente, em gestos coextensivos da prática religiosa. Nesse sentido, a melhor prótese é aquela que transparece durante seu uso. Quando o fiel-internauta se concentra na leitura de uma oração ou na assistência de uma missa online, o movimento da mão sobre o teclado, o mouse ou a tela se automatiza (não é preciso pensar neles, apenas no que queremos fazer), e a técnica (neste caso, a interface) novamente "desaparece".

---

[85] Cf. MCLUHAN, Marshall. *Os Meios de Comunicação como Extensões do Homem*. São Paulo: Cultrix, 1964.
[86] SCOLARI, Carlos. *Hacer Clic: Hacia una Sociosemiótica de las Interacciones Digitales*. Barcelona: Gedisa, 2004, p. 239.
[87] Cf. SCOLARI, Carlos. *Hacer Clic: Hacia una Sociosemiótica de las Interacciones Digitales*. Barcelona: Gedisa, 2004.

6.2.3. Estrutura organizacional dos conteúdos

Em um terceiro nível de interface interacional, analisamos a organização e a estrutura dos conteúdos do sagrado ofertados ao fiel-usuário. Essa estruturação, primeiramente, só é possível devido aos programas computacionais específicos que permitem o acesso à internet[88]. A partir deles, a gramática da interface computacional foi se compondo por – e cada vez mais se cristaliza em – "menus", ou seja, catálogos com diversas opções – também de sagrado e de religiosidade – que direcionam o usuário a outros programas, aplicativos e links da internet.

Como quaisquer outros sites da internet, as páginas católicas também são marcadas por essa estrutura organizacional de menu-catálogo, que permite a seleção e o acesso a itens específicos dentro de um grande banco de dados: por meio dessa estrutura, o sistema indica ao fiel um *mapa de navegação*, e o fiel, *interpretando-o de acordo com seus desejos e interesses*, navega em seu interior. Por isso, a imagem da navegação é rica: em alto mar, tomam-se decisões frequentemente, devido ao balanço do mar, à direção do vento, à resposta do barco etc. Na navegação, também é possível ir ao encontro de inúmeras gotas de informação "do mesmo oceano mundial de signos flutuantes"[89]. Ou seja, o fiel recebe do sistema certa influência sobre o acesso à informação e certo grau de controle e condicionamento sobre os resultados a serem obtidos. Em suma, o que o fiel faz é escolher e selecionar determinadas coisas em um número *pré-definido* de menus.

É na estrutura organizacional dessas páginas, portanto, que encontramos o "cardápio completo" de oferta de sentido religioso ao fiel. Na página inicial do site do padre Manzotti, reformulada em 2011, os conteúdos podem ser acessados por meio de quatro opções de menus:

---

[88] Exemplos desses programas são o Microsoft Internet Explorer, o Mozilla Firefox, o Google Chrome, o Apple Safari etc. Aqui, porém, não faremos uma análise detalhada desses programas, visto que nosso foco não é puramente computacional, mas sim *interacional*, a partir da perspectiva da Comunicação.

[89] LÉVY, Pierre. *Cibercultura*. São Paulo: Ed. 34, 1999, p. 202.

dois horizontais na parte superior do site; outro novamente horizontal, no fim da página; e mais um índice de opções intitulado "Acesso rápido". Além disso, há os ícones que lincam para os demais sites de compartilhamento de conteúdos e redes sociais online referentes ao padre Manzotti (como Twitter, Facebook, Orkut e YouTube). Há também um campo de busca para quem "não achou o que procurava" (fig. 8).

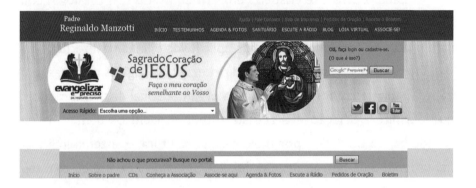

Figura 8 – Detalhes dos menus superior e inferior da
página inicial do site do padre Manzotti

Na parte central da página, estão em destaque conteúdos filtrados e que são modificados e atualizados frequente e automaticamente pelo sistema. As quatro opções de menus acompanham as demais páginas internas do site: clicando em algum link disponível na página inicial, essa composição gráfica e sua estrutura de organização dos conteúdos permanecerão as mesmas.

No menu horizontal superior, com fonte menor, são ofertadas as seguintes opções, na seguinte ordem da esquerda para a direita, cada uma remetendo a uma nova página interna do site: *Ajuda* (que remete a uma página com diversas explicações para "tirar suas dúvidas quanto às novidades que estão começando a ser implantadas no portal"); *Fale Conosco* (formulário para "enviar suas dúvidas, sugestões, críticas e outros assuntos"); *Sala de Imprensa* (releases e portfólio do padre e da Associação Evangelizar é Preciso); *Pedidos de Oração* (formulário para o envio de orações); e *Receba o Boletim* (cadastro para receber um boletim informativo semanal).

No segundo menu superior, com fonte maior e mais destacado, constam os links: *Início* (que remete novamente à página inicial do portal); *Testemunhos* (área do site "destinada à publicação de testemunhos e agradecimentos de graças alcançadas"); *Agenda & Fotos* (seção com a agenda de shows do padre e fotos dos eventos); *Santuário* (o "Santuário Virtual de Jesus Misericordioso", seção que, na versão anterior do site, chamava-se "Capela Virtual Pe. Reginaldo Manzotti", onde constam os principais serviços religiosos online reunidos); *Escute a Rádio* (página oficial da Rádio Evangelizar); *Blog* (blog do padre Manzotti, cujas postagens se referem apenas aos trechos do Evangelho diários); *Loja Virtual* (espaço de venda de produtos diversos); e *Associe-se!* (seção para criar uma conta pessoal no portal, o que permite ao usuário comprar na loja virtual, receber os boletins semanais, solicitar cadastro como associado para contribuir financeiramente e receber o "Jornal do Evangelizador").

No menu inferior, constam as opções: *Início* (mesma funcionalidade do link do menu superior); *Sobre o padre* (biografia do padre Manzotti); *CDs* (discografia do padre Manzotti); *Conheça a Associação* (história da Associação Evangelizar é Preciso); *Associe-se aqui* (mesma funcionalidade do link do menu superior); *Agenda & Fotos* (mesma funcionalidade do link do menu superior); *Escute a Rádio* (mesma funcionalidade do link do menu superior); *Pedidos de Oração* (mesma funcionalidade do link do menu superior); e *Boletim* (mesma funcionalidade do link do menu superior).

Já na aba de opções de "Acesso rápido", existem 35 opções de links, subdivididos em quatro categorias: *Rádio Evangelizar*, *Canais do Site*, *Capela Virtual* (não mais Santuário, embora seja o mesmo link) e *Tópicos Especiais*. A "Capela Virtual", na economia de opções dessa aba, torna-se a 27ª opção dentre todas. Essa aba é uma forma de organizar e hierarquizar os conteúdos sem a necessidade de apresentar todos os links de uma vez só (fig. 9).

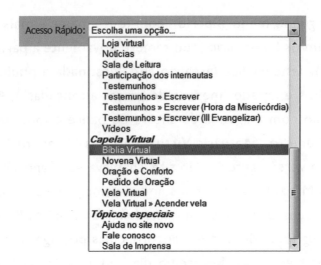

Figura 9 – Detalhe do menu "Acesso rápido"
do site do padre Manzotti

Portanto, na estrutura organizacional do site do padre Manzotti, os serviços religiosos – muitos deles reunidos no "Santuário Virtual de Jesus Misericordioso" – estão subordinados às demais categorias do site. Eles ganham destaque na página inicial como "Pedidos de oração" (no primeiro menu superior e menu inferior), "Santuário" (no segundo menu superior) e na categoria "Capela Virtual" (na aba de acesso rápido), mas encontram-se subordinados a outras opções de maior relevância, segundo o sistema (como os "Testemunhos" ou a "Agenda & Fotos" dos eventos do padre Manzotti), dentro da organização hierárquica dos conteúdos do site.

Assim, como se apreende de seus menus, o portal ajuda a reforçar também sua *institucionalidade* – o site afirma em diversas partes sua ligação com o padre Manzotti e faz referência a suas próprias seções constantemente, ou seja, é *autorreferente* e *recursivo*. A figura do padre, em fotos e vídeos diversos espalhados pelas páginas, também é muito marcante em todo o site.

Para acessar o "Santuário Virtual de Jesus Misericordioso", o fiel pode selecionar a opção direta no menu superior ou as opções específicas em um box no lado direito da página inicial (fig. 10).

Figura 10 – Detalhe do menu da "Capela Virtual" do site do padre Manzotti

Aqui, o fiel tem à sua disposição quatro serviços principais de interação com o sagrado: *Vela Virtual*; *Novena Virtual*; *Bíblia Virtual*; e *Oração & Conforto*. A hierarquização é bastante clara entre os serviços disponíveis.

Na página de entrada do Santuário, o catálogo de serviços se encontra espalhado por seu interior, com uma reconfiguração das opções (fig. 11).

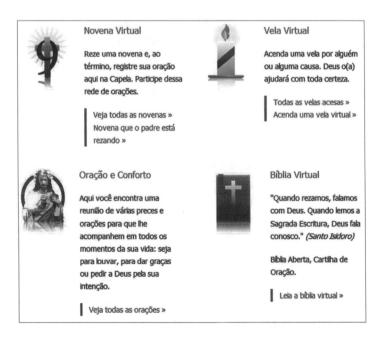

Figura 11 – Detalhe do menu do "Santuário" do site do padre Manzotti

Nessa página, constam as opções: Novena Virtual (com as subopções "Veja todas as novenas" e "Novena que o padre está rezando"); Vela Virtual (com as subopções "Todas as velas acesas" e "Acenda uma vela virtual"); Oração e Conforto (com a subopção "Veja todas as orações"); e Bíblia Virtual (com a subopção "Leia a Bíblia virtual").

Embora não sejam listadas em formato de menu sequencial, ainda há certa categorização: o destaque maior, seguindo a linha de leitura (superior à esquerda), é para a "Novena Virtual". Por último (inferior à direita), está a "Bíblia Virtual".

A página inicial do site das Apóstolas é configurada por três menus: dois verticais, à esquerda e à direita (este intitulado "Serviços"), e outro horizontal no fim da página. No caso do menu à esquerda, é necessário que o fiel clique na opção desejada para que assim as subopções "deslizem" para baixo. Clicando na mesma opção geral, a listagem inferior fecha-se novamente, e, clicando em outra opção, abre-se novamente uma nova sublistagem, fechando a que havia sido anteriormente aberta (fig. 12).

Apóstolas
Apóstolas no mundo
Brasão
Carisma
Celebração da Vida
Entrevistas
Identidade
Jubilandas 2010/2011
Clelia Merloni
Coração de Jesus

Figura 12 – Detalhe do menu "aberto" do site das Apóstolas

Esse menu oferece diversas opções de conteúdos institucionais da congregação, como: *Apóstolas* (conteúdos diversos sobre a congregação); *Clelia Merloni* (conteúdos diversos sobre a fundadora da congregação); *Coração de Jesus* (conteúdos diversos para a devoção ao Sagrado

Coração de Jesus); *Província – PR* (informações sobre a província da congregação); *Vice-Província* (informações sobre a vice-província); *Educação* (informações sobre as unidades educacionais da congregação); *Saúde* (informações sobre as atividades de saúde desenvolvidas pela congregação); *Ação Social* (informações sobre as obras sociais da congregação); *Vocacional* (informações para as pessoas interessadas em se unir à congregação); *Triunfo* (informações sobre a revista da congregação); *GFASC* (informações sobre o grupo Grande Família do Sagrado Coração); *Links* (para demais sites da congregação ou da Igreja Católica em geral); *Localização*; *WebSisterZu* (conteúdos organizados pela irmã Zuleides Andrade); e *Página Inicial* (para que o usuário possa retornar ao ponto de partida em sua navegação nas páginas).

Já no menu à direita, são oferecidos alguns "Serviços", como se intitula o catálogo: *Capela Virtual*; *Arquivos* (artigos de espiritualidade em geral); *Calendário* (com os eventos da congregação); *Cartões* (cartões online para envio); *Fotos* (da congregação em geral); *Informativos* (formulário de cadastro para o recebimento do informativo online); *Mensagens* (mensagens diversas); *Mural* (breves recados deixados pelos membros da congregação), *Notícias*, *Enquete*, *Contato*, e *WebMail* (link que remete para a página de e-mails para membros cadastrados). Logo abaixo, há um campo de busca interna no site.

No menu inferior, estão indicados o *Mapa do portal* (uma página com todos os links organizados de forma linear e hierárquica); o link *Sobre o portal* (com um breve texto explicativo do site); e *Termo de uso* (texto com as condições de uso dos serviços do portal por parte do usuário, que será analisado no item seguinte deste capítulo).

Aqui também a institucionalidade e a autorreferência é bastante acentuada. Entre as opções dos menus, todas são autorreferentes, com exceção dos "Links", que, por sua vez, estão subordinados a todas as demais opções institucionais, estruturando assim uma página muito mais recursiva, com uma menor abertura (links externos). É possível ver com mais clareza a hierarquização do site no link "Mapa do portal", que organiza linearmente os conteúdos da página na seguinte ordem: *Institucional* (listando todas as opções do menu à esquerda da página principal); *Serviços* (listando todas as opções do menu à direita, incluindo a "Capela Virtual"); *Opções rodapé* (com as três opções do menu inferior); e por último *Página inicial*. Assim, na concepção do sistema, a "Capela Virtual" é a 63ª opção de todos os links do site, subordinada, primeiramente, a toda a lógica "institucional" do site. Ou seja, a "Capela Virtual" é um "serviço" que merece atenção levando-se em consideração, antes, os aspectos institucionais da congregação e é apresentada ao fiel a partir desse viés.

Já na "Capela Virtual" do site das Apóstolas, o menu dos serviços disponíveis inclui: *Adoração ao Santíssimo, Orações, Acenda uma Vela, Peça uma Oração, Mensagens, Imagens* e *Sair* (retornando à página inicial do site das Apóstolas) (fig. 13).

Figura 13 – Detalhe do menu da "Capela Virtual" do site das Apóstolas

Portanto, o fiel tem seis opções de serviços religiosos, dispostos segundo certa hierarquização em termos de importância, com destaque para a "Adoração ao Santíssimo".

O site A12, lançado em 2010, passou por uma atualização depois desse período. Na primeira versão, o site apresentava quatro menus fixos. Agora, o site apresenta dois menus fixos, na parte superior da página, que "organizam" e "modelam" o site de acordo com a hierarquia e a oferta desejada pelo sistema (fig. 14).

Figura 14 – Detalhe da barra superior do site A12

No menu superior, estão presentes os links *Portal* (que remete à página inicial do site), *Santuário Nacional* (link para a página oficial do Santuário), *Editora Santuário* (link para a página oficial da editora), *Rádio Aparecida* (link para a página oficial da rádio), *TV Aparecida* (link para a página oficial da TV), *Redentoristas* (link para a página oficial da Congregação do Santíssimo Redentor – Província de São Paulo), *Redes Sociais* (página com todas as redes sociais online das quais a Rede Aparecida faz parte) e *Pedia* (uma "central de conhecimento das entidades que compõe [sic] o portal A12"). Esse menu é exibido em cada um desses links selecionados – é o menu principal de todo o portal.

Já o segundo menu superior é fixo para todos os conteúdos específicos do site A12. Ele é composto pelas opções *Capa* (volta à página inicial); *Notícias* (últimas notícias referentes ao Santuário ou à Rede Aparecida); *Multimídia* (link para a página de vídeos, fotos e podcasts); *Mobile* (seção de aplicativos para celular); *Cadastre-se* (formulário para receber o informativo da Rede Aparecida); *Quem somos* (texto explicativo sobre a Rede Aparecida); e *Contato* (formulário para contato). Logo ao lado dessas opções, estão os ícones de quatro redes sociais online (Orkut, Twitter, Blogger, Facebook, YouTube), que remetem para a página das redes das quais a Rede Aparecida faz parte. Novamente, a autorreferência e a institucionalidade se manifestam centralmente no portal da Rede Aparecida, tornando o site a porta de entrada para inúmeras outras "presenças" da instituição na internet, incluindo até sua própria enciclopédia.

É interessante perceber que a "Capela Virtual" do site A12 não consta em nenhum dos menus. É lá que os serviços religiosos ofertados pelo site estão reunidos. Para acessá-la a partir da página inicial, o fiel precisa recorrer a caminhos diferentes: pelo banner animado da barra superior, específico da "Capela Virtual" (que, porém, aparece automática e aleatoriamente, dependendo do momento do acesso) (fig. 15); ou por outro banner do lado direito da tela, que faz referência apenas ao acendimento de "velas virtuais" (fig. 16).

Figura 15 – Detalhe do banner da "Capela Virtual" do site A12

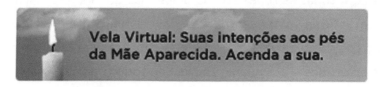

Figura 16 – Banner de acesso à "Capela Virtual" do site A12

Ou ainda seguindo o seguinte trajeto:

1. Acessar o site A12;
2. Clicar no link "Santuário Nacional" do menu superior;
3. Clicar no link "Capela Virtual", dentro da seção "Pastoral" no menu à esquerda.

É interessante notar que, na versão anterior do site A12, os banners em geral apareciam em um espaço de "Publicidade" (fig. 17), e isso também com relação ao banner da "Capela Virtual".

Figura 17 – Versão anterior do banner de "publicidade" da "Capela Virtual" do site A12

Essa é não apenas uma demonstração a mais da autorreferencialidade do sistema, mas também de uma "subversão" de âmbitos, oferecendo serviços religiosos em um espaço tradicionalmente de anúncios. Embora a inscrição "Publicidade" tenha desaparecido na nova atualização do site, o banner da "Capela Virtual" ainda disputa espaço com a divulgação, por exemplo, da assinatura do jornal Santuário, da editora Santuário, da "Campanha dos Devotos" (de arrecadação de dinheiro para a manutenção do santuário), ou do "Clube dos Sócios" da Rádio Aparecida.

No caso do site CatolicaNet, a composição gráfica e a organização dos conteúdos é muito mais diversificada, oferecendo em seus menus inúmeras opções de conteúdos possíveis ao fiel-internauta. É possível encontrar sete opções de menus na página: quatro horizontais (três superiores e um inferior, fig. 18) e um vertical, à esquerda.

Figura 18 – Detalhes dos menus superiores e inferior do site CatolicaNet

O menu principal do site (pelo destaque e composição gráfica) é o que está à esquerda, com os seguintes temas: *Notícias; Interatividade; Galeria; Entretenimento, TopCatolicaNet; Informações; Igrejas; Loja Virtual;* e

Doações, cada um com diversos subitens em formato de links. Essa configuração de menus irá se manter no restante das páginas internas do portal, organizando o site de acordo com a hierarquia e a oferta de conteúdos desejadas pelo sistema.

Dessa forma, os menus se tornam até repetitivos: por exemplo, o link para a "Loja Virtual" aparece ao menos três vezes na página inicial. Já o campo de busca consta tanto no primeiro menu superior (como campo de busca), quanto no segundo menu superior (como linnk "Busca Geral"). E o link "Velas Virtuais" está presente tanto no terceiro menu superior, quanto no menu à esquerda. Assim, na tentativa de organizar e dirigir o olhar do leitor, os menus acabam sobrepondo-se e confundindo-se. No entanto, percebe-se que o universo de conexões e de opções é muito mais amplo do que todos os sites aqui analisados e responde a uma expectativa de relacionalidade maior por parte do fiel.

No site CatolicaNet, portanto, não há uma seção que reúna os serviços religiosos disponibilizados pelo sistema. Eles estão dispersos pelos menus em geral. Algumas opções de serviços são destacadas nos menus superiores, como "Pedidos de Orações" (última opção do segundo menu horizontal superior) e "Vela Virtual", "Especialistas", "Santos do Dia", "Liturgia Diária" e "Bíblia Online" (todas presentes no terceiro menu superior). Assim, logo na primeira página, o fiel já tem à disposição um menu aberto de opções religiosas, sem a necessidade de procurar por esse conteúdo ou de se desviar no restante do site.

Outras opções estão mais ou menos sistematizadas nas categorias "Interatividade" e "Galeria" do menu principal à esquerda. Nesse menu, dentre as 20 opções no total, são ofertados os serviços *Pedidos de Orações; Velas Virtuais; Especialistas; Santos do Dia; Liturgia Diária*. Esses serviços também obedecem a certa organização hierárquica, embora sua categorização como "Interatividade" e "Galeria" careça de uma maior clareza ao usuário. Pelo que se pode inferir, o sistema caracteriza como "interatividade" os espaços em que os usuários podem enviar informações ao sistema.

***

A partir dessa análise descritiva, é possível perceber que, além de ser uma forma de organizar o conteúdo interno, a composição temática dos menus escolhida pelos sites é também uma forma de hierarquizar seus conteúdos de acordo com certa estrutura, colocando mais à esquerda ou mais acima os conteúdos considerados mais importantes pelo sistema, na tentativa de direcionar, assim, a seleção que será feita pelo internauta.

Nesse sentido, a oferta de sagrado também se torna uma opção dentre inúmeras outras. Ela fica subordinada ou subordina determinadas opções. E o fiel, por sua vez, tem acesso a esse sagrado a partir de uma determinada organização das informações nos sites, por meio de um determinado caminho oferecido pelo sistema, que às vezes destaca essa oferta e outras vezes a "esconde" sob outros links. A interface interacional, portanto, promove a oferta do sagrado (serviços e rituais online) com certo nível de importância dentre as demais opções disponibilizadas pelos sites.

O que se vê, nesse sentido, é que todas essas instituições precisam adaptar seus conteúdos e serviços para o ambiente online, definindo-se por meio de menus e protocolos. Isso as leva rumo a certo reducionismo (um site não resume e não pode conter tudo o que sua instituição significa, nem pode resumir ou conter todo o sentido religioso de uma adoração ao Santíssimo feita em uma capela territorializada) e à minimalização da diversidade e da complexidade dos elementos e da oferta do sagrado. Ou seja, o que é ofertado passou por uma seleção prévia por parte do sistema e é ofertado segundo critérios de importância e de hierarquização que, por sua vez, também preveem a seleção por parte do fiel-internauta.

Nesse sentido, o fiel se encontra diante de uma *lógica da seleção*, que leva a uma nova forma de controle por parte do sistema. Como indica Manovich, "a era do computador trouxe consigo um novo algoritmo cultural: realidade → mídia → dados → banco de dados"[90]. Para o autor, a noção de banco de dados (*database*) como coleção estruturada de dados é fundamental para compreender o fenômeno da digitalização. Dessa forma, o que os computadores permitem (e a rede complexifica ainda mais) é uma *determinada forma de organizar* os conteúdos, promovendo que os dados sejam buscados e encontrados rapidamente. Portanto, na internet, o banco de dados é uma forma cultural, que nos ajuda a compreender como o fiel-usuário se relaciona com essas coleções de dados e seus menus de oferta: visualizando-os, navegando entre eles, procurando-os, selecionando-os.

Por isso, o banco de dados se torna o centro do processo criativo na era do computador. Não é apenas um repositório fixo e abandonado, mas sim uma ajuda ao processamento, uma ajuda à inteligência, já que ocorre uma "permutação da cultura muito mais ampla, [passando] da produção baseada na memória à produção baseada na inteligência"[91]. E, além disso, não é apenas um "espaço", um depósito de informações, mas sim uma ambiência em que a interação e a comunicação social também o remodelam e o reconfiguram constantemente, por meio de um trabalho em rede (*network*): os sites nunca são "completos" ou "acabados"; eles sempre podem ser (re)alimentados com novas informações e novas configurações.

Dessa forma, o banco de dados de um site do sistema católico online não é apenas como uma biblioteca ou uma coleção de documentos de papel: na internet, o fiel pode procurar e acessar qualquer elemento do sagrado quase instantaneamente (contanto que detenha o conhecimento para tal), e em qualquer mídia (seja texto, fotografia, vídeo, áudio etc.). Assim, a internet pode ser, para o fiel, uma coleção infindável de elementos do sagrado. Para que essa coleção justamente

---

[90] MANOVICH, 2000, op. cit., p. 224.
[91] KERCKHOVE, Derrick de. Prólogo. In: _____. *Inteligencias en Conexión: Hacia Una Sociedad de la Web*. Barcelona: Gedisa, 1999, p. 25.

não seja labiríntica, caótica e desestruturada, os menus operam como uma lista sequencial dos elementos separados e espalhados dos bancos de dados: são uma forma organizada, orientadora e hierárquica sobre quais conteúdos acessar e por quais caminhos.

Assim, instauram-se *gramáticas* da interface interacional, específicas da era digital, que também se encontram presentes nos demais programas e aplicativos computacionais. Em uma capela na esquina de nossa rua, por exemplo, não existem menus em que possamos selecionar determinados rituais para que ocorram automaticamente. Não podemos "pressionar" determinado botão para que a hóstia consagrada se revele a nós quando queiramos adorá-la.

A partir de toda essa organização de conteúdos, no fundo, o que significa, por parte do fiel, selecionar determinado link que direciona para uma determinada opção do menu de um site? Poder-se-ia dizer que o internauta, nesse caso, toma uma decisão, faz uma escolha, e, portanto, é *livre*. Entretanto, ao pressionar determinada tecla, ao selecionar determinado link, o fiel desencadeia um processo que já estava *programado pelo programa*, ou *sistematizado pelo sistema*, ou seja, é uma opção pré-definida pelo sistema católico online. Não é por acaso que todos os sites deixam bastante claro, em suas páginas iniciais que *há um programador* por trás da estrutura dos sites. No fim da página inicial do site do padre Manzotti, consta a inscrição: "Site projetado e desenvolvido por Thiago Ricieri". No fim da página inicial do site das Apóstolas, há também esta referência: "Desenvolvido por: MDR Informática – projetos web sob medida". No site A12: "Desenvolvido por Dainet". Já na página CatólicaNet, no extremo canto inferior direito, há um pequeno logotipo que remete o usuário para a empresa Wallmedia, responsável pelo projeto do site.

De fato, as decisões e escolhas possíveis ao fiel-internauta não são tão livres assim, por serem tomadas justamente dentro dos limites conferidos pelo sistema, de acordo com suas regulações. É uma liberdade programada, uma escolha de possibilidades prescritas[92]. Nesse sentido, a internet enquanto meio "não é simplesmente o objeto do meu uso para alcançar o real, mas também o *sujeito* que orienta o meu olhar sobre o real" (GRILLO, 2011, p. 34).

Embora com uma oferta de opções virtualmente infinitas (links que levam a links que levam a outros links e assim indefinidamente), o fiel sempre estará dentro dos limites (e das limitações) do sistema católico online – e, em um nível mais amplo, dentro dos limites e dos protocolos do "macrossistema internet". Independentemente da decisão que o fiel tomar dentro das opções do sistema (dentro de uma mesma página ou direcionando-se para outra página), ele ainda navega em uma estrutura em rede formada por rumos pré-definidos e pré-organizados (em uma determinada hierarquia) pelo sistema.

No entanto, em uma perspectiva complexa, a construção final do *sentido religioso* por parte do fiel será de coautoria dele próprio juntamente com o sistema: este o convida a selecionar e a fazer determinadas coisas e a percorrer determinados caminhos, mas, no fim, cabe ao fiel decidir quais são essas coisas, e fazer com que essas coisas sejam feitas pelo sistema, atualizando assim o mapa final dos caminhos percorridos. Isto é, o fiel escolhe e faz coisas e percorre caminhos específicos que são parte de um grande "todo" que é o sistema católico online. Mas, de link em link, o fiel atravessa o banco de dados do sistema seguindo uma *determinada trajetória*, a partir de seus desejos pessoais e dos convites feitos pelo sistema. E que não deixa de se manifestar de forma paradoxal: sempre condicionada pelo sistema (*algo já dado*) e sempre para além de qualquer condicionamento a partir das opções do usuário (*pode ser*).

Nesse sentido, a construção de sentido religioso por parte do fiel a partir do que foi estabelecido pelo programador do sistema e por ele ofertado é feita por meio de um caminho *totalmente próprio* a este fiel, dentre as inúmeras outras trajetórias possíveis. É uma *hiper-*

---

[92] Cf. FLUSSER, 2007, op. cit.

narrativa construída a partir dos elementos de sagrado ofertados pelo sistema, com uma lógica própria de conexão e de lincagem entre esses elementos executada por um fiel específico (outro fiel construirá uma hipernarrativa totalmente outra).

Embebida pela lógica da seleção, a fé experienciada pelo fiel obedece ao enquadramento do sistema em opções de menus e catálogos digitais, que são ofertados ao fiel, e este, por sua vez, seleciona o que mais corresponde a seus desejos e interesses. Assim, interagindo, fiel e sistema recondicionam a circulação da mensagem religiosa (construção, consumo e reconstrução), dando-lhe novo sentido, para além das limitações impostas pelo sistema e para além dos interesses específicos do fiel.

6.2.4. Composição gráfica

Em um quarto nível de interface interacional, analisamos a composição gráfica das páginas referentes especificamente aos serviços religiosos dos sites católicos. Em primeiro lugar, descreveremos a transmutação de elementos do sagrado do mundo offline para a internet: isto é, imagens, fotos e vídeos do sagrado offline que são digitalizados e ressignificados para o ambiente online. Em segundo lugar, a composição digital de elementos do sagrado. E, por último, a combinação de elementos digitais e não digitais do sagrado, off e online, elementos do mundo externo digitalizados e elementos gerados digitalmente no computador. O que é comum a todos esses elementos – e a tudo o que faz parte do mundo digital online – é sua fluidez: tudo pode ser modificado, substituído ou simplesmente deletado pelo sistema com um simples comando computacional.

A "Capela Virtual" do site do padre Manzotti passou por uma reformução em 2011, passando a se chamar "Santuário Virtual de Jesus Misericordioso". Sua versão anterior era composta por três elementos gráficos principais (fig. 19).

Figura 19 – Página inicial da "Capela Virtual"
do site do padre Reginaldo Manzotti

Na parte superior, era exibido o logotipo da capela, com a inscrição "Capela Virtual Pe. Reginaldo Manzotti", uma foto de um vitral de uma igreja offline no fundo e uma foto do padre, em vestes rituais, sustentando uma cruz, sobreposta. Na parte central, com fundo branco, estavam as opções de serviços da capela, com textos de apoio e figuras que simbolizavam cada serviço. Na aba à direita, de fundo marrom claro com o alto relevo de um anjo, havia um menu resumido das mesmas opções da parte central. A construção simbólica, assim, remetia o fiel a uma espécie de "capela privada" do padre que é disponibilizada à comunidade dos fiéis-internautas ("bem-vindo"). Essa sensação era reforçada pela presença da foto do sacerdote encabeçando a página e pelo logotipo que indica que esta é a "Capela Virtual Pe. Reginaldo Manzotti", e não outra capela qualquer. As imagens do vitral, da cruz e do anjo ajudavam, nessa composição gráfica, a criar uma aura de sagrado, uma sensação de sacralidade.

Na nova versão da capela, agora elevada a "Santuário Virtual" – ou seja, não mais apenas uma "igrejinha", mas sim um "templo sagrado" –, a composição gráfica se centra na imagem de Jesus Misericordioso (fig. 20).

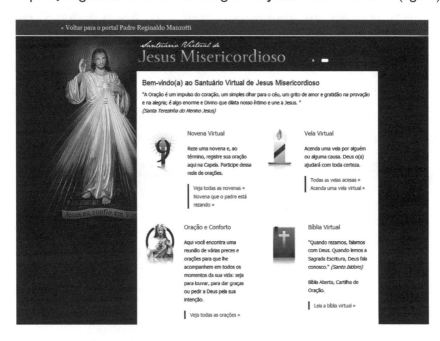

Figura 20 – Página inicial do "Santuário Virtual de Jesus Misericordioso"

A foto do padre já não consta mais, e a imagem e o título "Jesus Misericordioso" destacam-se sobre os demais elementos. Logo abaixo da imagem, há a invocação "Jesus, eu confio em Vós". Portanto, esse "santuário virtual" faz referência apenas a Jesus Misericordioso, embora mantenha sua vinculação com o site do padre Manzotti na aba verde que se sobrepõe a toda a construção gráfica da página, onde consta a inscrição "Voltar para o portal Padre Reginaldo Manzotti". Diferentemente da versão anterior, a música de fundo não começa automaticamente. Agora, o fiel tem à sua disposição, no canto superior direito, um *player* de música, aguardando pelo *play* do usuário. Ao se acionar esse dispositivo, o sistema começa a executar um hino a "Jesus

Misericordioso". Ao fim da música, o *player* retorna à sua posição inicial, aguardando um novo *play*. Assim, ao fazer uso dessa nova processualidade, o sistema visa a aumentar a sensação de sacralidade do ambiente digital, fomentando em seu possível usuário estímulos de outra ordem, não apenas visual-textual.

A "Capela Virtual" do site do Instituto das Apóstolas do Sagrado Coração de Jesus (fig. 21), por sua vez, é emoldurada por uma barra superior que contém o brasão da congregação religiosa, a inscrição "Capela Virtual" e a imagem estilizada de uma araucária (referente ao ecossistema da sede da congregação, no Paraná) e, logo abaixo, uma barra horizontal com o menu de opções da capela.

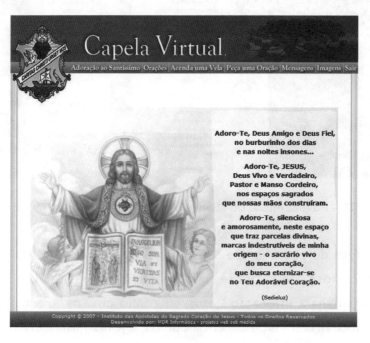

Figura 21 – Página inicial da "Capela Virtual" do site das Apóstolas

No centro da página, há uma imagem de Jesus de braços abertos, cercado por dois anjos que sustentam um livro sagrado: pelo recorte lateral da imagem, percebe-se que é uma figura manipulada digitalmente. Ao lado, o texto de uma oração. E, abaixo, uma nova barra horizontal, com dados oficiais referentes ao site. Aqui, a sensação de sagrado produzida pelo sistema remete não apenas a uma institucionalidade dessa manifestação do religioso (por meio do brasão da congregação), mas também à sua relação com a cultura e os costumes locais (araucária) e a certa perspectiva tradicional (como demonstra a figura de Jesus, esmaecida e com traços de antiguidade).

A capela também produz uma sensação de sacralidade por meio de animações como a do ritual "Adoração do Santíssimo"[93], em que o sistema oferece ao fiel uma ambiência digitalizada de solidão, retiro, quietude, em uma capela de bancos vazios, em que o sol brilha, e em que as velas se acendem e a hóstia se revela automaticamente com o acesso do fiel: Deus *se oferece privadamente* a ele. Essa construção simbólica permite que o fiel se abstraia da técnica comunicacional e perceba apenas o que está vivenciando, em nível de experiência religiosa, no ambiente online.

Já na "Capela Virtual" do site A12, o marco gráfico que a encerra é a mesma composição gráfica já analisada anteriormente, mas agora com o destaque para o logotipo e uma foto em miniatura do Santuário Nacional de Aparecida (fig. 24).

Figura 22 – Página inicial da "Capela Virtual" do site A12

---

[93] Como visto no item 6.2.1.

Na parte central, há a inscrição "Capela Virtual Santuário Nacional" dentro de um cartaz do lado esquerdo superior e uma foto do interior do Santuário, com vultos de peregrinos e fiéis. Abaixo, consta um novo menu interno, com os links para os diversos serviços ali oferecidos: *Consagração, Nicho da Imagem, Vela Virtual, Terço Virtual, Via Sacra, Intenção de Missa, Meditação do Dia, Santo do Dia* e *Mensagem do Dia*.

Logo que se acessa a página da capela, uma imagem de Nossa Senhora Aparecida surge automaticamente, em um movimento de zoom crescente, do fundo do quadro da "Capela Virtual", até preencher o centro dessa moldura. Uma aura de brilho acompanha a imagem animada, enquanto cinco mãos surgem da parte inferior da imagem (como se saíssem do meio dos fiéis), direcionadas à imagem. Ao pairar sobre as mãos, a imagem derrama pontos de luz sobre elas, remetendo às bênçãos e graças que "descem" da santa.

Em comparação aos casos anteriores, o sistema, agora, faz uso de novas processualidades e de um "texto" mais complexo. Fomenta-se a sensação de sacralidade no fiel ao dizer-lhe que a "capela virtual" é um ambiente coextensivo ao santuário territorializado. Embora distante fisicamente, o fiel, de onde quer que esteja acessando a capela online, pode contar com a presença de Nossa Senhora Aparecida, que se coloca acima de nós e de nossas necessidades (as mãos estendidas) para "derramar" suas bênçãos.

O site CatolicaNet, por sua vez, situa seus serviços e rituais online em páginas com a mesma composição gráfica da página inicial, com os mesmos menus acima analisados. Modifica-se apenas a estrutura central da página, onde são oferecidos esses serviços, mas a mudança é apenas textual, com poucas alterações gráficas. Uma análise mais aprofundada desses serviços será feita nos itens seguintes deste capítulo.

Chama a atenção o caso da "Capela Virtual" das Apóstolas (fig. 23) e do site CatolicaNet (fig. 24), em que, ao se acessar as velas já acesas, as imagens das velas mais antigas aparecem já "consumidas", "derretidas" pelo tempo.

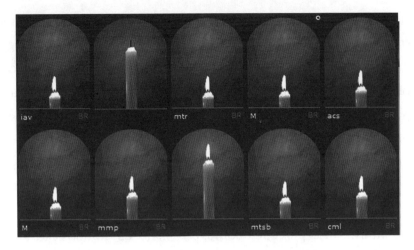

Figura 23 – Detalhe das velas "consumidas pelo tempo" no site das Apóstolas

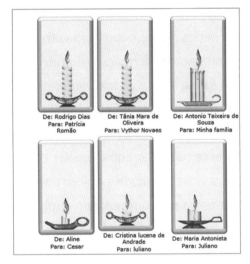

Figura 24 – Detalhe das velas "consumidas pelo tempo" no site CatolicaNet

Assim também se reconstrói a sensação de sacralidade do fiel diante do sagrado, pois as "velas virtuais", à semelhança das velas de cera, também "derretem" e vão se consumindo com o passar dos dias, até que sejam finalmente retiradas do sistema. O interessante, nesses casos, é perceber que "as velhas interfaces deixam sempre suas pegadas nos novos entornos de interação. As interfaces e os dispositivos que as compõem nunca desaparecem: se recombinam entre si para gerar novas interfaces"[94], como no caso da "interface de cera" para a interface digital: esta traz elementos, como a duração e o derretimento da vela, remodelados para o ambiente digital. Nesse sentido, também podemos falar de uma coevolução das interfaces ("de cera" e digital), em que as anteriores continuam deixando suas marcas nas novas interfaces e, especialmente no ambiente digital, qualquer interface pode interagir com as demais.

**

É interessante perceber como, por meio da composição gráfica da interface interacional, o fiel se relaciona com elementos de sagrado codificados e digitalizados, ressignificados para o ambiente online: se relaciona, em suma, com números[95]. Porém, *interconectados*.

Portanto, com as mídias digitais, ocorre um salto qualitativo com relação às operações de organização da informação anteriores."O próprio princípio da hiperlincagem, que forma a base da mídia interativa, objetiva o processo de associação, geralmente assumido como central para o pensamento humano. Processos mentais de reflexão, resolução de problemas, rememoração e associação são externalizados, equacionados com o ato de seguir um link, de mover para uma nova página, de escolher uma nova imagem ou uma nova cena. Antes, olhávamos para uma imagem e mentalmente acompanhávamos nossas próprias associações privadas para outras imagens. Agora, [as mídias digitais] nos pedem, ao invés, que cliquemos em uma imagem a fim de ir para outra imagem. Antes, leríamos uma frase de uma história ou um verso de um poema e pensaríamos em outras frases, imagens, memórias. Agora, [as mídias digitais] nos pedem que cliquemos em uma frase em destaque para ir para outra frase. Em síntese, somos convidados a seguir associações pré-programadas e objetivamente existentes"[96].

---

[94] SCOLARI, 2004, op. cit., p. 231.
[95] Cf. LÉVY, 1999, op. cit.
[96] MANOVICH, 2000, op. cit., p. 61.

Nos casos citados, explicita-se a capacidade do sistema de desenvolver técnicas gráficas para criar uma única imagem convincente, reunindo elementos "objetivamente existentes" e elementos criados em computador e "objetivamente não existentes". Assim, o sistema mistura e combina elementos de sagrado de uma forma até então desconhecida pelo fiel tradicional: nenhuma imagem voa sobre nossas cabeças assim que entramos em um santuário, derramando "pontos de luz" sobre nossas cabeças, e também ainda não foram criadas capelas tão automatizadas a ponto de reconhecerem a entrada de um fiel e darem início a um ritual religioso (como a adoração ao Santíssimo) sem nenhuma interferência humana (e consagrada, como a de um sacerdote ou ministro). Manifesta-se, assim, um ambiente doutrinal mais fluido, que leva a uma experimentação religiosa e espiritual também mais maleável e aberta.

Ou seja, elementos de sagrado off e online são sintetizados em formas que, primeiro, agradam ao programador do sistema e lhe parecem ser mais "amigáveis", de mais fácil acesso por parte do fiel-usuário, para que, segundo, a navegação e a construção de sentido responda às escolhas deste. Assim, o sagrado online depende da *releitura* e da *co-construção* do fiel, que cria uma hipernarrativa do sagrado a partir dos nexos disponíveis pelo sistema católico online e a partir de suas escolhas de interação. Escolhas estas, reafirmamos, imprevisíveis e aleatórias, pois nascem no próprio ato de interação com as processualidades técnicas, e não podem ser determináveis de antemão.

É claro que o sistematizador/programador detém o poder sobre o sistema/programa. É ele quem comanda e controla o sistema, sua "memória", seus meios de expressão. Portanto, a transparência técnica buscada pelo sistema é justamente uma tentativa de ocultar que há um sistema/programa e um sistematizador/programador. É também por isso que os programadores dos sites, quando constam, aparecem apenas no fim das páginas dos sites, pouco perceptíveis. Ao transparecer a técnica, sistema/sistematizador se ocultam e, assim, ocultam um poder. Porém, é um poder *interno ao sistema*: os sites católicos, por mais totalitários que sejam, só conseguirão "controlar" o fiel em seu interior. Fora dele, não conseguirão impôr ao fiel o que fazer. O fiel sempre deterá a opção última de fechar a janela do navegador, de desligar o aparato eletrônico, de sair do sistema e ir para "outros mares".

Fragmentado em bits, o sagrado é montado pela releitura e coconstrução simbólicas do fiel a partir de vários pedaços de sagrado espalhados pelos sites e ofertados pela interface interacional. O fiel não só pode vivenciar uma nova fé, mas seus padrões e modos de vivenciar a fé também são modificados, por meio dos novos mecanismos e estratégias de contato com o sagrado. Mas os usos da interface interacional por parte do usuário não transformam apenas o indivíduo, mas todo o sistema católico online também vai se modificando a partir das práticas mais consolidadas por parte dos usuários (usos desviados ou imprevistos): serviços são remodelados, outros ainda são removidos. Fiel e sistema, nesse sentido, *coevoluem* a partir de suas interações.

O que vimos até aqui foi apenas uma das modalidades pelas quais a interação entre fiel-sistema-sagrado é possível, a saber, a interface interacional, analisada aqui em quatro níveis: a tela; periféricos como teclado e mouse; a estrutura organizacional dos conteúdos nos sites católicos; e a composição gráfica das páginas em que se encontram os serviços e rituais católicos. Indo além de uma análise puramente técnica, buscamos analisar como essa interface possibilita a interação entre fiel-sistema-sagrado para a experiência religiosa. Além disso, a manifestação midiatizada do sagrado e sua experiência online também é possibilitada pelo discurso e pela narrativa digitais do fenômeno religioso construídos por meio da internet. É o que buscaremos apresentar e exemplificar a partir de agora.

6.3. Interação discursiva: Novas narrativas sobre o sagrado

Nos sites católicos, o fiel se coloca em meio a uma encruzilhada de "discursos" que lhe falam: principalmente o da própria internet e de seus protocolos, o das estruturas eclesiais, o dos programadores do sistema oculto sob as interfaces, o dos demais fiéis, o do sagrado. Ou seja, nos sites católicos, a Igreja fala ao fiel, que também fala à Igreja ou, por meio dela, a Deus e aos demais fiéis, intermediado pelo sistema. Por outro lado, a internet e o sistema também "falam" a ambos, Igreja e fiel, quando determinam seus limites e possibilidades de produção discursiva.

É por meio desses discursos que se gera o sentido religioso nos sites católicos. Chamamos aqui de discurso uma "realidade material de coisa pronunciada ou escrita"[97], o fluxo constante de construção de sentido religioso por meio da linguagem nas páginas da internet[98]. Essa também é uma forma midiático-comunicacional que se expressa como uma *metalinguagem* da internet, como texto, como a modalidade mais básica de comunicação entre o sistema e o fiel: digita-se algo no navegador ou em algum site católico, e o sistema responde com determinada reação ou erro. Por isso, o discurso aqui analisado faz referência às *trocas comunicativas* e às *conversas simbólicas* que se estabelecem nos sites católicos entre sistema-fiel-sagrado.

A relevância de analisar discursos é que eles também incluem e manifestam um *projeto de interação*. Por meio do discurso disponível nos sites católicos, podemos entrever, nos enunciados do sistema, marcas e indícios da dinâmica de oferta do sagrado; e, nos enunciados do fiel, podemos perceber marcas e indícios de seu comportamento enquanto interagente simbólico na leitura (que também é reconstrução) dos sentidos religiosos ofertados pelo sistema. No discurso, portanto, encontram-se virtualmente entidades como o enunciador e o enunciatário – entidades que estão *inscritas* e *vivem* no interior do texto –, assim como as regras para as interações entre eles.

Analisaremos aqui, em primeiro lugar, os convites e "promessas" feitas pelo sistema ao fiel-internauta, ou seja, a proposta de interação discursiva sistema-fiel, refletindo sobre como é administrada, regulada e gerida a parti-

---

[97] FOUCAULT, Michel. *A Ordem do Discurso: Aula Inaugural no Collège de France, Pronunciada em 2 de Dezembro de 1970*. São Paulo: Loyola, 2008, p. 8.
[98] Para um maior detalhamento dessa conceituação, remetemos nosso/a leitor/a às seções 4.4 e 5.4.

cipação do fiel dentro do sistema, quando esta opção lhe é possibilitada. Em seguida, analisaremos quatro fluxos de interação discursiva por parte do fiel.

6.3.1. Interação discursiva sistema-fiel

As opções feitas pelo internauta, em sua navegação no interior do sistema católico online, ocorrem a partir das pistas e dos caminhos disponibilizados pelo sistema (e por seu programador), pelos links ofertados em sua leitura[99]. Por isso, "a hipermídia não é feita para ser lida do começo ao fim, mas sim por meio de buscas, descobertas e escolhas"[100] – dentre as opções ofertadas no interior do sistema e também fora delas, ofertas que são indissociáveis de um corpus textual – o da internet – praticamente infinito.

Assim, podemos falar da presença de uma "palavra fluida" [*fluid word*] [101], ou seja, de um discurso que se encontra em constante transformação tanto pelos indivíduos quanto pelas comunidades. Um discurso "maleável e aberto à mudança por qualquer pessoa ao longo da rede, e aberto, além disso, a uma rede quase infinita de links hipertextuais que podem ser adicionados mais ou menos por qualquer pessoa: cada novo link, é claro, abre então o texto original a mais uma interpretação ainda, em uma dança hermenêutica infindável de leitura e de criação de novos sentidos"[102].

O internauta, por conseguinte, precisa ser "assediado" frequentemente pelo sistema a tomar uma decisão, a optar por onde quer continuar a leitura. Precisa decidir até onde quer ler, por quanto tempo,

---

[99] Antes disso, convém lembrar que o fiel tem acesso ao sistema também mediante a autorreferência do sistema (cf. LUHMANN, 2005) em seus demais subsistemas, ou seja: as demais mídias católicas (TV, rádio, jornal etc.) remetem constantemente os fiéis a acessar seus conteúdos online. Basta assistir a um programa de TV, ouvir um programa de rádio ou ler algum jornal do sistema comunicacional católico que se percebe claramente como o sistema busca autorreferir-se constantemente, remetendo o fiel às suas demais presenças no ambiente comunicacional.
[100] SANTAELLA, Lucia. *Culturas e Artes do Pós-Humano: Da Cultura das Mídias à Cibercultura*. São Paulo: Paulus, 2003, p. 50.
[101] ESS, Charles. The Word Online? Text and Image, Authority and Spirituality in the Age of the internet. *Mots Pluriels*. Perth: n. 19, out. 2001, s/p.
[102] ESS, 2001, op. cit.

para onde se dirigirá depois etc. E isso se dá também na interação com o sistema, já que o sistema é moldado pelo programador de forma a incentivar a determinação e a tomada de decisão por parte do usuário. Para isso, o fiel-internauta deve respeitar a sequência de ações pré-determinada pelo programador do sistema.

Na interação discursiva entre sistema e fiel, há construção de sentido em ambas as faces dessa interface. Ambos *interagem*, ambos *agem-entre discursivamente*. O sistema oferta, e o internauta se apropria inventivamente daquilo que recebe, às vezes também devolvendo ao sistema sua reapropriação. O discurso textual, assim, é a cristalização e a sedimentação de uma interação que ocorreu entre fiel-sistema-sagrado. Cabe agora descrevê-lo e analisá-lo.

O convite à experiência religiosa por parte dos sites é feito por meio de um discurso explícito direcionado ao fiel. No caso do site A12, a página inicial remete ao ritual das *Velas Virtuais*, indicando: "Vela Virtual: Suas intenções aos pés de Maria. *Acenda* a sua". É esse "mandato" de acender a vela, imperativo, que leva o fiel a se deslocar da página inicial do site até o ambiente específico da *Capela Virtual*. Ou então a oferta de "oração, meditação e devoção", como indica o banner de "Publicidade" no topo da página inicial.

No interior da *Capela Virtual* do site A12, no link *Intenção de missa*, se lê: "Muitos são nossos pedidos e agradecimentos. Aqui você *pode colocar* sua intenção. Essa mensagem será apresentada nas intenções comunitárias da celebração das 16h, no Santuário Nacional de Nossa Senhora Aparecida. *Preencha* o formulário abaixo".

Aqui, o sistema permite ("pode colocar") que o fiel faça algo, prometendo algo se isso for feito ("a mensagem será apresentada"), contanto que ele obedeça à sua ordem imperativa ("preencha"). Manifestam-se, assim, três formas de lidar com o fiel: para que ele *possa* fazer algo (colocar a intenção) para *receber* outra coisa (apresentação da intenção na celebração), é preciso que ele *faça* outra coisa ainda (preencher o formulário). Em contrapartida, o sistema apresenta um indicativo de "promessa": fazendo o que o sistema permite e manda (obedecendo, em suma), a mensagem "será apresentada" na celebração do santuário.

Semelhante é o caso do site CatolicaNet, em seu serviço de "Velas Virtuais", em que o sistema oferece ao fiel um texto explicativo sobre o valor das velas para a tradição da Igreja: "[...] A função da luz é fazer enxergar. Por isso, ser luz é fazer o mundo enxergar a presença viva de Deus entre nós, num comportamento de amor, verdade, justiça e paz. Esse é o maior significado das velas, representação material de luz". E, depois, a indicação: "Existem no momento 'X' vela(s) acesa(s). *Acenda também a sua!*" (sendo que o valor de X varia de acordo com o momento da visitação, mas os números, em geral, são em torno de 100). Assim, junto com uma permissão, pedido ou ordem, o sistema também instrui, explica, ensina: é didático com o fiel.

Esse também é o caso do link "Peça uma Oração" da "Capela Virtual" do site das Apóstolas, em que o próprio título já é uma ordem. Nele, o sistema informa ao fiel: "*Colocamos* diante do Coração Eucarístico de Jesus as pessoas que passam por nossos caminhos e confiam em nossas orações de louvor, agradecimento e súplica. *Preencha* o espaço abaixo com seu pedido de oração". Assim, respondendo à exortação do sistema, o fiel-internauta poderá contar com as "orações de louvor, agradecimento e súplica" das mediadoras do sistema, as religiosas da congregação ("colocamos").

Em outra opção da *Capela Virtual* do site das Apóstolas, o sistema também ordena ao fiel que ele "Acenda uma Vela". Ao acessar o link, lê-se que "acender velas é um ato sagrado em diversas culturas. Expressa mais do que as palavras podem expressar. Tem a ver com gratidão e fé. Desde tempos imemoriais, as pessoas acendem velas em locais sagrados. O cyber-espaço [sic] também pode ser sagrado. *Faça uma prece e acenda um vela. Daqui por diante, você será guiado passo a passo. Você está conectado* por meio do Portal das Apóstolas do Sagrado Coração de Jesus. Em 'grupo', coloque: ASCJ – *para que nossas velas brilhem juntas*" (grifo nosso). Aqui, de novo, o sistema explica essa nova modalidade de sagrado ao fiel por meio de um legítimo guia de instruções, de um "manual ritualístico e litúrgico" para o ambiente digital. Novamente, é didático com o fiel.

Além do convite a "fazer uma prece e acender uma vela", a "promessa" é de que o fiel será "guiado passo a passo". E ele não está sozinho: está "conectado" com os demais fiéis. E "para que nossas velas brilhem juntas" o fiel deve cumprir o contrato (escrever o termo "ACSJ" em determinado campo do formulário). Também se reforça que o fiel se encontra em um ambiente do "Portal das Apóstolas do Sagrado Coração de Jesus", remetendo mais uma vez à institucionalidade do serviço. O clique em "Comece" é o "sim, concordo" concedido pelo fiel a essas instruções.

Clicando no link inferior ("Comece"), indica-se: *"Por favor, respire fundo e aquiete seus pensamentos"*. Clicando em "Continue", o sistema informa: "Para acender uma vela, *entre* e *clique* em uma que não esteja acesa". Clicando em "Entre", surge, então, a tela com as opções de velas, já acesas ou ainda apagadas (fig. 25).

Figura 25 – Sequência de páginas do ritual "Acenda sua Vela" do site das Apóstolas

Assim, pedindo e ordenando, o sistema conduz e guia o fiel a uma sequência de ações e operações online (clicar nos links) mas também offline ("respirar fundo", "aquietar os pensamentos"), mas que, por meio das processualidades do sistema, ocorrem em uma mesma ambiência. Cada clique (e são vários) remete a uma experiência sensória diferente (respirar, aquietar, acender, entrar, tocar). Toda essa construção simbólica visa a aumentar ainda mais a sensação de sacralidade do fiel no ambiente online, radicalizando ao máximo os limites do *sensorium* digital (tato, visão, reflexão).

O "Santuário Virtual" do padre Manzotti também é didático e explicativo com seu fiel. Em sua página inicial, o fiel, desde o início, é "Bem-vindo(a)" à capela. Logo abaixo, há uma frase de Santa Terezinha do Menino Jesus que diz: "A Oração é um impulso do coração, um simples olhar para o céu, um grito de amor e gratidão na provação e na alegria; é algo enorme e Divino que dilata nosso íntimo e une a Jesus". Portanto, o santuário é o ambiente para seguir esse conselho.

Logo abaixo, cada uma das opções traz consigo uma breve explicação. "Novena Virtual: *Reze* uma novena e, ao término, *registre* sua oração *aqui na Capela. Participe* dessa rede de orações. *Veja* todas as novenas" e também a indicação da "novena que o padre está rezando". Ou "Vela Virtual: *Acenda* uma vela por alguém ou alguma causa. *Deus o(a) ajudará com toda certeza.* Todas as velas acesas. *Acenda* uma vela virtual". Ou "Oração e Conforto: Aqui *você encontra* uma reunião de várias preces e orações *para que lhe acompanhem em todos os momentos de sua vida*: seja para louvar, para dar graças ou pedir a Deus por sua intenção. *Veja* todas as orações". Ou "Bíblia Virtual. 'Quando rezamos, falamos com Deus. Quando lemos a Sagrada Escritura, Deus fala conosco' (Santo Isidoro). *Leia* a bíblia virtual".

Sempre dirigido pessoalmente a um "você" (o fiel-internauta), o sistema reforça seu papel de "guia" e "orientador" espiritual: "reze", "registre", "participe", "veja", "acenda", "leia". Ele convida o fiel a fazer inúmeras coisas. Além disso, o sistema também explicita seu lugar de enunciação ("aqui na Capela"), autorreferenciando-se e manifestando sua companhia junto ao fiel. Além de convidar o fiel a fazer diversas ações em seu interior, promete-lhe que, ao se relacionar com o sagrado nesse ambiente online, "Deus o(a) ajudará" e "com toda certeza". E, apesar da fluidez do ambiente digital, as preces e orações ali indicadas irão acompanhar o fiel "em todos os momentos de sua vida".

Além disso, a versão anterior do site do padre, em sua página inicial, se apresentava como um agregador de fiéis. Do lado direito da barra superior, ao lado da foto do padre, constava a inscrição: "'X' devotos online" (fig. 26).

Figura 26 – Indicação do número de devotos online no antigo site do padre Manzotti

O sistema, assim, dizia ao fiel que ele não estava sozinho no portal, e que sua presença ali era também comunidade, congregação de fiéis, assembleia: bastava *acessá-lo* e já se era acolhido como um "devoto" a mais. O acesso definia a comunidade. Essa era também uma comunidade autorreferente e recursiva, pois, nas construções discursivas que analisaremos em seguida, vê-se que ela se refere a si mesma constantemente, fala entre si e sobre si própria (como na seção "Testemunhos"), ou fala concentricamente ao padre, ponto central de contato dos "devotos" (como nos serviços "Fale Conosco" e "Pedidos de Oração").

Por outro lado, no serviço *Velas Virtuais* do site CatolicaNet, o sistema ensina que, "no dia 2 de fevereiro, a igreja celebra a Festa da Luz, faz procissão de entrada com velas acesas", por ser o dia da Apresentação do Senhor ao Templo. Além disso, "o próprio Jesus nos dá missão de ser luz da cidade, dos ambientes, da vida diária". Portanto, "ser luz é ser alegre, alerta, acordado, vigilante, vibrante, cheio de ardor, de fogo. A função da luz é fazer enxergar. Por isso, ser luz é fazer o mundo enxergar a presença viva de Deus entre nós, num comportamento de amor, verdade, justiça e paz. Esse é o maior significado das velas, representação material de luz". É a partir desses pressupostos que o sistema indica: "Existem no momento 'X' vela(s) acesa(s). Acenda também a sua!". Ou seja, o acendimento de uma vela é também formar comunidade junto às demais velas acesas por outros fiéis, é "participar".

Nos sites católicos aqui observados, portanto, diversos discursos se atravessam, e a Igreja tenta lidar com todos eles mantendo-se fiel à sua doutrina, criando determinadas estruturas discursivas que lhe confiram ainda certo poder sobre a palavra. Assim, até na internet, existem "discursos validados" pela doutrina, que "liga os indivíduos a certos tipos de enunciação e lhes proíbe, consequentemente, todos os outros"[103]. Nesse sentido, manifestam-se também as disputas de poder discursivo, pois, da mesma forma que a Igreja, detentora de certo discurso, busca fazer uso do discurso comunicacional, o fiel, ao fazer uso da internet e dos rituais online, também é produtor de um discurso. Porém, esse discurso se constrói por meio de um controle, de uma seleção, de uma organização e de uma redistribuição que não lhe pertencem.

Assim, podemos perceber que o poder discursivo em "disputa" entre fiel e sistema é configurado por estratégias, disposições, manobras, táticas, técnicas, funcionamentos entre ambos os atores[104]. Se "o poder é um feixe de relações mais ou menos piramidalizado, mais ou menos coordenado"[105], podemos entender e analisar o poder simbóli-

---

[103] FOUCAULT, Michel. A *Ordem do Discurso: Aula Inaugural no Collège de France, Pronunciada em 2 de Dezembro de 1970*. São Paulo: Loyola, 2008, p. 43.
[104] Isso ficará mais claro nos itens seguintes, ao analisarmos os fluxos comunicacionais que se manifestam nas interações discursivas do fiel para com outro(s).
[105] FOUCAULT, Michel. *Microfísica do Poder*. Rio de Janeiro: Graal, 1979, p. 248.

co em funcionamento no sistema católico online a partir de uma perspectiva interacional. Podemos entender o poder em funcionamento nas interações discursivas como uma estrutura de ações que induzem, incitam, seduzem, facilitam ou dificultam, constrangem: ou seja, *como um conjunto de ações (do sistema e seu programador) que levam a outras ações (do fiel)*.

Mas, se onde há poder há resistência, especialmente na internet, essas restrições operadas pelas estratégias discursivas do sistema podem encontrar também seus pontos de fuga, nos quais o fiel pode tomar posse do discurso, fugindo de uma doutrina e de um tipo de enunciação mais centralizador. Obviamente, para evitar isso, o sistema reforça o controle da palavra, construindo-se assim uma série de jogos de força e de poder entre fiéis e instituição.

Isso fica mais claro quando o sistema expõe e define um dispositivo regulatório para a construção do discurso e das modalidades possíveis de interação discursiva. O site CatolicaNet, por exemplo, indica já em sua página inicial sua *Política de Privacidade*[106]. Nela, afirma-se que o sistema busca "garantir a segurança e privacidade de seus usuários" e por isso estabelece algumas "*condições* para o uso de seus serviços" (grifo nosso). Assim, informa-se que "os abusos que venham interferir, direta ou indiretamente, na segurança do site e no sigilo das informações prestadas por seus usuários serão encaminhados às autoridades competentes". Portanto, em casos extremos, o sistema fará recurso a um outro sistema (o das "autoridades"), em busca da salvaguarda de seus direitos.

Esses abusos, segundo o sistema, referem-se a "qualquer uso com propósitos ilegais, quer logre êxito ou não"; a "propagação de vírus de computador, programas invasivos (*worms*) ou outras formas de programas que causem danos permanentes ou temporários nos equipamentos do destinatário"; o "uso da rede para tentar e/ou realizar acesso não autorizado as áreas internas do site"; a destruição ou

---

[106] Disponível em <http://migre.me/96rwv>.

corrupção de dados e informações de outros usuários; a violação da privacidade de outros usuários; assim como "forjar endereços de máquinas, de rede ou de correio eletrônico, na tentativa de ocultar a identidade ou autoria, ou de responsabilizar terceiros por mensagens e atos que comprometam a segurança da CatolicaNet e de seus usuários"; e a violação de copyright ou direito autoral alheio, "reproduzindo material sem prévia autorização".

Assim, fica estabelecido um "contrato interacional" com o fiel, que aceita e respeita essas regras ou, de outra forma, será excluído da interação. O CatolicaNet, em contrapartida, "compromete-se a zelar pela privacidade de seus usuários", assumindo o compromisso de não revelar, ceder ou compartilhar com terceiros os "nomes, e-mails e demais informações de identificação pessoal de nossos cadastrados".

Já no site das Apóstolas, o *Termo de Uso*[107] informa que "o usuário do Portal das Apóstolas do Sagrado Coração de Jesus entende que é *proibida* a utilização das ferramentas aqui disponibilizadas para envio, distribuição ou publicação de qualquer material impróprio, obsceno, ilegal, ilícito ou que venha a desrespeitar material protegido por direitos autorais" (grifo nosso). Define-se, assim, como se dará a interação com o fiel-internauta, estabelecendo parâmetros para sua manifestação. Por outro lado, o sistema também se compromete a não divulgar informações pessoais e material coletado, "exceto em caso em que impliquem obediência a uma determinação legal". Novamente, portanto, o sistema reconhece sua inserção em um macrossistema social, ao qual deve obediência. O sistema também se dá o direito de propriedade de "todas as informações contidas no Portal das Apóstolas". E "a utilização *não autorizada* deste conteúdo sujeita o *infrator* às *penalidades* previstas em lei, em sua máxima aplicação" (grifo nosso), esclarecendo que há coisas que o fiel pode fazer, mas também coisas "não autorizadas", o que o caracterizaria como "infrator".

---

[107] Disponível em <http://migre.me/96rAF>.

No caso do site do padre Manzotti, o sistema indica ao usuário determinadas restrições nos serviços "Testemunhos" e "Vela Virtual". O alerta é praticamente o mesmo: "ATENÇÃO: Ao submeter o formulário *clicando no botão* 'Enviar seu testemunho' [ou 'Acender minha vela'] *você está ciente* de que seu testemunho [ou a mensagem] será publicado no portal Padre Reginaldo Manzotti & Associação Evangelizar é Preciso e poderá ser lido por outras pessoas. *Evite* escrever o nome completo de pessoas que você conhece, pois os testemunhos [as velas] poderão ser arquivados pelos mecanismos de pesquisa, a exemplo do Google" (grifos nossos). Na versão anterior da "Capela Virtual" do site do padre Manzotti, o contrato estabelecido com o fiel-internauta era ainda mais explícito: "ATENÇÃO: *Ao clicar no botão* para enviar sua vela virtual, ela ficará disponível para qualquer pessoa ler e *inclusive* poderá ser mostrada em páginas de pesquisa como as do Google. *Não envie a vela*, caso você não queira que outras pessoas possam vê-la ou que o Google adicione ela em seus resultados de pesquisa. *Pressionando o botão para envio, você está ciente de que isso poderá acontecer*" (grifos nossos).

Nesses casos, o fiel é alertado desde o início ("atenção") acerca do que está prestes a fazer. Indica-se também que, ao aceitar os pressupostos do sistema, o fiel "estará ciente" de suas condições de uso (a consequente publicação no portal). É preciso "evitar" determinadas coisas (ou mesmo "não fazê-las"), pois suas consequências escapam ao alcance do sistema católico online, adentrando "territórios" e "legislações" de outros sistemas, como o Google. Além disso, esse contrato indica ainda uma das mais delicadas consequências da utilização do sistema (e até mesmo da internet em geral): a publicização dos conteúdos (neste caso, as intenções mais íntimas do fiel). Diferentemente das antigas velas de cera, em que a intenção, quando escrita, era depositada em um recipiente fechado específico para tal, ou em geral, ao menos, não ficava exposta para todos, agora o sistema publiciza os conteúdos da fé privada a toda a comunidade – às vezes pedindo permissão (como no caso do site A12, em que, em sua "Vela Virtual", há a opção "Não permitir que minhas intenções sejam visualizadas por outras pessoas") e às vezes apenas informando que isso *faz parte* do contrato e não pode ser alterado.

É possível diferenciar nesses dispositivos regulatórios dois tipos de poder discursivo. O primeiro deles, *poder disciplinar*, é um poder que tem como "função maior adestrar; ou sem dúvida adestrar para retirar e se apropriar ainda mais e melhor"[108]. Assim, a disciplina desejada pelo sistema é um instrumento de poder sobre o fiel, cujo controle não é exercido sobre o *resultado* de uma ação, mas sobre seu *desenvolvimento*, em uma vigilância perpétua e constante dos indivíduos e do tempo (veja-se o panóptico[109]), que gera uma obediência positiva ("você *deve*"), sob pena de sanção[110].

O segundo tipo de poder discursivo, chamado de biopoder, ou *poder de regulação*, não suprime a disciplina; continua-se prescrevendo ao fiel certas coisas para obter obediência e sujeição ao sistema, sob pena de sanção. No entanto, agora também se busca a condução e o governo do fiel ou de seus grupos, atuando sobre as possibilidades de ação das pessoas, sobre seu próprio autogoverno. Governar, nesse sentido, é estruturar o possível campo de ações dos outros, visando à condução das condutas ("você *pode*"). No caso das interações aqui analisadas, esses dois poderes discursivos se misturam e se reforçam.

Por outro lado, o sistema católico online também se utiliza de outra forma de restrição, como por exemplo o número delimitado de caracteres para a interação discursiva por parte do fiel. No caso da seção "Peça uma Oração" do site das Apóstolas, indica-se que a mensagem

---

[108] FOUCAULT, Michel. *Vigiar e Punir*. Petrópolis: Vozes, 2001, p. 143.
[109] Segundo a Wikipedia, panóptico é um termo utilizado para designar um centro penitenciário ideal desenhado pelo filósofo Jeremy Bentham em 1785. O conceito do desenho permite a um vigilante observar todos os prisioneiros sem que estes possam saber se estão ou não sendo observados.
[110] Um exemplo histórico de poder disciplinar, segundo Foucault, são os mosteiros, que desenvolveram uma tecnologia altamente sofisticada para a produção de sujeitos e de subjetividade. Segundo o autor, o mosteiro é uma criação institucional da Igreja moldada por um espaço fechado e repleto de regras e disciplinas, em que a ruptura com o mundo exterior é um meio de maximizar, em seu interior, as regras disciplinares e a transformação da personalidade.

poderá conter um máximo de 600 caracteres. Acima disso, o sistema não aceitará a interferência do fiel. No site A12, os textos inseridos nas "Intenções de Missa" não têm quaisquer limites, e o fiel pode escrever a intenção do tamanho que desejar. Já na "Vela Virtual" também não há nenhuma indicação de tamanho, mas depois de um determinado número de caracteres, o sistema para de registrar o texto do fiel, sendo necessário se restringir a esse tamanho máximo "desconhecido" (na verdade, são apenas 250 caracteres). Por outro lado, nos serviços "Pedido de orações" e "Velas Virtuais" do site CatolicaNet, não há uma indicação de tamanho para os textos inseridos, mas, ao preencher o formulário, o fiel se depara com um aviso do sistema acerca da delimitação do texto, em formato de mensagem *pop-up*[111] (fig. 27):

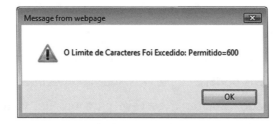

Figura 27 – Mensagem de limite de caracteres do site CatolicaNet

Essa delimitação – um pouco maior, de 700 caracteres – também está presente no link "Testemunhos" e "Vela Virtual" do "Santuário Virtual" do padre Manzotti. Na versão anterior, a então "Capela Virtual" continha um sistema de bloqueio a mensagens automáticas enviadas por outros computadores (chamado de *Captcha*[112]), diferenciando assim se a mensagem provém de uma pessoa ou de um computador (os chamados "spams"). Bastava o fiel digitar corretamente a senha indicada e, pronto, a mensagem era aceita (fig. 28).

---

[111] Janela extra que se abre automaticamente sobre a janela principal do navegador.
[112] Segundo a Wikipedia, *Captcha* é o acrônimo da expressão "Completely Automated Public Turing test to tell Computers and Humans Apart" (teste de Turing público completamente automatizado para diferenciação entre computadores e humanos).

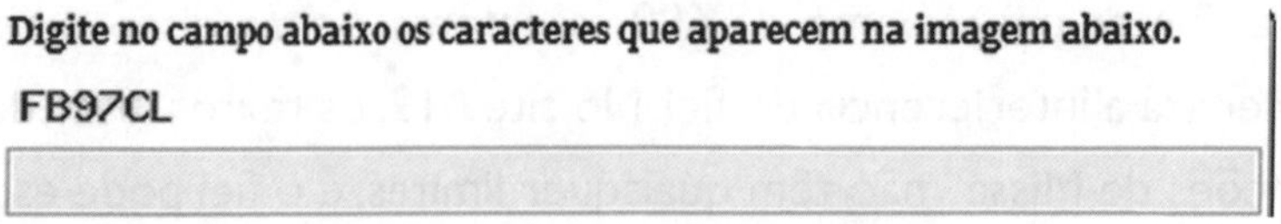

> Digite no campo abaixo os caracteres que aparecem na imagem abaixo.
> FB97CL

Figura 28 – Detalhe do sistema de bloqueio a mensagens automáticas da "Capela Virtual" do padre Manzotti

Como podemos ver, as construções discursivas por parte do fiel só podem ocorrer moldadas e condicionadas pelos limites e possibilidades dispostas pelo sistema católico online. O sistema convida o fiel a fazer coisas, o fiel comunica ao sistema suas intenções e necessidades, e recebe dele em contrapartida informações sobre as condições e os efeitos dessa ação. Há, portanto, estratégias do sistema/programador e estratégias do fiel-usuário. A tendência do sistema, nesse sentido, é a de, justamente, tentar guiar o fiel em seus meandros e evitar ao máximo os "desvios de rota" e as mudanças de percurso por parte do fiel, controlando, selecionando e organizando o discurso por meio de procedimentos para evitar seus poderes e perigos, seu "acontecimento aleatório"[113].

Por outro lado, o sistema escreve para um fiel virtual, e este se atualiza e se presentifica – simbólica e digitalmente – no texto produzido pelo enunciador: um fiel que deseja bênçãos, conforto e graça de Deus – às vezes com a garantia de sua privacidade –, mas também um fiel que demanda certos limites do sistema, para evitar abusos "impróprios, obscenos, ilegais ou ilícitos". Porém, o poder do sistema-enunciador reside e é concedido pelos enunciatários: só porque há um "ouvido" é que há um "falante". Sem o fiel-internauta, o discurso do sistema é "vazio", sem sentido. É o fiel-internauta, "assediado" pelo discurso do sistema, que lhe concede seu valor ritualístico, religioso, sagrado.

Assim, a partir desses contratos, regras e promessas, aceitos ou negados, que revelam as disputas de poder discursivo, é que sistema e fiel estabelecem sua interação discursiva.

---
[113] Cf. FOUCAULT, 2008, op. cit.

***

Agora, portanto, é preciso analisar a circulação desse diálogo, a partir das construções de sentido por parte do fiel no interior do sistema. Encontramos em nosso objeto de pesquisa a presença de uma rede visível de interações, realizadas e estimuladas no interior do sistema a partir de três atores: o *"fiel"* (propriamente o internauta orante, intercessor etc.); um *"outro"* (por quem o fiel intercede, tornando-se também mediador, ou a quem o fiel se dirige para que interceda por ele – como outro fiel no interior do sistema ou fora dele); e um *"Outro"*, o destinatário último (o sagrado, em suma) (fig. 29).

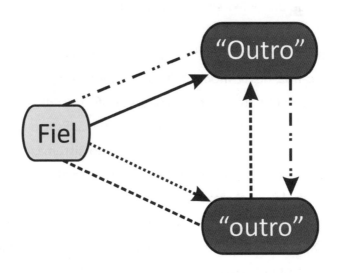

Figura 29 – Diagrama das interações discursivas em sites católicos brasileiros

O diagrama acima busca mapear esses fluxos de forma gráfica: a interação discursiva "fiel-Outro", dirigindo-se a Deus, representada pela linha contínua; a interação discursiva "fiel-outro", isto é, com os demais internautas, representada pela linha pontilhada; a interação discursiva "fiel-outro-Outro", ou seja, quando o fiel solicita a intercessão de outro internauta ou de um mediador do sistema para chegar a

Deus, representada pela linha tracejada; e a interação discursiva "fiel-Outro-outro", em que o fiel intercede e se torna mediador, via sistema, diante de Deus, por outra pessoa, representada pela linha tracejada e pontilhada. Por meio desses fluxos interacionais, o fiel é convidado pelo sistema a *coconstruir* o religioso em seu interior, discursivamente[114].

Agora, iremos analisar como é feita essa construção discursiva por parte do fiel-internauta. Para isso, organizamos e mapeamos – embora com possíveis lacunas e áreas inexploradas – as modalidades pelas quais essas interações se efetuam discursivamente por meio dos serviços religiosos e rituais online de sites católicos brasileiros. Aqui, traremos apenas alguns exemplos de cada um dos sites, como representatividade de um universo extremamente maior[115].

6.3.2. Interação discursiva "fiel-Outro" (sagrado)

Referimo-nos, nessa modalidade, à interação que ocorre quando o fiel, impelido pelo sistema, responde à sua oferta e, discursivamente, constrói sentido religioso no interior do sistema. Esta é uma das interações discursivas na qual o fiel, por meio do sistema, coloca-se na presença de um "Outro" maior, de Deus, buscando alimentar sua relação com o sagrado – a chamada oração silenciosa, individual, "privada". Seria, assim, o reforço de uma tradição de fé – a oração individual –, o alimento básico da relação do fiel com Deus, em que não há outros "interesses" nessa interação (como na oração intercessória, em que se visa a rezar por alguém, por determinada situação alheia), mas apenas o contato pessoal com Deus, agora midiatizado. Aqui, podemos destacar rituais como as "velas virtuais" e os "pedidos de oração", serviços por meio dos quais o indivíduo – apenas ele e um aparato digital – encontra uma forma para se pôr em contato com Deus.

---

[114] Veremos outros detalhes dessa *coconstrução* também no item 6.4.2.
[115] Apenas a título de ilustração da grande utilização dos serviços religiosos online por parte dos fiéis, diariamente são acesas no site A12 quase 4.000 "velas virtuais". Em setembro de 2012, havia mais de 75 mil velas acesas no sistema.

Percebe-se assim a relação um-um que esses sistemas oferecem, em que o fiel, em sua individualidade e privacidade, encontra, por meio da internet, um meio para se colocar diante de Deus, como pessoa. A internet transforma-se, dessa forma, na intermediadora entre o fiel e o sagrado: não mais o templo apenas, não mais o sacerdote apenas, mas também o sistema católico online. Confere-se ao sistema uma outra dimensão, espiritualizada e religiosa, de *conexão* entre "este mundo" e o mundo sagrado. Esse ambiente online é sacralizado e convertido em um templo ubíquo e atemporal – poderíamos dizer até *hipertemporal*, já que alguns rituais ganham vida a partir do clicar do mouse do internauta e ocorrem *quando* e *se* o internauta quiser.

Encontramos diversos exemplos dessa categoria de interação discursiva nos sites por nós analisados. Na figura abaixo, da "Capela Virtual" do padre Manzotti, a fiel "Elizabete", de Lamarão, Bahia (o sistema também informa o *lugar de fala* do fiel), dirige sua oração ao "Senhor" e à "Maizinha" [sic] (fig. 30).

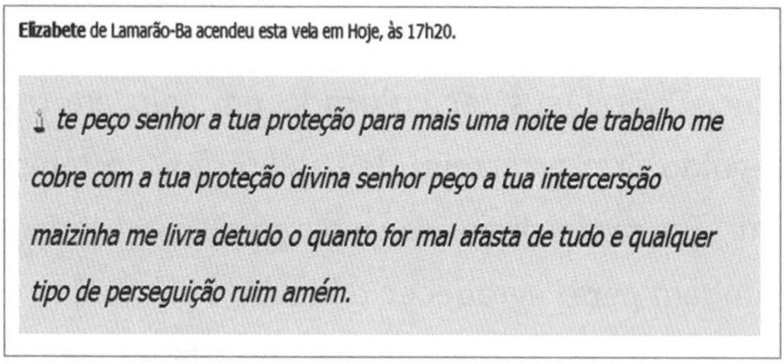

> Elizabete de Lamarão-Ba acendeu esta vela em Hoje, às 17h20.
>
> te peço senhor a tua proteção para mais uma noite de trabalho me cobre com a tua proteção divina senhor peço a tua intercersção maizinha me livra detudo o quanto for mal afasta de tudo e qualquer tipo de perseguição ruim amém.

Figura 30 – Interação discursiva "fiel-Outro" no site do padre Manzotti

Percebe-se, discursivamente, que "Elizabete" dirige-se ao "Senhor" e a Maria para que realize o que ela pede por meio da "vela virtual". Seu propósito, aqui, é interagir "diretamente" com Deus *por meio* do sistema – por mais paradoxal que isso possa parecer. Dessa forma, delega-se ao site, ao serviço disponibilizado via internet, um caráter *mistagógico*, ou seja, de inserção no mistério divino: a fiel "acessa" Deus por meio do sistema. Por outro lado, reforça-se o caráter *performativo* do que é dito no discurso: ou seja, uma enunciação que realiza a ação enunciada, a íntima união sagrada entre palavra e ritual. A fiel acredita que Deus irá "protegê-la em mais uma noite de trabalho" e que Maria irá interceder por ela para lhe "livrar" de todo mal e perseguição. Sua crença se confirma no "amém"[116] final: pediu, e Deus corresponde.

Já a fiel "Rosiley" fez questão de retornar ao mesmo "Santuário" para agradecer por uma graça alcançada (fig. 31).

> **rosiley** de sao jose dos pinhais parana acendeu esta vela em Hoje, às 18h43.
>
> *AGRADECIMENTO. VENHO HOJE AGRADECER POR DEUS TER COLOCADO UM ANJO EM MINHA VIDA!AGRADEÇO PELA MINHA CARTEIRA DE HABILITAÇÃO QUE CONSEGUI TIRAR NESTA TERÇA-FEIRA. FOI NO SEU TEMPO E NÃO NO MEU, POR ISSO EU AGRADEÇO E LOUVO A TI SENHOR AMÉM..*

Figura 31 – Interação discursiva "fiel-Outro" no site do padre Manzotti

Ela agradece "por Deus ter colocado um anjo em minha vida" e por ter conseguido tirar a carteira de habilitação "no tempo de Deus" e "não no meu". Em razão disso, ela se dirige discursivamente, via sistema, a Deus também para "agradecer e louvar".

Nesse outro caso, da "Capela Virtual" do site A12, a fiel "Terezinha Braga", de Fortaleza, Ceará (novamente, o fiel fala de um lugar de enunciação registrado pelo sistema), por meio de uma interação discursiva, pede a intercessão de "Maria" (fig. 32), uma nova "instância" do sagrado (em diversos casos, os santos em geral também são nomeados). Sua vela, acesa na "Capela Virtual" do site A12, encontra, assim, sua destinatária por meio do sistema.

---

[116] Amém é uma palavra hebraica cujo significado é "assim seja", que também significa concordância, aprovação.

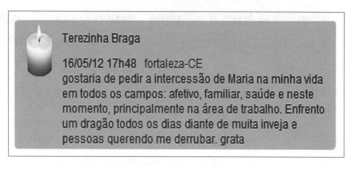

Figura 32 – Interação discursiva "fiel-Outro" no site A12

O caráter do pedido é amplo ("afetivo, familiar saúde [...] trabalho"). Assim, a fiel solicita ("gostaria de pedir") e explica o motivo do pedido ("enfrento um dragão todos os dias") e, por fim, agradece pela escuta ("grata"). Além de fonte de graças, manifesta-se, por meio de pedidos como esse, um sagrado "tapa-buracos", que resolve problemas "em todos os campos" e afasta a "inveja" das demais pessoas.

Abaixo, o fiel "Vas", na "Capela Virtual" do site das Apóstolas, indica um nível de construção discursiva simbólica e religiosa mais complexo, apelando às "mãos ensanguentadas de Jesus, mãos feridas lá na cruz" (fig. 33).

Figura 33 – Interação discursiva "fiel-Outro" no site das Apóstolas

Quase poeticamente, o fiel constrói o sentido religioso a partir de certo conhecimento do sagrado e também dirigindo-se a um nível de sagrado mais complexo do que nos casos anteriores. Aqui, a interface interacional foi bastante "eficaz" a ponto de levar o fiel a pedir, por meio do sistema, que Jesus lhe "toque", experimentando, assim, uma sensação de sacralidade que apela também à sua sensibilidade corpórea. A intenção encerra com um apelo por parte do fiel ("misericórdia"), manifestando também o nível de "negociação" de valores e sentidos que é feito com o sagrado.

Portanto, diferentemente das velas de cera, em que a intenção, quando escrita, não ficava exposta, o sistema católico online agora publiciza os conteúdos da fé privada do fiel. Vemos um exemplo dessa publicização extrema no caso abaixo, ainda na versão anterior da "Capela Virtual" do padre Manzotti (fig. 34).

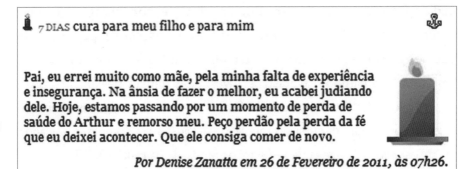

Figura 34 – Interação discursiva "fiel-Outro" no site do padre Manzotti

Aqui, a interação discursiva do fiel com Deus é marcada por uma confissão ("eu errei") pública da fiel, que até indica seu nome completo ("Denise Zanatta") e o nome de seu filho ("Arthur"). O sistema, previamente, como víamos, alerta que qualquer vela acesa "poderá ser lid[a] por outras pessoas" e, por isso, é preciso evitar "escrever o nome completo de pessoas que você conhece, pois as velas poderão ser arquivados pelos mecanismos de pesquisa". Porém, aceitando essa cláusula e estando ciente da publicização, a fiel se submete, mesmo assim, a essa forma de confissão pública de seus pecados: de seus "erros" como mãe, de sua "falta de experiência e insegurança", por ter "judiado" do filho, de sua "perda da fé". Tudo isso em busca do perdão divino – mediado não mais pelo sacerdote na confissão, mas sim pelo sistema católico online. Portanto, a construção interfacial do sistema cumpriu seu papel, ocultando suas processualidades e levando a fiel a reconhecer seu próprio pecado publicamente, sentindo-se apenas na presença de Deus.

Em certas ocasiões, além disso, para uma possível maior eficácia de sua interação, o fiel recorre a diversas instâncias de mediação do sagrado por parte do sistema para a construção de seu discurso religioso, como nos casos abaixo, recolhidos do site CatolicaNet (fig. 35 e 36).

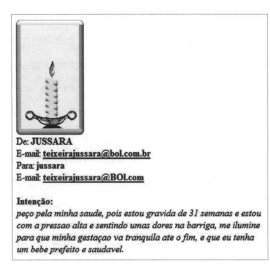

Figura 35 – Interação discursiva "fiel-Outro" no site CatolicaNet

```
De:                    JUSSARA
Para:                  jussara
         Oração:
peço pela minha saude, pois estou gravida de 31 semanas e estou com a
pressao alta e sentindo umas dores na barriga, me ilumine para que
minha gestaçao va tranquila ate o fim, e que eu tenha um bebe prefeito e
saudavel.
------------------------------------------------------------------
De:                    JUSSARA
Para:                  jussara
         Oração:
peço pela minha saude, pois estou gravida de 31 semanas e estou com a
pressao alta e sentindo umas dores na barriga, me ilumine para que
minha gestaçao va tranquila ate o fim, e que eu tenha um bebe prefeito e
saudavel.
```

Figura 36 – Interação discursiva "fiel-Outro" no site CatolicaNet

Em ambos os casos, a fiel "Jussara" manifesta seu pedido por sua saúde, pela tranquilidade da gestação e para que o bebê seja "prefeito e saudável" [sic]. O que chama a atenção, porém, é que a intenção da Fig. 39 foi escrita no ritual "Velas Virtuais"; já a segunda intenção, da Fig. 40, foi inserida duas vezes no serviço "Pedido de Orações". Assim, a fiel não apenas solicita a mediação do sistema junto a Deus, mas também pede essa mediação sob suas várias formas, em suas várias instâncias, de forma a garantir que seu pedido seja aceito, via sistema, pelo Destinatário final.

Assim, nas interações discursivas "fiel-Outro", o fiel aceita o contrato interacional ofertados pelo sistema e também "oferta" ao sistema seu discurso religioso, *recriando* e *recombinando* os elementos de sagrado ofertados pelo sistema. É interessante perceber que essa transposição da oração pessoal para um discurso construído no interior do sistema católico online não é apenas uma mudança de forma, mas também de *construção de sentido* e *de experiência religiosa*.

Quando o texto se torna código, dígito, são possíveis dois processos, remodelados em suas estruturas, chamados por Kerckhove[117] de *descontextualização* e *recombinação*. Especialmente com a digitalização, o texto se liberta do contexto. Na internet, pela interface interacional, os conteúdos são ofertados de certa forma hierárquica por parte do sistema, mas, no momento da apropriação do fiel, passam a ser, junto com os demais conteúdos das páginas, códigos independentes que, interconectados pelo usuário em seu discurso, passam a formar um novo sentido. Essa descontextualização, por sua vez, é o que permite a recombinação. Assim, o indivíduo pode "analisar (fragmentar) a matéria e a linguagem, dividir (descontextualizar) segmentos úteis, e depois combin[á]-los (recombinação) com outros segmentos"[118], reconstruindo sua experiência religiosa e seu sentido de sagrado por meio de sua interação com o sistema católico online.

---

[117] Cf. KERCKHOVE, Derrick de. *A Pele da Cultura: Investigando uma Nova Realidade Eletrônica*. São Paulo: Anablume, 2009.
[118] Cf. ibid., p. 219.

6.3.3. Interação discursiva "fiel-outro" (internauta-sistema)

Nesta outra modalidade de interação discursiva, o discurso já encontra um nível maior de complexidade. Por meio da internet, o fiel dirige-se a seus contemporâneos, seja testemunhando alguma graça recebida, seja expressando uma mensagem de incentivo ou de apoio religioso; ou ainda dirige-se ao próprio sistema, solicitando algo ou solucionando alguma dúvida, e às vezes recebendo contrapartidas por parte do sistema.

Abaixo, temos um caso de interação discursiva ocorrida nas "Velas Virtuais" do site CatolicaNet, em que o fiel dirige-se a um "outro" (fig. 37).

Figura 37 – Interação discursiva "fiel-outro" no site CatolicaNet

"Salete" constrói seu discurso dirigindo-se a seu pai, "Guilherme". Ao inserir o endereço de e-mail dele, seu pai irá receber a confirmação da oração da filha. Isso complexifica ainda mais os fluxos comunicacionais do sagrado. No ambiente offline, quando rezamos em algum templo ou acendemos nossa vela, o ritual tradicional não nos oferece nenhuma possibilidade de que a nossa oração seja "ouvida" por alguma outra pessoa que se encontre distante de nós e por quem queiramos interceder, a não ser que rezemos em voz alta para que todos ouçam. Mas, por meio do sistema católico online, essa possibilidade nos é dada, e, instantaneamente, assim que fazemos nossa oração, a pessoa por quem intercedemos poderá receber não apenas a confirmação de nossa oração, mas também e justamente a *própria oração*, reforçando, assim, a ambiência de sacralidade comum, possibilitada pelo sistema que, como vemos, transparece para o fiel (ela e seu pai encontram-se em um mesmo ambiente sagrado). O discurso religioso, assim, ultrapassa as barreiras do ritual como era conhecido, instaurando uma nova modalidade de construção. E, novamente, o "amém" final reforça a dimensão performática desse ritual, fazendo o que diz.

No caso abaixo, retirado do "Santuário Virtual" do site do padre Manzotti, a fiel "Eliane", de Minas Gerais (novamente, o lugar de fala é explicitado pelo sistema) acende uma "Vela Virtual" em que se dirige diretamente ao "Padre", ao mantenedor do sistema (fig. 38).

> ELIANE de BH/MG acendeu esta vela em Hoje, às 07h51.
>
> ᛉ BOM DIA PADRE QUE DEUS CONTINUE TE ILUMINANDO. GRAÇA E PAZ. QUERO TE AGRADECER PORQUE ATRAVES DA SUA ORAÇAO E DE TODOS QUE INTERCEDEM EM ORAÇAO JESUS TEM ME CONFORTADO ME DANDO FORÇAS. TENHO ENCONTRADO PAZ OBRIGADO PADRE.

Figura 38 – Interação discursiva "fiel-outro" no site do padre Manzotti

Seu discurso é de agradecimento ao padre e reforça seu diálogo com esse interlocutor específico: "bom dia, padre", "obrigado, padre". Para a fiel, não muda nada que ela esteja fazendo uso de um serviço (*Vela Virtual*) que, a princípio, é de religação com o sagrado, como o ato de acender velas. O sistema é uma ambiência única que conecta ela e o sacerdote.

Essa modalidade de interação discursiva também é explicitada nos diversos rituais de testemunho, por exemplo. Nestes, após determinada experiência religiosa, o fiel dirige-se à comunidade ou a alguém específico, por meio dos serviços e rituais ofertados pelos sites, para manifestar o que vivenciou em termos de fé. O fiel interage, dessa forma, com os demais "irmãos e irmãs", segundo as regras e os protocolos de divulgação no sistema.

No caso do site do padre Manzotti, a seção *Testemunhos* é destinada à "publicação de testemunhos e agradecimentos de graças alcançadas". O site informa que "aqui você pode compartilhar sua história com os demais visitantes ou ainda ler os testemunhos deixados ao decorrer dos meses". E o convite por parte do sistema é: "Agradeça a uma graça alcançada!".

No caso abaixo, a fiel "Luciana", de Mulungu, Ceará, dirige seu testemunho ao "padre", deixando "aqui" seu agradecimento (fig. 39).

> **Testemunho de Luciana de mulungu ceará:**
>
> Agradecimento
>
> olá padre quero deixar aqui meu agradecimento aos arcanjos do senhor que pela fé e oração recebia uma graça pois pedi que eu conseguisse um emprego com muita fé e joelhos dobrados consegui obrigado jesus obrigado arcanjos obrigado padre por fazer parde da minha vida pois foi com seu programa que consegui.
>
> Em 17/05/2012 às 09h14

Figura 39 – Interação "fiel-outro" no site do padre Manzotti

Tanto a fiel (ao indicar seu lugar de fala, Ceará, "aqui"), quanto o sistema (ao indicar a data e a hora específica dessa interação) deixam pistas e marcas da ocorrência dessa interação. Além disso, a fiel traz ao ambiente online algo que aconteceu em outra processualidade comunicacional: sua intenção foi alcançada "com seu programa", os programas que o padre Reginaldo Manzotti apresenta tanto na rádio, quanto na TV (no discurso da fiel, não fica claro em qual programa específico). Assim, o ambiente online torna-se coextensivo às demais ritualidades midiatizadas, complexificando os processos de circulação comunicacional.

Neste outro caso (fig. 40), publicado na versão anterior da seção *Testemunhos*, do site do padre Manzotti, a fiel "Aureni" dirige seu testemunho a "todos" os demais fiéis-internautas, relatando como obtém as "forças para seguir em frente" por meio do programa do padre.

Fé e Perseverança

Boa tarde a todos, Só tenho a agradecer a Deus e a Nossa Senhora, minha vida não é fácil como a de todos os brasileiros, problemas no trabalho, com pessoas que amo muito e as vejo sofrer, calúnias contra meu csamento, mas com a fé em Nosso Senhor Jesus Cristo, escutando o programa do Padre Reginaldo e lendo a Bíblia, consigo forças para seguir em frente. Obrigada Senhor Jesus por estar sempre perto de mim. Obrigada padre Reginaldo por fazer este programa de rádio que amo tanto ouvir. Aureni - Niterói - RJ

Testemunho escrito por Aureni, Niteroi/RJ em Hoje, às 15h54.

Figura 40 – Interação "fiel-outro" no site do padre Manzotti

Assim, seu discurso é dirigido à toda a comunidade dos demais fiéis ("boa tarde a todos"). Além de agradecer ao "Senhor Jesus", a fiel também se dirige ao sacerdote, agradecendo-lhe pelo programa de rádio (aqui, sim, especificado), reforçando a autorreferencialidade do sistema comunicacional católico, por meio da qual, ao ouvir um programa de rádio, o fiel é convidado a acessar os conteúdos online e, nesse ambiente, agradece pelo programa de rádio.

Outro serviço semelhante é a seção *Especialistas* do site CatolicaNet. Nesse serviço, os fiéis podem enviar suas perguntas e receber uma resposta por parte dos mantenedores do sistema, o que manifesta uma nova sofisticação da interação discursiva, em que o sistema faz uma oferta e um convite a que o usuário se manifeste no interior do próprio sistema, e este promete ao usuário que lhe responderá também via sistema. Nos exemplos abaixo (fig. 41), vemos que os fiéis, sem serem identificados, enviam seus questionamentos ao sistema ou aos mediadores por este indicados.

Especialista:	Ir. Estevão da Esperança, SE
Pergunta:	QUANDO EU TIVER ALGUMA DUVIDA OU NÃO ENTENDER ALGUMAS DAS LEITURAS DA LITURGIA OU DOS EVANGELIOS E POSSO ESCLARECER POR ESTA FERRAMENTA?
Resposta:	Pode ser pelo \"Fale Conosco\" também. Um abraço e que Deus te abençoe.
Especialista:	Ir. Estevão da Esperança, SE
Pergunta:	Tem Direção espiritual via virtual? quais os padres disponiveis?
Resposta:	Bom dia minha Irmã. Existe sim e até por isso que existe esta especialidade aqui no \"site\". Caso queira você pode utilizar esta ferramenta aqui enviando suas dúvidas ou pedido de orientação. Ainda pode escrever diretamente para: irestevao17@catolicanet.com.br . Sou monge, sacerdote aqui em São Paulo. Direção Espiritual NÃO é sacramento por isso pode ser feito via internet. Quanto à Confissão terá que procurar um sacerdote pessoalmente.

Figura 41 – Interação discursiva "fiel-outro" no site CatolicaNet

No primeiro caso, o fiel manifesta uma dúvida que lhe vem do ambiente offline: sobre as "leituras da liturgia ou dos evangelhos". Na resposta, o representante do sistema, "Ir. Estevão da Esperança", remete o fiel novamente ao interior do sistema, a uma outra seção, para novamente interagir discursivamente, mas no espaço apropriado ("Fale Conosco"). Esse outro ambiente preserva a privacidade do fiel, pois o que é ali enviado não é de acesso dos demais fiéis.

No segundo caso, a fiel (indicada pelo vocativo "minha irmã" usado pelo mediador) solicita ao sistema indicações sobre um serviço religioso online, a "direção espiritual". O irmão, então, explica didaticamente ao fiel que esse espaço de "Especialistas" existe justamente para orientar os internautas, incentivando o fiel a continuar esse diálogo por intermédio do sistema. Mas, se for preciso, o "especialista" indica outra processualidade comunicacional para dar seguimento à interação, como o e-mail.

O "especialista" também reafirma seu papel: é "monge, sacerdote aqui em São Paulo". Ou seja, "existe" em determinado papel e em determinado lugar. Reforça-se a função de "oráculo" por parte do sistema, indicado também pela nomenclatura do serviço ("Especialistas"), uma instância à qual os fiéis se dirigem para solucionar suas dúvidas e receber uma palavra "especializada" – que não lhes pertence e, por isso, precisam recorrer ao sistema e a seus membros especialistas. E o discurso do especialista é enfático: o que é feito nesse serviço religioso online "NÃO" é um sacramento. Para outras necessidades nesse sentido, ainda é preciso recorrer aos ambientes offline ("pessoalmente"). A participação nesse serviço, além disso, é restrito aos fiéis que se cadastram, e o sistema indica essa restrição ao se tentar enviar uma pergunta. Mas as perguntas já feitas por outros fiéis ficam disponíveis para a leitura dos demais leitores.

Nessas interações discursivas, o que vemos é que o sistema se coloca como um ponto de encontro entre o fiel e os demais usuários ou então com os representantes desse sistema, como os religiosos consagrados ou ordenados. A intermediação da instituição, portanto, não desaparece em favor da internet, mas, ao contrário, ganha um novo elemento: a interposição das processualidades da internet, somadas àquela intermediação tradicional. O sistema, então, passa a ser *mais uma* mediação entre o fiel e o sagrado, em nome da velocidade de resposta e da facilidade de acesso por parte do fiel.

O fiel, também aqui, *descontextualiza* o discurso ofertado pelo sistema para contextualizá-lo em seu próprio contexto (uma "vela virtual", por exemplo, se transforma em um espaço de diálogo com o mediador do sistema). E o usuário "oferta" ao sistema sua *recriação*, sua *recombinação*. Por isso, é importante perceber como as limitações e regras impostas pelo sistema são transgredidas pela invenção social, e, por consequência, como as liberdades da interpretação são sempre limitadas novamente pelo sistema (determinadas coisas só podem ser feitas em ambientes específicos).

Assim, redefine-se o conceito de discurso e de narratividade tradicionais do sagrado. O fiel, na tentativa de acompanhar uma narrativa sobre o sagrado, atravessa um banco de dados, seguindo links, por meio de seus interesses e desejos, mas condicionado pelo mapa estabelecido pelo programador do sistema. Assim, essa narrativa interativa, de leitura-escrita em rede – uma *hipernarrativa* – pode ser entendida como *mais do que a soma* das múltiplas trajetórias e interações discursivas no interior do sistema, pois, ocorrendo complexamente, dão um novo rosto e uma nova forma a um sagrado e a uma fé construídos digitalmente a várias mãos.

6.3.4. Interação discursiva "fiel-outro-Outro"

Nesta outra modalidade, analisamos as interações discursivas em que o fiel, por meio de um outro (sejam seus possíveis leitores, seja algum outro intermediário oferecido pelo sistema, como padres ou responsáveis pelo site), busca se relacionar finalmente com Deus, ou obter deste seus favores. Ou seja, para que o fiel tenha contato com Deus, existe, além do próprio sistema, uma outra mediação: *solicitada pelo fiel* – quando se dirige à comunidade para que interceda por ele – ou *interposta pelo sistema* – como quando lhe é informado que as orações serão repassadas ao padre para que reze por essas intenções ou colocadas, posteriormente, sobre o altar da missa.

No caso abaixo, a fiel, discursivamente, apela aos demais fiéis da *Capela Virtual* do site das Apóstolas para que intercedam por ele (fig. 42).

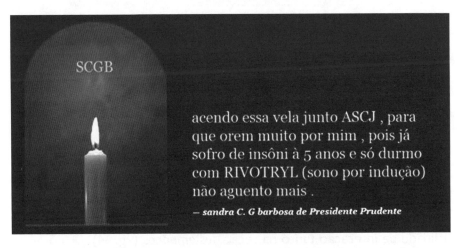

Figura 42 – Interação "fiel-outro-Outro" no site das Apóstolas

"Sandra C. G. Barbosa" pede para que "orem muito por mim", dirigindo-se à comunidade das Apóstolas, mas também à comunidade dos demais fiéis-internautas, para que assim Deus resolva seu problema de insônia. O discurso é construído em torno a um "vocês" ("orem"), isto é, o conjunto das religiosas e dos fiéis-internautas. Para a fiel "Sandra", o sistema torna-se, assim, um ponto de encontro com uma "comunidade", a das "ASCJ", Apóstolas do Sagrado Coração de Jesus. O próprio sistema convida a essa interação comunitária, indicando, no processo do acendimento das velas, para que, no campo "Grupo", o fiel preencha com a sigla "ASCJ", "para que nossas velas brilhem juntas". Portanto, de alguma forma, embora tão fluida e até mesmo desconectada de sua vida do outro lado da tela, o fiel recorre a uma comunidade: uma nova ambiência em que novas relações entre fiéis passam a ser construídas.

Encontramos abaixo mais um caso de mediação solicitada pelo fiel junto a um "outro", da *Capela Virtual* do site A12 (fig. 43).

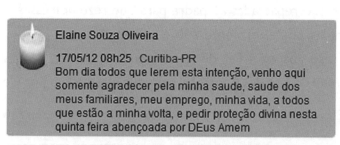

Figura 43 – Interação "fiel-outro-Outro" no site A12

Nesse caso, a fiel "Elaine Souza Oliveira", de Curitiba, Paraná, se dirige a "todos que lerem esta intenção". Além de agradecer, ela pede a "proteção divina nesta quinta-feira". Assim, mediada pelo sistema, a fiel dirige-se ao conjunto dos demais fiéis-internautas e dos mediadores do site. Para a fiel, o sistema torna-se, assim, o ambiente em que essas relações entre fiéis e comunidade também passam a ser construídas.

No caso do site do padre Manzotti, vemos ocorrências dessa modalidade de interação tanto na seção *Testemunhos* (fig. 44).

> **Testemunho de Karla de Olinda/PE:**
>
> Pedido de oração
>
> Padre Reginaldo peço que ore muito por meu esposo Alexsandro e por mim Karla estamos passando muitas tribulações em nosso casamento as amizades dele so levam ele para beber deixa o trabalho e me deixa em ksa me faz sofrer muito.Gosto muito dele fale me nosso nomecom urgencia no programa evangelizar é preciso escuto o programa pela Radio Recife/FM de Recife,ja passei varias vezes meu pedido e nunca escutei o senhor falar em nosso nome,mas tenho fé que vai ler e falar sobre nois dois.Amém Karla
>
> Em 17/05/2012 às 09h58

Figura 44 – Interação "fiel-outro-Outro" no site do padre Manzotti

Nesse caso, a fiel "Karla", de Olinda, Pernambuco, dirige-se ao "Padre Reginaldo" para que ele "ore muito" junto a Deus. Seu pedido também pede a intercessão do padre remetendo a ambiência de sacralidade às demais processualidades comunicacionais: para que seu pedido seja realmente atendido é preciso que o padre "fale o nosso nome com urgência no programa Evangelizar é Preciso" da rádio Recife FM, pois a fiel "nunca escutou" o padre falar o nome do casal ao vivo na rádio. E confirma com o "amém" final. Assim, por meio do padre e das mediações digitais e radiofônicas, a fiel espera ser atendida junto a Deus. Novamente, explicita-se nesse discurso a publicização dos pedidos. A fiel, embebida pela sensação de sacralidade criada pelo sistema, expõe seus problemas mais íntimos de seu relacionamento com o marido para toda a comunidade de leitores.

No mesmo site, porém no *Santuário Virtual*, no serviço de *Vela Virtual*, encontramos um caso semelhante (fig. 45).

> maria de Amambai MS acendeu esta vela em Hoje, às 09h59.
>
> *PADRE BOM DIA! ORE NA HORA DA MISERICÓRDIA POR MIM E TODA MINHA FAMÍLIA,INTERCEDA POR MIM AO MEU SENHOR JESUS CRISTO QUE FAZ O AGIR E REALIZE O IMPOSSÍVEL NO MEU ESPOSO CURANDO E LIBERTANDO DE TODO MAL DA DESTRUIÇÃO,QUE JESUS RESSUSCITADO DERRAMA BENÇAS S*

Figura 45 – Interação "fiel-outro-Outro" no site do padre Manzotti

Nesse caso, a fiel "Maria", de Amambai, Mato Grosso do Sul, acende uma vela dirigindo seu discurso ao "padre" e pedindo sua "oração", sua "intercessão" na "Hora da Misericórdia", o programa de rádio apresentado pelo sacerdote. Assim, a "vela virtual", além de ser um encontro com o sagrado, passa a ser também o ponto de encontro com o próprio sacerdote, gerando formas criativas e inventivas do fiel de criar novos espaços de diálogo. Por outro lado, a eficácia desse sagrado passa a ser reconhecida nas mediações midiatizadas possíveis: Deus só irá "realizar o impossível" se a oração for feita no rádio e na internet.

Assim, não basta um ritual online em que o fiel se coloca diante de Deus por meio das processualidades da internet: agora, é acrescentado um novo ator nessa interação, personificado, por exemplo, pela comunidade dos demais fiéis-internautas, ou pelos mediadores do sistema, seus sacerdotes e religiosos, ou ainda por outros ambientes religiosos midiatizados, como o programa de rádio, que se alimenta reciprocamente com as construções simbólicas do ambiente online. O fiel encontra, nessa intercessão de seus demais pares, seu caminho rumo a Deus e à sua experiência religiosa.

6.3.5. Interação discursiva "fiel-Outro-outro"

Uma das formas de oração também muito utilizadas nos rituais online é a chamada "oração intercessória", em que é o fiel que se dirige a Deus para pedir-lhe que realize determinada ação sobre a vida de um outro (seja uma pessoa, comunidade, evento etc.). É agora a mediação do fiel (mediado pelo sistema, por sua vez) em nome de outrem, junto a Deus. O fiel torna-se, assim, porta-voz de um outro perante o sagrado, por meio do sistema. Encontramos no site CatolicaNet um exemplo dessa interação discursiva (fig. 46).

Figura 46 – Interação discursiva "fiel-Outro-outro" do site CatolicaNet

Nesse caso, a fiel "Ana Alice" dirige-se a "Jesus Cristo" para que salve sua irmã "Cristina". Assim, a fiel, via sistema, se torna a mediadora entre outro fiel e Deus. Novamente, manifesta-se um caráter *mistagógico* nessa interação: assim como na interação "fiel-Outro", o internauta dialoga com Deus *por meio do sistema*, poderíamos dizer até *"diretamente por meio do sistema"*, mas agora em nome de um "outro".

No caso abaixo, da *Capela Virtual* do site A12, há uma ocorrência semelhante (fig. 47).

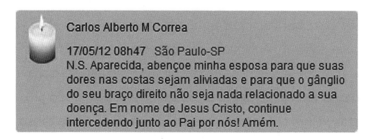

Figura 47 – Interação discursiva "fiel-Outro-outro" no site A12

Nessa interação, o fiel "Carlos Alberto M. Correa", de São Paulo, por meio do sistema e de suas processualidades, manifesta sua intercessão junto a Nossa Senhora Aparecida em nome de sua esposa. O "amém" final, novamente, confirma o caráter performático desse discurso, em que, fazendo a oração, o fiel crê que seu pedido, construído discursivamente, terá efeito. Mesmo reconhecendo que seu pedido é feito por meio do acendimento de uma "vela virtual" no interior do sistema católico online, para o fiel, não existe nenhuma intermediação entre ele, sua esposa e o sagrado (Nossa Senhora): a técnica transparece. Se muito, há como que um "véu" que o separa de Deus, mas um véu muito tênue – quase invisível – que passa despercebido ao olhar do fiel (mas que contém toda a estrutura, os códigos, as processualidades e os protocolos próprios da internet).

Como vemos no caso a seguir, a intercessão por parte do fiel também pode ser em nome de uma comunidade de fiéis (fig. 48).

Figura 48 – Interação discursiva "fiel-Outro-outro" no site das Apóstolas

Nesse caso, um fiel anônimo intercede junto ao "Senhor" para que "tome conta do grupo Emanuel", para que toque o coração "de todos". Assim, o fiel traz consigo, para as processualidades comunicacional-religiosas da internet, todo o seu grupo, à presença de Deus, mediado pelo sistema.

Outras vezes, como no caso abaixo, o discurso religioso chega a incluir especificidades do ambiente offline (fig. 49).

Figura 49 – Interação discursiva "fiel-Outro-outro" no site das Apóstolas

Assim, indica-se ao sagrado que o fiel espera a intercessão de Deus em *determinada ocasião* ("prova") e *horário* ("hoje 13h"). Também pode haver uma intercessão em causas muito pessoais, que, como dizíamos anteriormente, é construída discursivamente de forma pública, como no relacionamento descrito abaixo (fig. 50).

Figura 50 – Interação discursiva "fiel-Outro-outro" no site das Apóstolas

Nessa intenção, a fiel "CF", de Petrópolis, solicita uma intercessão por seu marido adúltero, expondo publicamente uma delicada situação pessoal. E intercede também, via sistema, junto a Deus, pela própria causa da traição que vem sofrendo ("esta mulher"), para que Deus lhe "dê luz" e, assim, fique "bem longe" de seu marido.

* * *

Até aqui, analisamos algumas modalidades de interação discursiva, tanto por parte do sistema em direção aos fiéis-internautas, quanto por parte dos fiéis no interior do sistema, construindo assim sentido religioso. Nas interações discursivas do sistema católico online, o fiel coloca-se em meio à encruzilhada de "discursos" que lhe falam. Além de um discurso *ao* fiel, existe também um discurso *do* fiel, *construído pelo* fiel, que é inserido no sistema e depois oferecido por este aos demais fiéis. Essa rede de interações, como vimos, se dá a partir de três fluxos de discurso: o fiel-internauta em interação com um "Outro", o destinatário último (Deus, Nossa Senhora ou os santos); o fiel em interação com um "outro" (seus demais pares ou o próprio sistema); o fiel em interação com um "outro", mediado pelo "Outro" (nos pedidos de oração, por exemplo); e ainda o fiel em interação com o "Outro", intercendo por "outro(s)".

O que podemos perceber é que os discursos entre fiel-sistema incluem e manifestam pistas e indícios de um *projeto de interação*: duas estratégias discursivas – do sistema e do fiel – que, operadas simbolicamente por meio do sistema, possibilitam a interação, que se encarna em discurso. Essa "multiplicação de vozes" aqui exposta (fiel, "outro", "Outro") revela também que a ambiência digital expõe o internauta a um crescente pluralismo de possibilidades discursivas, gerando novas formas de estruturar e de pensar a fé e a religião. Assim, essa hiperdiscursividade nasce de um fluxo contínuo de *diálogos* e *discursos* diversos criados no ambiente digital nas mais diversas modalidades de interação discursiva.

As práticas dos fiéis nos sites católicos também apontam para a *ocorrência real* de experiências religiosas, precisamente *ao contarem sobre elas de forma pública*. Nas narrativas dos fiéis, encontra-se presente e, ao mesmo tempo, se realiza um *acontecimento*: a experiência religiosa, vivenciada entre o indivíduo e o sagrado, já que "quando falamos não descrevemos uma situação [como o sagrado], [mas] a estamos criando"[119] – embora de forma interpretativa, subjetiva e incompleta.

---

[119] SCOLARI, Carlos. *Hacer Clic: Hacia una Sociosemiótica de las Interacciones Digitales*. Barcelona:

"No esforço de compartilhar – expressando para outros, tentando incluir aí mais que o relato frio de uma experiência exaurida e recuperando na expressão o próprio afeto relatado – se encontraria o elemento central da experiência [religiosa]"[120]. Assim, a expressão, o discurso, a narrativa seria uma das primeiras extensões da experiência religiosa – o que a tradição cristã chama de "testemunho", ritual que os sites ressignificam na internet. "A palavra nomeadora não substitui a coisa, mas ganha ela mesma um aspecto 'coisal', isto é, material, quando evoca, metonimicamente, uma realidade distante no tempo e a representa no sentido de torná-la novamente presente"[121]. O fiel, assim, constrói sua própria hipernarrativa do sagrado, conhecendo a semântica de seus elementos, mesmo sem controlar a lógica interna de sua conexão[122].

Portanto, em termos comunicacionais, a experiência religiosa é a *experiência religiosa compartilhada*[123], é comunicação. E isso em três níveis: primeiro, em um nível *íntimo*, na experiência religiosa originária, comunica-se o próprio "eu" a um "outro" (ou "Outro") e, vice-versa, abre-se o "eu" para acolher o "outro" (ou "Outro"). Em um segundo nível, *relacional*, a experiência vivida no primeiro momento *torna-se discurso*, se torna narração, é dita, é compartilhada, é comunicada a "outros" – poderíamos dizer até que aí se dá a "consumação" ou a "realização plena" da experiência religiosa. Por fim, em um terceiro nível, a experiência religiosa, que era pessoal, ao ser narrada se torna "experiência para outros" a partir de sua expressão, se torna *social*, e assim abre-se a possibilidade de uma nova experiência religiosa para um outro "eu", dando continuidade ao fluxo comunicacional.

Gedisa, 2004, p. 92.
[120] BRAGA, José Luiz. Experiência estética e mediatização. In: GUIMARÃES, Cesar; LEAL, Bruno Souza; MENDONÇA, Carlos (orgs.). *Entre o sensível e o comunicacional*. Belo Horizonte: Autêntica, 2010, p. 74.
[121] OTTE apud BRAGA, 2010, op. cit., p. 74.
[122] Cf. MANOVICH, Lev. *The Language of New Media*. London: The MIT Press, 2000.
[123] Cf. BRAGA, 2010, op. cit., p. 73-88.

Em geral, as interações discursivas analisadas tratam dos temas mais diversos, mas, dentre os tópicos principais, destacam-se dois grandes grupos: os agradecimentos ou os pedidos. Em ambos os casos, a grande maioria trata de: saúde ("cura e libertação" de vícios, doenças, cirurgias); trabalho (pedindo um, agradecendo pela conquista de um, ou para que o já existente seja melhor); situação financeira (dívidas, financiamentos); e questões afetivo-emocionais (casamento, relacionamento, namoro, traição, depressão, solidão, angústia etc.).

É bom relembrar que todo esse discurso sobre o sagrado, tanto por parte do fiel quanto do sistema, é construído de forma bastante maleável e, como vimos, participativo, em rede: para um internauta que visita esses sites, o sentido religioso ofertado pelo sistema não é construído *apenas* pelo sistema, mas também, como vimos, pela colaboração, a muitas mãos, de outros fiéis-internautas. De um lado, a internet apela a uma fé individualizada, do indivíduo diante da tela, mas isso não elimina a figura da comunidade, embora embebida pelas processualidades e lógicas da internet, extremamente fluida, maleável, passageira e desconectada da vida cotidiana do fiel (que não pode conviver com todos os demais fiéis que visitam o site), sendo às vezes convocada pelo discurso do próprio fiel, às vezes pelo discurso do próprio sistema.

Além de interagir com o sistema por meio de suas interfaces e, depois, por meio da hiperdiscursivdade sobre o sagrado, como vimos até aqui, o fiel também *opera e age* sobre esse sagrado, *fazendo coisas e fazendo o sistema fazer coisas* que o levam a Deus, no ambiente online. Isso se manifesta com grande clareza nas interações rituais, que analisaremos a seguir.

6.4. Interação ritual: Novas ritualidades ao sagrado

Destacaremos aqui, a partir de nossas observações, as formas de interação comunicacional online que se dão nas experiências religiosas do fiel a partir de um ritual religioso, que se organiza segundo uma liturgia proposta e vivenciada a partir e no interior do sistema católico online. Essa oferta de serviços online possibilitam uma modalidade de *vivência de fé*, uma *experiência religiosa* por meio da internet. Ou seja, ofertas por meio das quais o fiel, onde quer que esteja, quando quer que seja, diante de um computador conectado à internet, estabelece assim seu ambiente de culto. Diante da tela do computador, entre bits e pixels, o fiel presta seu louvor a Deus por meio de ações, operações e práticas religiosas via online.

Como são rituais vivenciados em uma ambiência midiatizada, o sagrado não é apenas descrito, mas também tornado presente, alcançando o fiel e incluindo-o em suas processualidades. "Não somos mais meros assistentes, somos ritualistas, participantes de algum modo" (Grimes, 2001, p. 221). Assim, o evento ritualístico não está apenas do outro lado da tela, mas sim em um ambiente midiatizado em que fiel e sagrado se encontram no interior do sistema católico online.

Analisaremos aqui "interações ritual" (Goffman apud Grimes, 2001), ou seja, aqueles fenômenos especiais que ocorrem a partir de um repertório religioso católico. Isto é, *atos e práticas de fé* desenvolvidos pelo fiel mediante *ações e operações de construção de sentido* em interação com o sistema, para a busca de uma experiência religiosa. Examinaremos, portanto, por meio dessas interações, um conjunto de ações (do sistema) que levam a outras ações (do fiel) – e vice-versa. Nesse sentido, interessa-nos a "liturgia digital"[124] por trás dos rituais online: que propostas de interação estão em jogo; que ações e operações são esperadas dos fiéis envolvidos; que sequência "litúrgica" (previamente estipulada pelo programador) deve ser por eles respeitada; o que o fiel faz o sistema fazer. Ou seja, quais são as *"instruções e convites para fazer"* do sistema em sua interação com o fiel, e do fiel em sua

---

[124] A própria palavra "liturgia" (do grego *laos*, que significa "povo", e *ergon*, que significa "obra, trabalho") significa "conjunto de práticas", algo que se faz, uma ação. Na concepção católica, é "ação sagrada por excelência, cuja eficácia, com o mesmo título e no mesmo grau, não é igualada por nenhuma outra ação da Igreja", como indica o documento *Constituição Conciliar Sacrosanctum Concilium sobre a Sagrada Liturgia* (n.7).

interação com o sistema, que se encontram presentes na interface à espera do clique do usuário.

Destacaremos duas formas de interação ritual online, a saber, as interações rituais de fechamento (6.4.1) e as interações rituais de abertura (6.4.2), cada uma com dois subfluxos interacionais distintos (externos e internos).

6.4.1. Interações rituais de fechamento

Nesta primeira modalidade de interação ritual, o sistema oferecerá ao fiel os elementos necessários para vivenciar sua experiência religiosa. A atitude do fiel é de *acolhida* desses elementos, das imagens de uma missa (ao vivo ou gravada), das mensagens de um texto, das palavras de uma palestra em áudio. Ou seja, o fiel cumpre um contrato previsto pelo sistema fazendo apenas uma operação de "ativação" (ou "desativação") de determinado ritual – a partir daí, o funcionamento do ritual fica por conta do próprio sistema.

O fiel, assim, poderá vivenciar sua experiência religiosa a partir do conteúdo ofertado pelo site, porém sem deixar sua marca no ambiente online. Como em um grande repositório, o fiel acessa esse arcabouço e dele retira o que lhe convém, apropriando-se disso da forma como quiser, e o sistema permanece inalterado pelos usos feitos desses elementos por parte do fiel.

Por isso, chamamos essa modalidade de *interação ritual de fechamento*[125], pois o fiel interage com o sistema católico online que *tende ao fechamento*, ou seja: o sistema não é "irritado" pelo fiel, não é "afetado", nem "transaciona" (só oferta) conteúdo religioso com ele. A interação online, por isso, se dá por meio de uma *oferta* do site e de uma *apropriação* do fiel de material religioso. Nesse sentido, no interior do sistema católico online, o fiel opera apenas uma ação de *reação* à proposta do site, que se fecha a qualquer manifestação daquele: a *releitura* (ritualizada) desses conteúdos se dará fora do sistema.

---

[125] Veremos o fundamento teórico dessa conceituação mais adiante, no item 6.4.1.3, "Análise da Análise".

Descreveremos agora algumas das manifestações dessas interações rituais, subclassificando-as em interações rituais de fechamento *externo* e *interno*. Depois, passaremos à análise dessa conceituação em diálogo com o funcionamento empírico dos serviços religiosos.

6.4.1.1. FECHAMENTO EXTERNO

Primeiramente, apresentaremos as interações rituais de fechamento *externo*, ou seja, aquelas interações possibilitadas por rituais online em que o sistema fecha-se a *qualquer interferência* (construção simbólica) por parte do ambiente (fiel) no interior do sistema. Além disso, o sistema também se fecha a qualquer elemento extradigital: sua construção simbólica se dá apenas a partir de elementos digitais. Ou seja, são *rituais totalmente online*.

Na *Capela Virtual* do site A12, temos o caso do ritual *Terço Virtual*, em que o fiel é convidado a "rezar o terço passo a passo online". Basta aceitar o convite do site: "Clique para rezar o terço agora", que se encontra sobre uma imagem do rosto de uma fiel que segura o terço entre as mãos, em oração (fig. 51).

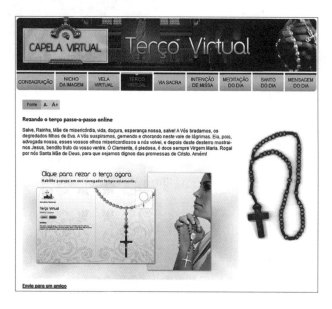

Figura 51 – Ritual "Terço Virtual" no site A12

Ao clicar na imagem, abre-se uma janela pop-up com o logotipo do Santuário Nacional, uma imagem do terço e a "oração inicial", que passa a ser automaticamente lida por um locutor em um áudio, junto com uma música de fundo. Ao clicar no link "Iniciar", o fiel é remetido para o texto da próxima oração, o "Creio", junto aos links "Anterior" e "Próximo", que remetem o fiel às orações anteriores ou posteriores. Ao clicar nessas opções, o texto das orações aparece automaticamente, a imagem do terço é aproximada em *zoom in*, e um círculo azul surge ao redor da "conta" do terço em que o fiel se encontra. Uma imagem de outro terço menor aparece sobre a imagem do terço principal, para indicar ao fiel onde ele se localiza na totalidade da oração (fig. 52).

Figura 52 – Detalhe do ritual "Terço Virtual" no site A12

Assim, de clique em clique, o fiel vai "manuseando" o terço digital, em que até mesmo as contas vão mudando, assemelhando-se à ritualidade do ambiente offline, com uma "liturgia digital" própria. Cabe ao fiel:

1. Acessar a "Capela Virtual";
2. Clicar na opção "Terço Virtual";
3. Clicar na imagem "Clique para rezar o terço agora";
4. Clicar em "Iniciar";
5. Clicar em "Próximo" (67 vezes) até encerrar o ritual.

Essa sensação de inúmeros toques (cliques), de tato, reforça também a sensação de sacralidade criada pelo sistema e alimentada ainda mais pelas vozes do áudio que rezam as orações junto com o fiel, criando assim, para este, uma "comunidade" de oração online: ele não está rezando sozinho. Porém, há uma falha de interface: a narração das orações não é alterada pelo clicar do fiel. Ou seja, mesmo que ele acione a próxima oração sem terminar a anterior, o áudio continua na oração anterior, sem alterar seu ritmo ou sem quebras na locução. Além disso, não é dado ao fiel nenhuma possibilidade de ação sobre esse áudio (diferentemente do ritual de "Consagração"): ele não pode parar o áudio, aumentar ou diminuir seu volume etc. Isso pode provocar uma quebra da sensação de sacralidade, ao permitir que o fiel perceba a existência de uma técnica comunicacional ineficiente por trás desse ritual.

Ao chegar ao fim do ritual, aparece o texto da "Oração final", e as imagens do terço são substituídas por uma imagem de Nossa Senhora Aparecida (fig. 53).

Figura 53 – Tela de encerramento do ritual "Terço Virtual" no site A12

Nesse momento, resta ao fiel dizer o "amém" final e, ao fazê-lo, o fiel assume como seu o discurso orante proposto pelo sistema, associando-se totalmente a ele e a seu conteúdo. Pronunciar o "amém", nesse contexto, tem o mesmo sentido de pronunciar a própria oração que o amém confirma. Depois, ele pode ainda clicar em "Voltar" (o que lhe remeterá novamente ao início do ritual), ou clicar no ícone "Fechar", no canto superior direito. Assim, ao longo do ritual, o fiel faz o sistema fazer coisas: pular de oração em oração. Mas o sistema permanece inalterado em sua estrutura e conteúdo por essas ações desencadeadas pelo fiel.

O mesmo ocorre no ritual *Via Sacra*. Ao clicar nessa opção, automaticamente inicia-se uma música de fundo, e o internauta se depara com uma imagem estilizada de Jesus na cruz e uma caixa de texto ao lado, com o título "Via Sacra" e um texto explicativo que afirma que a "Via Sacra [...] é uma antiga devoção da comunidade cristã que consiste num acompanhamento oracional e meditativo da última caminhada de Jesus" (fig. 54).

Figura 54 – Ritual "Via Sacra" no site A12

Uma música de fundo acompanha o ritual, novamente sem que o sistema dê qualquer possibilidade de controle sobre ela. Ao lado do texto, encontra-se o link "Próximo" Ao clicar nessa opção, o fiel é remetido para a primeira estação da Via Sacra, com uma nova imagem e um texto dirigido ao leitor ("Relembre como Jesus, depois de ter sido açoitado e coroado de espinho, foi injustamente condenado por Pilatos à morte de cruz") e uma oração. Estão disponíveis, logo abaixo, as opções "Anterior" e "Próximo" (fig. 55).

Figura 55 – Detalhe do ritual "Via Sacra" no site A12

O fiel irá encontrar essa mesma formatação nas demais estações, sempre com um texto dirigido a ele, com verbos imperativos ("reveja", "veja", "contemple", "estende" [sic], "aceita" [sic]) e uma oração. Depois da última estação, surgirão uma imagem de Nossa Senhora Aparecida e a caixa de texto com a palavra "Fim", além do logotipo do Santuário Nacional de Aparecida, reforçando quem lhe oferece este serviço e onde o fiel se encontra. Poderíamos dizer até que, além de uma função propagandística, o logotipo opera uma função de relocalização do fiel no sistema, após o potencial êxtase vivenciado pela experiência religiosa. Nessa tela, constam também as opções "Anterior" e "Finalizar" (fig. 56). Ao clicar nesta última, o sistema reenvia o internauta novamente para o início do ritual.

Figura 56 – Tela de encerramento do ritual "Via Sacra" no site A12

Para realizar esse ritual, cabe ao fiel-usuário seguir a seguinte "liturgia":

1. Acessar a "Capela Virtual";
2. Clicar na opção "Via Sacra";
3. Clicar em "Próximo" (16 vezes) até encerrar o ritual.

Assim, se, no ambiente offline a Via Sacra tradicional é marcada pelos passos do fiel em movimento ao redor do templo, acompanhando os quadros postos na parede, o sistema cria essa sensação digital e discursivamente, solicitando que o fiel "veja", "contemple" etc. e também clique e acione os próximos "passos", que agora são dados não mais com os pés, mas sim com a ponta dos dedos. Novamente, aqui, o sistema favorece uma interação ritual de fechamento, já que ele delimita os elementos dessa interação e impossibilita um processo de transação e de intercâmbio por parte do fiel, que permanece "silente" diante do sistema (embora saibamos que, por trás dessa suposta "passividade" e "silêncio", encontra-se uma forte apropriação simbólica e religiosa que é operada, porém, fora do sistema).

O mesmo ocorre na *Capela Virtual* do site das Apóstolas, em seu link *Orações*, em que o fiel encontra diversas "Orações ao Coração de Jesus" em até em quatro idiomas (português, espanhol, italiano e inglês). Ou também na seção "Orações e Conforto" e na seção "Mensagens", do "Santuário Virtual" do site do padre Manzotti, em que são disponibilizadas preces e poesias "para que lhe acompanhem em todos os momentos de sua vida". A interação ritual por parte do fiel resume-se a selecionar a oração desejada e acessá-la com um clique no link específico.

Outro serviço que se enquadra nessa modalidade de interação ritual de fechamento externo são as "Bíblias virtuais", como as disponíveis no *Santuário Virtual* do site do padre Manzotti. Nesse caso, o fiel, ao acessar esse serviço, recebe o convite para escolher o livro que deseja ler, o que já pressupõe certo conhecimento dos conteúdos bíblicos (fig. 57).

Figura 57 – Serviço "Bíblia Virtual" no site do padre Manzotti

Ao clicar na aba, aparece uma listagem de todos os 73 livros bíblicos da versão católica. Depois de selecionar algum dos livros, é preciso clicar em "Consultar Bíblia". Abre-se uma nova página em que o sistema, então, pede que o fiel selecione o capítulo e digite o versículo desejado. Se o usuário inserir apenas o capítulo, deixando o campo "versículo" em branco (ou inserir um intervalo de versículos), e pressionar "Consultar Bíblia", o sistema retorna como resposta um espaço em branco. Portanto, é necessário selecionar o capítulo e saber o versículo específico, o que requer certo conhecimento de cada livro.

Fazendo-se a seleção de capítulo e versículo corretos e ao se clicar novamente em "Consultar Bíblia", o texto é finalmente exibido (fig. 58).

Figura 58 – Serviço "Bíblia Virtual" no site do padre Manzotti

Portanto, nesse serviço, demanda-se do fiel as seguintes ações "litúrgicas":

1. Acessar o "Santuário Virtual";
2. Clicar na opção "Bíblia Virtual";
3. Selecionar o livro desejado;
4. Clicar em "Consultar Bíblia";
5. Selecionar o capítulo desejado;
6. Digitar o versículo desejado;
7. Clicar novamente em "Consultar Bíblia".

Já no serviço "Bíblia Virtual" do site CatolicaNet, as operações demandadas ao fiel são mais simples e não exigem um conhecimento prévio dos capítulos/versículos bíblicos (fig. 59).

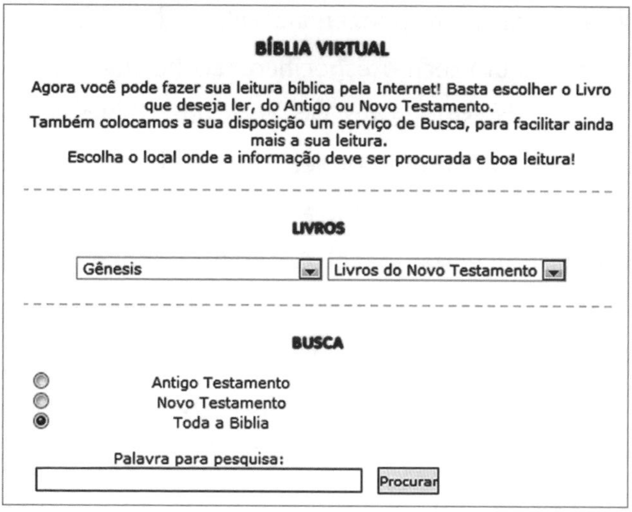

Figura 59 – Serviço "Bíblia Virtual" no site CatolicaNet

Logo ao acessar o serviço, o fiel tem à disposição um texto explicativo sobre o funcionamento da "Bíblia Virtual": "Agora você pode fazer sua leitura bíblica pela internet! Basta escolher o Livro que deseja ler, do Antigo ou Novo Testamento. Também colocamos a sua disposição um serviço de Busca, para facilitar ainda mais sua leitura. Escolha o local onde a informação deve ser procurada e boa leitura!". Ao selecionar um dos livros bíblicos, o fiel é remetido a uma segunda página, com a listagem de todos os capítulos desse livro, em formato de links. Ao clicar no capítulo escolhido, o sistema apresenta o texto de todo o capítulo na íntegra.

Dessa forma, solicita-se ao fiel:

1. Acessar o site CatolicaNet;
2. Clicar na opção "Bíblia Virtual";
3. Selecionar o livro desejado;
4. Selecionar o capítulo desejado.

Em caso de dúvida ou desconhecimento, basta ao fiel inserir uma "palavra para pesquisa" e clicar em "Procurar". Com essas processualidades, a Bíblia se torna um texto maleável, um livro "a código aberto", em que a busca de um termo específico recebe sua(s) resposta(s) em segundos. Fazer o mesmo exercício com uma Bíblia em suporte de papel demandaria um exímio conhecimento bíblico, além de uma boa quantidade de tempo para encontrar todas as resposta que o sistema, em segundos, disponibiliza ao fiel. Analisando o que acontece com a sacralidade de um texto, por exemplo a da Bíblia, com a mudança de seu suporte, podemos nos questionar o "que resta então da definição do sagrado, que supunha uma autoridade impondo uma atitude feita de reverência, de obediência ou de meditação", já que "o suporte material confunde a distinção entre o autor e o leitor, entre a autoridade e a apropriação"[126].

Operações semelhantes são solicitadas ao fiel nos serviços *Liturgia Diária* do site CatolicaNet, que exibe as leituras bíblicas indicadas pela Igreja para cada dia do ano, e *Meditação do Dia*, do site A12. No primeiro caso, o fiel é remetido a uma página com o calendário anual, em que, ao selecionar um dia específico, abre-se uma nova página com as leituras bíblicas específicas daquele dia. Já no caso do site A12, o sistema remete o fiel para uma página com um trecho do Evangelho do dia em que o fiel se encontra, uma pequena reflexão e uma oração. Se quiser visualizar outro dia, o sistema oferece três abas, logo abaixo do texto, onde o fiel pode selecionar o dia, o mês e o ano da data desejada. Portanto, para realizar um momento de oração e reflexão com a Bíblia, apenas basta ao fiel acessar esses ambientes e clicar nos links desejados.

Outra interação ritual de fechamento externo é a possibilitada pelas *Novenas Virtuais* do *Santuário Virtual* do padre Manzotti. Nesse ritual, o fiel é convidado a rezar uma das inúmeras novenas oferecidas e a "participar desta corrente de oração". O sistema também informa: "Todo o dia o padre Reginaldo Manzotti reza no programa [de

---

[126] CHARTIER, Roger. *A Aventura do Livro: Do Leitor ao Navegador*. São Paulo: Ed. Unesp, 1999, p. 88.

rádio] Experiência de Deus uma novena que você pode acompanhar por aqui. A novena que ele está rezando no momento é a novena [informa-se o título] e ela já foi completada anteriormente por [X] pessoas". Cabe ao fiel sentir-se atraído por uma das inúmeras opções e acessar uma delas. Um "chamariz" é a indicação de qual novena "o padre está rezando" e também de quantas pessoas rezaram cada uma delas, logo ao lado dos links (fig. 60).

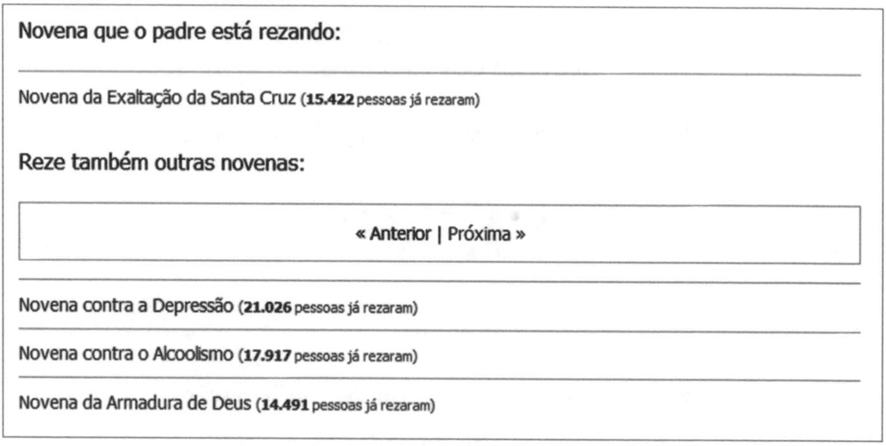

Novena que o padre está rezando:

Novena da Exaltação da Santa Cruz (**15.422** pessoas já rezaram)

Reze também outras novenas:

« Anterior | Próxima »

Novena contra a Depressão (**21.026** pessoas já rezaram)
Novena contra o Alcoolismo (**17.917** pessoas já rezaram)
Novena da Armadura de Deus (**14.491** pessoas já rezaram)

Figura 60 – Detalhe do ritual "Novenas Virtuais"
no site do padre Manzotti

Ao acessar a novena de sua escolha, o fiel irá encontrar, na nova página, o texto da oração a ser lido. Logo abaixo, constará a mensagem: "Esta novena já foi rezada por [X] pessoas. Confirmar a conclusão desta novena. Voltar para todas as novenas" (fig. 68).

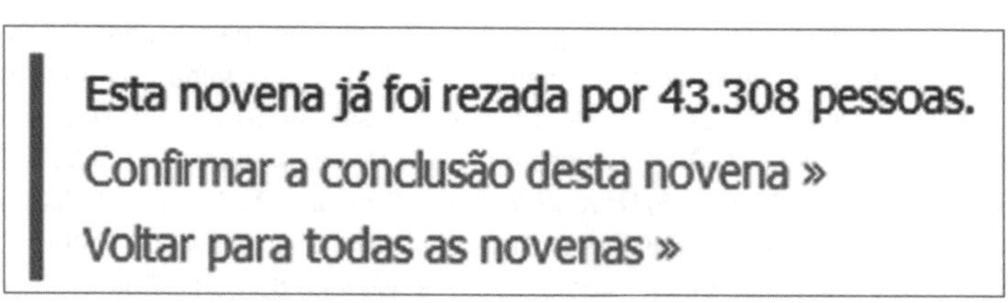

Esta novena já foi rezada por 43.308 pessoas.
Confirmar a conclusão desta novena »
Voltar para todas as novenas »

Figura 61 – Detalhe do ritual "Novenas Virtuais" no site do padre Manzotti

Para que o sistema compute uma novena "rezada", portanto, é necessário que o fiel clique em uma das novenas desejadas e clique novamente na "confirmação de conclusão"[127]. Assim, o número de vezes em que cada uma delas foi "rezada" pelos demais fiéis se refere ao número de vezes em que os usuários clicaram na opção "Confirmar a conclusão desta novena" disponível em cada uma delas. Ao clicar nesse link, abre-se uma nova janela com o "registro" da confirmação (fig. 69).

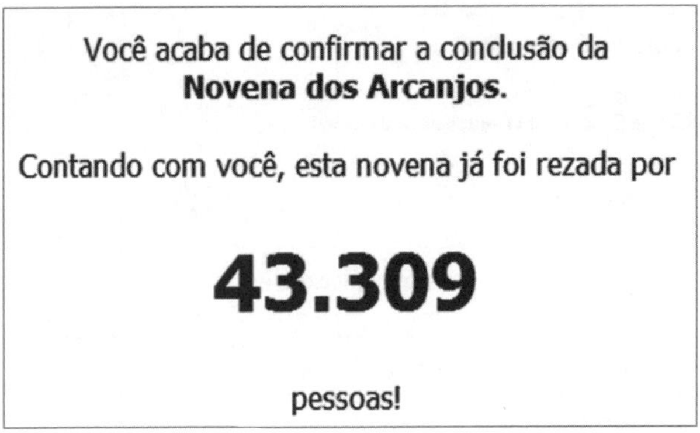

> Você acaba de confirmar a conclusão da
> **Novena dos Arcanjos.**
>
> Contando com você, esta novena já foi rezada por
>
> **43.309**
>
> pessoas!

Figura 62 – Detalhe do aviso de confirmação
de novena no site do padre Manzotti

Assim, diferentemente de uma novena tradicional em que a oração era íntima e privada perante Deus, a interação ritual midiatizada passa por um processo de "confirmação", ou seja, o fiel registra sua oração no sistema, e este oferece ao fiel uma indicação de que registrou sua intervenção – como em uma transação de modelo econômico, em que

---

[127] A título de ilustração, fizemos uma listagem das "10 novenas mais 'rezadas'" (os números, arredondados às centenas, se referem a setembro de 2012): 1) Novena dos Arcanjos (43.400 pessoas); 2) Novena de Nossa Senhora das Causas Impossíveis (31.500); 3) Novena das Mãos Ensanguentadas de Jesus (31.400); 4) Novena de Nossa Senhora Aparecida (29.500); 5) Novena de Santa Rita de Cássia 1 (27.300); 6) Novena de Nossa Senhora das Graças (26.700); 7) Novena de São José pelos Casais (24.800); 8) Jesus Ressuscitado e Misericordioso (24.400); 8) Novena para Superação dos Problemas Financeiros (23.200); 9) Novena de Santa Edwiges (21.800); 10) Novena do Sagrado Coração de Jesus 1 (21.400). Já as três "novenas menos 'rezadas'" são: 1) Novena de Nossa Senhora do Rocio (198 pessoas); 2) Novena de Santo Antônio de Sant'Ana Galvão (334); e 3) Novena de São Vicente de Paulo (508).

cada novena rezada se torna um algarismo a mais na "economia" do sistema.

Portanto, nas interações rituais de fechamento externo, como vimos, o sistema manifesta diversos graus de fechamento ao ambiente, não se abrindo a nenhuma forma de transação de matéria religiosa com o fiel[128]. Elas são possibilitadas por rituais totalmente online, em que o sistema fecha-se a qualquer elemento externo, utilizando apenas a construção simbólica de sagrado que se dá totalmente no interior do próprio sistema. Assim, embora trazendo consigo elementos tradicionais da fé (terço, Bíblia, Via Sacra), instaura-se uma nova "liturgia" para esses rituais, totalmente digitalizada: é preciso lidar com botões, teclas, links, abas que se abrem automaticamente, enfim, elementos litúrgicos que não existiam nos rituais offline. Essas novas sequências litúrgicas midiatizadas trazem consigo uma nova forma de interação entre fiel-sagrado. Em suma, são rituais que independem de uma referência mais explícita ao ambiente externo (offline), construindo-se a partir de uma "liturgia" totalmente online, diferentemente da segunda modalidade, as interações rituais de fechamento interno.

6.4.1.2. Fechamento interno

Analisaremos aqui segunda modalidade de interação ritual, as de *fechamento interno*, ou seja, aquelas interações possibilitadas por rituais em que o sistema continua se fechando à construção de sentido por parte do ambiente (fiel) em seu interior, mas permite a entrada de elementos externos (offline) que, ressignificados pelo sistema, passam a compor a oferta de sentido religioso do próprio sistema. Ou seja, são

---

[128] No caso da novena, como vimos, os "fechamentos" do sistema já não são tão restritos, e algumas "aberturas" vão se manifestando, pois o fiel pode deixar sua marca em seu interior ("eu completei a novena"), embora apenas como um elemento "a mais" do ritual já realizado, de certa forma "dispensável". Por isso, são aberturas ainda com pouco "conteúdo simbólico-religioso", diferentemente das interações rituais de abertura, como veremos adiante, em que a participação do fiel é *essencial* para a realização e consumação do ritual.

rituais online que são a *extensão de rituais que ocorreram previamente no ambiente offline*.

Isso ocorre na *Capela Virtual* do site A12, na opção *Consagração*. Ao clicar nesse link, o fiel tem à disposição uma oração de Consagração a Nossa Senhora (fig. 63).

Figura 63 – Ritual de "Consagração" no site A12

Nessa página, o usuário se encontra com a interface de um programa reprodutor de áudio com a "voz do saudoso padre Vitor Coelho de Almeida" e, em formato de texto, logo abaixo, a íntegra da oração para acompanhar rezando. O áudio (3m31s) inicia automaticamente, com um fundo musical, em seguida um coro entoa um hino e, depois, a voz do sacerdote, sobreposta ao coro, lê a oração da consagração sob o fundo musical. Ao fim da oração em áudio, o sacerdote realiza a bênção sobre os fiéis ("A bênção de Deus onipotente, Pai, Filho e Espírito Santo, desça sobre vós e permaneça sempre. Amém"). Logo em seguida, o som de um carrilhão de sinos toca para encerrar a oração. Portanto, trata-se de um ritual previamente celebrado em um ambiente offline, que foi transcodificado para a internet. A "presença" do sacerdote (já falecido) também confere uma maior sensação de sacralidade (é um padre "saudoso", que trabalhou por mais de 30 anos na Rádio Aparecida, sendo um dos primeiros "padres midiáticos" brasileiros).

O sistema também oferece uma segunda versão da oração de consagração, com um texto levemente diferente e, desta vez, com vozes gravadas de fiéis que realizaram esse ritual no santuário em São Paulo, com o link indicativo: "Consagração a Nossa Senhora – Texto rezado no Santuário Nacional". O áudio (3m07s) inicia com um solo de órgão, e logo em seguida as vozes de um grupo de fiéis iniciam a leitura da oração, que encerra com um enfático "Assim seja". Depois, um coro entoa um hino que dura quase a metade do tempo total do áudio. Desaparecem, portanto, a bênção e o carrilhão de sinos. Mas, em acréscimo, esse ritual oferece também uma sensação de *sacralidade comunitária*, pois as vozes de um grupo de fiéis o acompanham em sua leitura orante. Novamente, trata-se de um ritual que ocorreu no santuário fora da tela, em Aparecida, e que foi transmutado para o ambiente online.

Em ambos os casos, espera-se que o fiel cumpra uma "liturgia" bastante exígua, apenas acompanhando (lendo e ouvindo) a oração oferecida pelo sistema. Sua interação com o sistema restringe-se a:

1. Acessar a "Capela Virtual";
2. Clicar na opção "Consagração".

Ao selecionar esse link específico, automaticamente aparecerá o texto da oração, e o áudio também irá iniciar automaticamente. Portanto, o ritual de oração ocorrerá sem nenhuma interferência por parte do fiel no sistema. Qualquer outro fiel que acessar essa página encontrará o ritual da mesma forma que todos os demais o encontraram.

Em outro caso, clicando-se no link "Nicho da imagem" da "Capela Virtual" do site A12, um vídeo inicia automaticamente, mostrando um ângulo fixo do local onde se encontra a imagem de Nossa Senhora

Aparecida, na Basílica de Aparecida, São Paulo. No vídeo, fiéis rezam e contemplam a imagem no santuário (fig. 64).

Figura 64 – Serviço "Nicho da Imagem" da "Capela Virtual" do site A12

Apesar de o vídeo dar a entender que se trata de imagens ao vivo, percebe-se que, em acessos diferentes, as imagens transmitidas (e os fiéis presentes) são as mesmas. Ao fazer uso desse serviço, o fiel, onde quer que esteja, "sente-se" presente no Santuário, podendo rezar *como se* estivesse diante da imagem de Nossa Senhora, inclusive com os sons do ambiente "ao vivo" (crianças falam alto, ouvem-se ruídos de martelo, de pessoas caminhando etc.). Novamente, portanto, o sistema convida o fiel apenas a:

1. Acessar a "Capela Virtual";
2. Clicar na opção "Nicho da Imagem".

A "liturgia" desse ritual prescreve que o fiel simplesmente permaneça em oração diante da "imagem da imagem" de Nossa Senhora. A sensação de presença diante do sagrado é reforçada ao máximo pelo sistema, dentro dos limites do *sensorium* disponível ao fiel (visual, sonoro). Diferentemente de outros ambientes online em que é utilizada uma música de fundo, neste caso até mesmo as interferências do mundo offline são mantidas para favorecer a construção simbólica midiatizada do ritual de contemplação e veneração da imagem sagrada de Nossa Senhora, localizada territorialmente em outro espaço físico[129].

6.4.1.3. Análise da análise: O processo de fechamento

A partir da análise aqui feita cabe explicitar a utilização dos conceitos trabalhados e de alguns pontos que merecem destaque.

Em primeiro lugar, como vimos, em um processo de fechamento por parte do sistema, o internauta, clicando nas opções oferecidas pelo sistema, reage à oferta e, a partir dessa reação, constrói sua experiência religiosa seguindo os estímulos do sistema. Contudo, sua "leitura" também é construtiva, não apenas automática ou sem significação simbólica. A leitura do conteúdo religioso ofertado pelo sistema é uma continuidade da "leitura" do mundo religioso que o fiel reconhece a partir de suas experiências no ambiente offline. Ou seja, na internet, ele também realiza uma *"leitura de mundo"*, reconstruindo-o. "A leitura do mundo precede a leitura da palavra, daí que a posterior leitura desta não possa prescindir da continuidade da leitura daquela. [...] A compreensão do texto a ser alcançada [pela] leitura crítica implica a per-

---

[129] Outra interação semelhante é possibilitada pelos vídeos de missas e demais celebrações que são remidiatizados em formato digital a partir dos conteúdos exibidos pelos canais de TV dos sites católicos, como no canal oficial do Pe. Manzotti e da TV Aparecida no YouTube. Contudo, não nos deteremos aqui em uma análise sobre as processualidades do YouTube (um outro sistema online), nem da TV, pois mereceriam um estudo específico (em termos de grade de programação, de públicos-alvo específicos etc.). Apenas ressaltamos que, para o sistema católico online, essas ofertas de sagrado de outras mídias também são inseridas em um "banco de dados" que o sistema oferece em seus menus, ressignificados para as processualidades das mídias digitais. Nesses casos, os fiéis-internautas também podem fazer sua experiência religiosa a partir de rituais do ambiente offline transcodificados para a internet. Embora com uma abertura a elementos de sagrado offline, a interação ritual possível para os fiéis, no interior do sistema católico online, ainda é de fechamento. O sistema católico online permanece se fechando, e a atitude do fiel é apenas de assistência, não podendo inserir sua própria complexidade religiosa no interior do sistema. Este permite a manifestação do fiel apenas no YouTube (por meio de comentários e da opção "Gostei"), mas estas são processualidades próprias do YouTube e, portanto, externas ao sistema católico online e independentes de seus protocolos próprios. Em seu interior, o sistema católico online continua se fechando às marcas dos fiéis.

cepção das relações entre o texto e o contexto"[130]. Isto é, toda leitura é, nesse sentido, uma *releitura*, uma reconstrução a partir do próprio contexto do leitor, especialmente no ambiente digital. E, para ocorrer, demanda uma experiência de "leitura prévia".

Da mesma forma, o fiel-usuário pode vivenciar os rituais online porque já tem certa experiência em termos da sequência de operações instigada pelo sistema (e seu programador): ele já conhece o funcionamento do aparato eletrônico (teclas, mouse, janelas), conhece o funcionamento dos protocolos da internet (links, cliques). Ou seja, assim como a leitura exige do indivíduo um conhecimento de seu código, de seu alfabeto, assim também é preciso que o fiel-internauta detenha certo conhecimento da "liturgia" em jogo nos rituais online.

Além disso, os rituais estão marcados por uma "liturgia digital", que se apresenta como um "infindável texto em movimento [...] que, de fato, só consiste em princípios de textos alternativos"[131]. Ou seja, o fiel-internauta tem diante de si uma oferta de links a escolher, segundo suas necessidades ou desejos: cada um desses links, por sua vez, lhe remeterá a inúmeros outros "links alternativos" opcionais. Essa é uma atividade de juntar "fragmentos que vão se unindo mediante uma lógica associativa e de mapas cognitivos personalizados e intransferíveis"[132].

Se, porém, essa "liturgia digital" não fizer parte do arcabouço do fiel, as interfaces contêm certos indícios visíveis de seu funcionamento, que facilitam o reconhecimento, que fazem com que o usuário interrogue o sistema e obtenha contrapartidas[133]. Por exemplo, botões com indicações explícitas como "Próximo", "Anterior", "Clique", "Voltar", que pressupõem certas ações esperadas pelo sistema por parte do fiel

---

[130] FREIRE, Paulo. *A importância do ato de ler: em três artigos que se completam*. 23. ed. São Paulo: Cortez, 1989, p. 9.
[131] WIRTH apud SANTAELLA, Lucia. *Navegar no Ciberespaço: O Perfil Cognitivo do Leitor Imersivo*. São Paulo: Paulus, 2004, p. 175.
[132] SANTAELLA, 2004, op. cit., p. 175.
[133] Cf. SCOLARI, Carlos. *Hacer Clic: Hacia una Sociosemiótica de las Interacciones Digitales*. Barcelona: Gedisa, 2004.

e que, por sua vez, são correspondidas com outras ações por parte do sistema. Senão, o sistema oferece inclusive instruções textuais sobre "o que fazer", como nos casos das "Bíblias Virtuais", em que o sistema, didaticamente, ensina que coisas o fiel deve fazer ("basta escolher o livro", "escolha o local", "escolha o livro"). Com o passar do tempo (e já realimentado por outras experiências em outros ambientes online), o fiel-usuário simplesmente reconstrói certo roteiro, certo programa de ação montado a partir de uma "economia da memória"[134]: o indivíduo reconhece que determinado elemento digital demanda determinada ação que será correspondida por determinada outra, *por já ter feito isso antes e conhecer seus possíveis resultados*.

O mesmo vale para os conteúdos religiosos do sistema: a experiência religiosa se dá porque o fiel *já vivenciou algo semelhante* no ambiente religioso offline e que, portanto, reconhece agora na internet. Mas, se esses conteúdos não forem do arcabouço simbólico do internauta, a apropriação feita em sua "leitura" não será ativada por um processo de memória, mas sim de imaginação, de *cocriação* por parte do fiel. O sistema oferece os signos básicos para que o internauta se aproprie de seus conteúdos a partir de elementos de um imaginário religioso comum (cruz, vela, imagens), que será alimentado pela própria imaginação do usuário.

Porém, caso a interface não seja suficientemente clara ou crie confusão, a interação ritual poderá não obter seu resultado, gerando uma insatisfação e um possível rompimento da experiência religiosa, como no caso da tela em branco da *Bíblia Virtual* do site do padre Manzotti, ou do áudio automático das orações do *Terço Virtual* do site A12 que não acompanha os cliques do usuário. Além disso, é importante perceber que alguns rituais demandam inúmeros cliques, enquanto outros pedem ao fiel muito menos coisas. Nesse sentido, quanto mais clara e "econômica" for a "liturgia digital" em termos de cliques e ações do

---

[134] Cf. SCOLARI, 2004, op. cit.

usuário, mais transparente parecerá ser o sistema. Em outros casos, os cliques são propositais e necessários à liturgia, como os cliques da Via Sacra que rememoram no fiel os passos dados no templo territorializado. Cabe ao sistema (e a seu programador) transformar essa "liturgia" no máximo possível familiar e natural ao fiel-usuário.

Além disso, trata-se também de uma "liturgia digital" que possui uma sintaxe de operações sequencial e específica: para que determinado ritual ocorra, o fiel precisa tomar uma decisão e escolher determinadas opções pré-definidas pelo programador, soltas pela página (imagens, textos, vídeos, links), também organizadas e hierarquizadas em um menu, seguindo certa ordem indicada pelo sistema. Manifesta-se aqui uma "lógica da seleção"[135], que marca a experiência digital. O sistema encoraja o fiel a *coconstruir* sua experiência religiosa a partir de "pistas" (links) que lhe são ofertadas para o encontro com o sagrado (um sagrado pré-moldado, pré-estabelecido e pré-configurado pelo programador). E, por outro lado, explicita-se também uma "lógica do banco de dados"[136], em que o sagrado é transformado simbolicamente em uma coleção de dados e conteúdos que podem ser buscados, encontrados e acessados pelo sistema em um instante, com um clicar de botões. Cada clique substitui o "amém" performático dito em voz alta. Essas sequências de operações realizadas pelos fiéis no ambiente digital tornam-se, pouco a pouco, registradas como um roteiro de ações que vai se cristalizando. Assim, as ações necessárias para a ocorrência de uma interação com o sagrado se atualizam de forma *quase automática*, tornando possível novamente a transparência da técnica perante o usuário. Continuamente, além disso, o sistema se encarrega de alimentar as páginas, que, portanto, nunca estão completas e sempre podem ser rearranjadas e acolher novos elementos.

Assim, diferentemente dos rituais tradicionais, agora o fiel lida com

---

[135] Cf. MANOVICH, Lev. *The Language of New Media*. London: The MIT Press, 2000.
[136] Cf. MANOVICH, 2000, op. cit.

um banco de dados em que o acesso é instantâneo: os passos lentos e reflexivos da Via Sacra no interior do templo se transformam em cliques com a ponta dos dedos, que fazem o sistema reorganizar rápida e instantaneamente os dados referentes a determinado conteúdo. A partir desses conteúdos, o fiel faz opções, e cada fiel terá suas próprias opções. Aqui o fiel-internauta atua como um *(co)gestor*, um *coa(u)tor* de sua experiência religiosa: ele gere sua fé, condicionado pelo sistema, e atua sobre uma oferta de fé, seguindo um roteiro que não é apenas de sua autoria, mas também do sistema. Além disso, no caso das interações rituais de fechamento, trata-se de uma ação litúrgica do fiel mais *alônoma*, pois é condicionada e guiada pelos "estímulos" ofertados pelo sistema.

Dessa forma, o fiel não *irrita* o sistema, não o desestabiliza, apenas obedece às suas indicações sobre "o que fazer", a partir de suas próprias preferências. Nessa primeira modalidade de interações rituais, por isso, a tendência do sistema é a de se fechar, em uma interação em que o fiel age apenas como um desencadeador de ações pré-programadas, como um *visitante de passagem*, como um *ritualista externo*, que não deixa marcas nem sinais dessa visita no interior do próprio sistema – sua construção simbólica se dá *fora do sistema*.

É por isso que chamamos essa modalidade de *interação ritual de fechamento*, que remete à ideia de sistema fechado. Estes são "sistemas que são considerados estarem [sic] isolados de seu ambiente" e nos quais "o estado final é inequivocamente determinado pelas condições iniciais"[137]. Ou seja, o fiel não altera o sistema e irá realizar os rituais nas mesmas condições deixadas pelos demais fiéis que já fizeram uso desses serviços.

Mediante essas interações, o sistema "se mantêm por meio da produção e da *conservação de uma diferença com relação ao ambiente*, uti-

---

[137] BERTALANFFY, Ludwig von. *Teoria Geral dos Sistemas. Fundamentos, Desenvolvimentos e Aplicações*. 5. ed. Petrópolis: Vozes, 2008, p. 64-65.

lizando suas próprias fronteiras para regular essa diferença"[138]. A conservação da fronteira (*boundary maintenance*) coincide, portanto, com a conservação do sistema. Essa limitação entre o sistema católico online e o fiel é necessária – e é necessário que ela seja demarcada e regulada por limites estipulados pelo sistema mesmo – para sua própria conservação, para evitar a "ameaça externa"[139].

Porém, abordamos aqui um *processo de fechamento* do sistema (não um bloqueio definitivo), que opera *conjuntamente com um processo de abertura* (como veremos mais adiante), já que, especialmente nos sistemas vivos e sociais, não existe um sistema *totalmente fechado* ou *totalmente aberto* ao meio, pois isso significaria sua própria destruição devido à complexidade da vida que exige uma *estabilidade* entre sistema e meio. Conceber um fechamento é conceber a abertura que lhe corresponde[140]. Por isso, o que existe são *graus de abertura* e *graus de fechamento*, que possibilitam a ocorrência das interações necessárias à manutenção da vida de sistema e ambiente.

Aberto e fechado, portanto, são termos que não estão em oposição absoluta em relação aos sistemas[141]. A organização/estabilidade de um sistema só é possível por suas relações exteriores, mas também por seu fechamento a elas, de forma a impedir tanto sua hemorragia no ambiente, quanto a total invasão do ambiente no sistema. Essa organização viva do sistema garante as trocas e as transformações que alimentam sua própria sobrevivência: é um "fechamento ativo que assegura a abertura ativa, que assegura seu próprio fechamento"[142]. Assim como uma fronteira (que proíbe mas também autoriza a passagem), a organização do sistema católico online "se abre para se fechar (asse-

---

[138] LUHMANN, Niklas. *Sistemi Sociali: Fondamenti di una Teoria Generale*. Bolonha: Il Mulino, 1990, p. 86, grifo nosso.
[139] Cf. MORIN, Edgar. *O Método 1: A Natureza da Natureza*. Porto Alegre: Sulina, 2002.
[140] Cf. MORIN, 2002, op. cit.
[141] Cf. MORIN, 2002, op. cit.
[142] Cf. MORIN, 2002, op. cit., p. 170.

gurar sua autonomia, preservar sua complexidade) e se fecha para se abrir (trocar, comunicar, gozar, existir)"[143].

Dito isso, as modalidades de interações rituais de fechamento (em ação conjunta com as interações rituais de abertura, que veremos em seguida) operam com uma *tendência* a isolar o sistema católico online do ambiente externo (a se fechar), não permitindo ao fiel (ambiente) o acesso ao interior do sistema, que tende a se fechar para se conservar como tal. Os sistemas fechados são "um caso limite, como sistemas para os quais o ambiente [...] assume significado só por meio de canais específicos"[144], como as interações rituais até aqui analisadas. O fiel, por isso, apenas responde a um estímulo sem interferir no sistema. O resultado final da interação ocorre sem alterar ou desestabilizar a configuração das condições iniciais oferecidas pelo sistema – este conserva sua identidade[145].

As interações rituais de fechamento, por conseguinte, ocorrem mediante um processo de *diferenciação* entre o sistema católico online e o ambiente (o fiel), ou seja, uma produção de diferença entre sistema/ambiente, interno/externo (fig. 65).

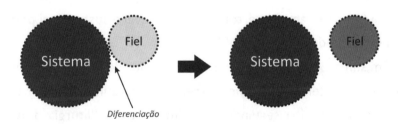

Figura 65 – Diagrama demonstrativo da "interação ritual de fechamento"

---

[143] Cf. MORIN, 2002, op. cit., p. 170.
[144] LUHMANN, 1990, op. cit., p. 71.
[145] Isso ficará mais claro ao diferenciarmos a segunda modalidade de interação, de abertura, que gera uma alteração no sistema tanto interna (com relação à sua própria formatação e usos), quanto externamente (com relação aos desdobramentos de sua abertura).

Fica claro nesses casos que "a relação com o ambiente [...] é *constitutiva* para a formação dos sistemas", e o ambiente constitui "o pressuposto da identidade do sistema, porque a identidade só é possível mediante a diferença"[146]. Portanto, a diferenciação não pressupõe que o sistema seja mais importante do que o ambiente, ou vice-versa. A diferenciação permite reconhecer que a diferença produzida entre ambos é necessária para sua própria existência: só há sistema se há ambiente, e só há ambiente se há sistema.

Porém, "o ambiente é sempre notavelmente mais complexo do que o próprio sistema"[147]. Por isso, a diferenciação permite uma estabilidade dessa assimetria e desse desnível de complexidade. Essa é uma forma que o sistema encontra para se afirmar diante da imensa complexidade de seu ambiente social e religioso. Como se vê no diagrama acima, sistema e fiel interagem, mas o processo de fechamento faz com que apenas o fiel saia "alterado" dessa interação. Por consequência, a diferenciação torna ainda mais complexo o ambiente de todo o macrossistema, ao mesmo tempo em que reduz a possível complexificação do sistema em sua relação com o ambiente. Podemos falar aqui, portanto, de um *fechamento operacional*, enquanto resultado do processo de diferenciação, ou seja, operações que garantem a autonomia do sistema frente ao ambiente, tornando-o estável e sustentável perante a complexidade de seu entorno[148].

Em suma, dentro desse panorama descrito de interações rituais de fechamento externo e interno, percebe-se que o internauta vivencia o ritual de sua escolha seguindo as delimitações da "liturgia digital" do sistema, que o impede de interferir em seu interior. A postura do fiel restringe-se a fazer coisas (ler, ouvir, assistir) já estipuladas pelo sistema, sem construção simbólica em seu interior. Sua experiência religiosa é

---

[146] LUHMANN, 1990, op. cit., p. 305.
[147] LUHMANN, 1990, op. cit., p. 311.
[148] Cf. LUHMANN, Niklas; DE GIORGI, Raffaele. *Teoria della Società*. Milão: Franco Angeli, 1996.

fomentada por essa interação, que depende, sim, de sua vontade pessoal de *avançar* ou *retroceder* (quando essas opções lhe são dadas), mas o sistema o restringe a operar em seu interior apenas por meio dessas opções (quando existem).

O sistema, portanto, possibilita uma interação com o fiel em uma processualidade de fechamento ao ambiente externo. Nesse sentido, no interior do sistema, não há *criação* por parte do fiel, não há *construção*, não há *discurso*. Isso irá diferenciar em grande medida a postura do fiel em comparação com a segunda modalidade de interação que passaremos a descrever.

6.4.2. Interações rituais de abertura

A segunda modalidade de interação ritual se refere a serviços religiosos em que o fiel não apenas se conecta ao sistema e segue a "liturgia" por ele determinada, mas também *interfere* nesse sistema, *altera-o*, *constrói sua experiência religiosa* em seu interior.

Assim, diferentemente da primeira modalidade, ocorre aqui uma *transação* nessa interação entre sistema e fiel, provoca-se uma *desestabilização* do sistema de seu ponto original a partir de um *processo de abertura*[149] do próprio sistema, que aqui analisamos em algumas modalidades específicas nas interações rituais dos sites católicos. Também faremos uma diferenciação entre as interações rituais de abertura *interna* e *externa*. Em seguida, examinaremos o funcionamento dessas interações e os fundamentos da conceituação aqui utilizada. Por último, analisaremos algumas "falhas de interface" e "escapes doutrinais" que ocorrem nessas interações rituais.

6.4.2.1. ABERTURA INTERNA

Na primeira modalidade, encontram-se as *interações rituais de abertura interna*, ou seja, aquelas interações possibilitadas por rituais online em que o sistema abre-se internamente para a *interferência* (construção

---

[149] Veremos o fundamento teórico dessa conceituação mais adiante, no item 6.4.2.3, "Análise da Análise".

simbólica) do fiel em seu interior. Ou seja, são rituais online que ocorrem por meio da *ressignificação de elementos offline para o ambiente online*.

Um dos serviços que possibilitam a ocorrência dessa modalidade de interação são as chamadas "velas virtuais", uma remodelagem da antiga tradição de acender velas a Deus em oração. No link *Velas Virtuais* do site CatolicaNet, o fiel encontra um formulário de dados para serem enviados ao sistema (nome, e-mail, nome do destinatário, e-mail do destinatário e mensagem) e seis modelos de vela à sua escolha (imagens pictóricas com uma chama animada, com poucas diferenças gráficas entre si, mudando apenas a "textura" daquilo que seria a cera, a grossura e o suporte das velas) (fig. 66).

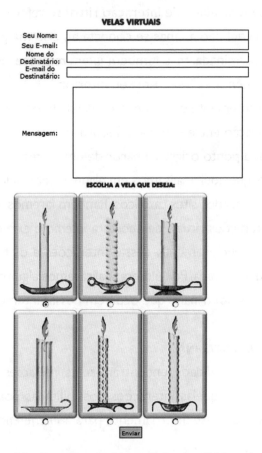

Figura 66 – Detalhe do formulário das "Velas virtuais" do site **CatolicaNet**

Após preencher o formulário e o campo com a mensagem, que poderá ter no máximo 500 caracteres, e clicar em "Enviar", o texto e a imagem da vela escolhida passam a aparecer na página principal do serviço, disponível aos demais fiéis[150]. Portanto, esse ritual demanda ao fiel não apenas uma sequência de ações, mas também uma *construção simbólica* no interior do sistema (em formato de discurso textual). Ou seja, o ritual só acontece porque há essa construção. Sem ela, não há ritual. Essa "matéria religiosa" inserida pelo fiel, assumida depois pelo site, se tornará parte dele. Os demais fiéis, assim, encontrarão, no interior do sistema, marcas de outros fiéis. No caso do *Pedido de Orações* do mesmo site, o formulário é o mesmo, com exceção de que não há a opção de tipos diferentes de velas. Após o envio das informações, o sistema também disponibiliza as orações a todos os demais fiéis. Em ambo os casos, faz parte da "liturgia" a publicização automática dos pedidos e das velas a todos os demais fiéis. O sistema não oferece a opção da privacidade da intenção.

No caso do link "Vela Virtual" do site A12, o fiel é convidado pelo sistema a preencher um formulário (nome, e-mail, cidade, estado e intenção). Mas agora o sistema lhe dá a opção de tornar a oração pública, no campo "Não permitir que minhas intenções sejam visualizadas por outras pessoas", que inclusive já vem marcado. Há também a opção de enviar a vela para um amigo, embora não lhe sejam oferecidas opções de formato de velas (fig. 67).

---

[150] Como analisado na seção 6.3.

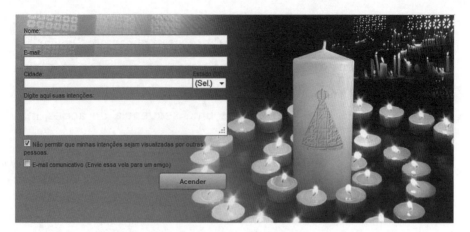

Figura 67 – Detalhe do formulário do ritual
"Vela Virtual" do site A12

Após o preenchimento das informações e da intenção, que poderá ter apenas 250 carcteres, e o clique em "Acender", uma animação exibe um palito de fósforo digital que sobe pela tela até se aproximar do pavio, "acendendo" a vela (fig. 68).

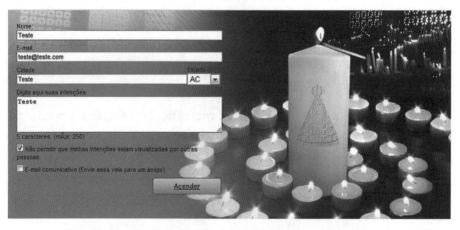

Figura 68 – Acendimento da "Vela Virtual" do site A12

Além disso, uma mensagem automática do sistema, em uma janela pop-up, confirma o acendimento da vela durante sete dias, além de informar o código de acesso à intenção (ver figura 69).

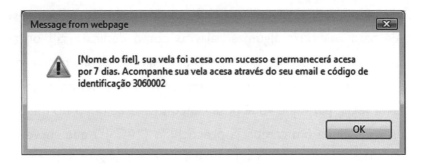

Figura 69 – Mensagem de confirmação do acendimento de "Vela Virtual" no site A12

Assim, tenta-se manter a estrutura litúrgica do ambiente offline, como a vela apagada cujo pavio é aceso com um palito de fósforo e os "sete dias" em que a vela permanecerá acesa. Porém, somado a essa liturgia, reconstruída digitalmente, há ainda acréscimos característicos do ambiente online, como o código de identificação, a opção de tornar a intenção pública em toda a rede e de "enviar a vela" a um amigo. Embora trazendo consigo elementos tradicionais da religiosidade católica, instaura-se uma "liturgia digital" própria nesses rituais. Essa liturgia demanda do fiel o preenchimento do formulário como indicado pelo sistema (se um campo não for preenchido corretamente, o sistema alerta o erro e exige a correção), e o ritual só terá "eficácia" a partir dessa construção simbólica do fiel no interior do sistema.

No site das Apóstolas, as *Velas Virtuais* exigem do usuário algumas operações a mais. Primeiro, como víamos anteriormente[151], o sistema explica ao fiel a importância das velas, o convida a "respirar fundo" e "aquietar seus pensamentos", e depois lhe informa que é preciso clicar em uma das velas apagadas para que a intenção possa ser enviada. Ao passar por esses passos prévios e escolher uma vela apagada, o sistema então informa ao fiel: "Antes de continuar, reflita por um momento sobre seu motivo para acender uma vela".

---

[151] Conforme item 6.3.1.

Clicando em "Continue", o fiel é convidado, então, a "sentir-se à vontade para adicionar algumas palavras como dedicatória", ou seja, a própria intenção do fiel, que aparecerá quando algum outro internauta clicar na vela. O sistema também pede que o fiel coloque suas iniciais na vela ("para que você possa encontrá-la de novo, no meio das demais"). Há ainda um campo já preenchido ("ACSJ") que serve para "associar sua vela com um grupo de velas", como o grupo da comunidade das Apóstolas.

Clicando novamente em "Continue", o sistema informa: "A gratidão pode iluminar todo o nosso mundo. Como inspiração para outros, por favor indique seu país e sua localização". No segundo campo, "você também pode assinar a vela com seu nome". Clicando mais uma vez em "Continue", apresenta-se, então, o resultado final da vela (incluindo a intenção, o nome e a localização do fiel), mas a vela ainda está apagada. Para "acender" a vela, é preciso clicar no pavio apagado da imagem da vela. Ao clicar, surge uma nova tela com uma vela acesa, com uma chama animada, e o convite: "Permaneça aqui em silêncio, por quanto tempo desejar, antes de continuar".

Clicando em "Continue", a nova página questiona se o internauta deseja convidar um amigo para ver a vela acesa, com duas opções de resposta: "Sim" ou "Não". Se a resposta for negativa, abre-se uma nova tela, com a mensagem: "Sua vela permanecerá acesa por 48 horas. Quando você voltar às velas, poderá também ver as mensagens deixadas por outros e acolher suas preocupações em seu coração", e o link "Retornar às velas". Já se a resposta for positiva, abre-se uma nova página com um novo formulário de envio da mensagem ao amigo (fig. 70).

Figura 70 – Sequência de passos para o acendimento da "Vela Virtual" no site das Apóstolas

Assim, esse grande número de operações e escolhas feitas pelo fiel (mais de 20, em todo o processo) buscam reconstruir, digitalmente, a experiência de sagrado do ambiente offline, porém, com elementos novos, como os inúmeros "toques" (cliques) ritmados pelo sistema e a recorrente autorreferencialidade do sistema e de seu sistema de publicização das intenções: as palavras inseridas pelo fiel "aparecerão quando *alguém clicar* em sua vela", o convite a "colocar suas iniciais na vela, para que você possa *encontrá-la de novo* no meio das demais", a "*associar sua vela* com um grupo de velas", "*como inspiração para outros*", a "permanecer *aqui* em silêncio", a "convidar um amigo", e a indicação de que, "*quando você voltar às velas*, poderá também *ver as mensagens deixadas por outros* e *acolher suas preocupações* em seu coração". Portanto, a "liturgia digital" garante que outras pessoas acompanham o fiel nesse ritual, que ele não está sozinho, que o local onde ele se encontra ("aqui") é sagrado, de oração, de encontro com os demais fiéis orantes.

O ritual *Velas Virtuais* oferecido pelo *Santuário Virtual* do site do padre Manzotti segue o mesmo padrão. No topo da página, há um convite: "Acenda aqui sua vela virtual, uma vela que irá ficar disponível no site durante 7 dias antes de ser removida automaticamente. Acenda por entes queridos, causas difíceis ou para agradecer uma graça recebida". Portanto, é um serviço que tem uma temporalidade fixa (sete dias) e um propósito (orações "por entes queridos..."). Abaixo, há formulário de preenchimento: nome (com a indicação "Estará visível no site apenas seu primeiro nome"), e-mail, cidade, Estado e texto da vela (que poderá ter no máximo 700 caracteres). Logo abaixo, há quatro opções de "tempo da vela", junto com uma frase bíblica de inspiração (fig. 71).

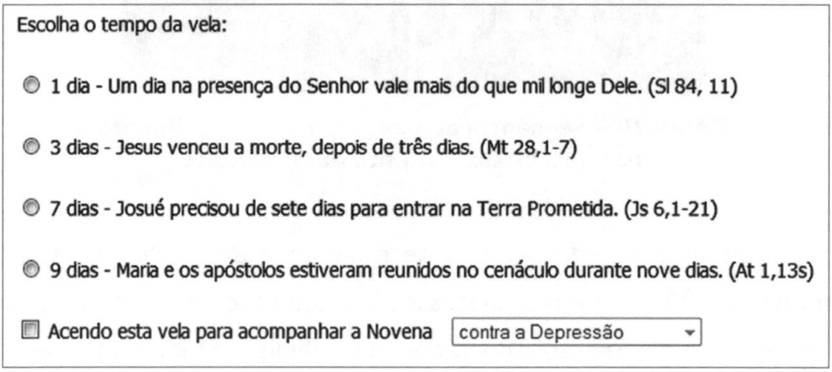

```
Escolha o tempo da vela:

◉ 1 dia - Um dia na presença do Senhor vale mais do que mil longe Dele. (Sl 84, 11)

◉ 3 dias - Jesus venceu a morte, depois de três dias. (Mt 28,1-7)

◉ 7 dias - Josué precisou de sete dias para entrar na Terra Prometida. (Js 6,1-21)

◉ 9 dias - Maria e os apóstolos estiveram reunidos no cenáculo durante nove dias. (At 1,13s)

☐ Acendo esta vela para acompanhar a Novena  [ contra a Depressão ▼ ]
```

Figura 71 – Detalhe das opções de "tempo da vela" do site do padre Manzotti

Porém, essas opções confundem o usuário, pois, apesar de ter sido alertado inicialmente que a vela ficaria disponível por no máximo sete dias, uma das opções indica "nove dias". Após preencher o formulário, selecionar o "tempo da vela" e clicar em "Acender minha vela virtual", o sistema apresenta uma nova janela com a confirmação do ritual de acendimento da vela (fig. 72).

```
Sua vela foi publicado com sucesso! Veja ele agora clicando aqui →
```

Figura 72 – Detalhe da confirmação do acendimento de "vela virtual" no site do padre Manzotti

Novamente, nesse ritual, o sistema opera uma abertura à construção simbólico-religiosa do fiel, que insere no sistema sua "matéria religiosa", que depois será disponibilizada aos demais fiéis. Não há a possibilidade de optar por não publicizar seu conteúdo. O sistema se limita a informar: "ATENÇÃO: Ao submeter o formulário clicando no botão 'Acender minha vela' você está ciente de que a mensagem será publicado [sic] no portal Padre Reginaldo Manzotti & Associação Evangelizar é Preciso e poderá ser lido por outras pessoas" (grifos nossos).

Outro ritual semelhante no site do padre Manzotti é a seção "Testemunhos", que pede ao fiel o preenchimento de um formulário semelhante ao das "velas virtuais", sem outras opções, novamente com a indicação de que o texto será automaticamente publicado no portal. Em alguns casos, o fiel agradece ou testemunha uma determinada experiência religiosa que ocorreu fora do ambiente online, por exemplo a partir da TV ou do rádio, complexificando ainda mais as processualidades midiáticas, como no caso abaixo, da seção "Testemunhos", do site do padre Manzotti (fig. 73).

Testemunho de Neide de GOIOERÊ:

FÉ EM DEBATE

PADRE QUERO FAZER UMA RECLAMAÇÃO,POIS, NÃO CONSIGO VIVER MAIS SEM OUVIR O SEU PROGRAMA,SOU FÃ NUMERO 1,DOS SEUS TRABALHOS , E FÉ EM DEBATE É UM DELES,QUANDO TENHO QUE SAIR NA RUA, OUÇO PELO FONE NO CELULAR, PADRE AS PESSOAS FICAM OLHANDO,POIS FICO CANTANDO E CONVERSANDO COM O SENHOR,RS...

Em 19/05/2012 às 11h09

Figura 73 – Interação ritual de abertura
externa do site do padre Manzotti

Nesse testemunho, a fiel "Neide" afirma: "Não consigo mais viver sem ouvir seu programa, sou fã número 1". Sua experiência religiosa (a partir das processualidades radiofônicas) é tão forte que "as pessoas ficam olhando, pois fico cantando e conversando com o senhor [ou seria *Senhor?*]". Mas essa experiência não se encerra no dispositivo radiofônico: a fiel o amplia para o ambiente online, que se abre a essa reconstrução, possiblitando que sua experiência religiosa seja realimentada e alimente também outros fiéis.

Por outro lado, o sistema, em sua liturgia, também diz o que *não é possível fazer* ou o que é *necessário fazer* para que determinado ritual ocorra, evitando uma interpretação equivocada ou um "mau uso" de seus serviços. Isso acontece por meio de indicações de restrições específicas de cada sistema. Por exemplo, no caso da "Vela Virtual" da "Capela Virtual" do site A12 (fig. 74) e do "Santuário Virtual" do padre Manzotti (fig. 75), o sistema impõe ao fiel que todos os campos devem ser preenchidos.

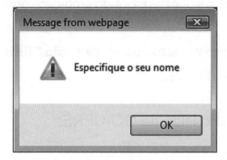

Figura 74 – Restrição na "Capela Virtual" do site A12

> Ops! Encontramos alguns problemas nos campos enviados, por favor verifique as mensagens de erro abaixo coloridas em vermelho.

Figura 75 – Restrição no "Santuário Virtual" do site do padre Manzotti

No caso do site A12, a cada campo não especificado, uma mensagem *pop-up* aponta o erro do fiel-usuário ("Especifique seu nome", "Especifique seu e-mail", "Especifique a cidade", "Especifique o Estado (UF)", "Especifique a mensagem"). Portanto, todos os campos são necessários para a eficácia do ritual. No caso do site do padre Manzotti, o sistema apresenta em uma nova página do formulário todos os "erros" cometidos pelo fiel em cor vermelha ("Nome muito curto", "E-mail inválido", "Digite a intenção de sua vela", "Escolha quanto tempo sua vela ficará acesa na capela virtual"). Dessa forma, o sistema aponta para o fiel uma série de instruções necessárias para a realização de determinado ritual (inclusive um nome muito curto é motivo de restrição: é necessário ter mais de dois caracteres – "Jó", por exemplo, não poderia acender velas no site do padre Manzotti...). Assim, informa-se ao fiel o que *fazer*, o que *não fazer* e *como fazer* para usar os serviços.

Em suma, nesses casos, diferentemente das interações rituais de fechamento, o fiel tem acesso ao interior do sistema, interfere nele e deixa ali sua marca. O sistema abre-se a esse fiel, permite (ou convida, ordena) a interação – dentro de suas regularidades e em sua dinâmica própria (já que tende para sua própria estabilidade e conservação). Assim, a partir dos exemplos analisados, o processo de abertura do sistema por meio das interações rituais se manifesta como uma *reconstrução e recombinação*, por parte do fiel, dos conteúdos religiosos ofertados pelo sistema. Embora o fiel não tenha acesso ao software que comanda o sistema, sua interferência nos conteúdos provoca alterações que irão afetar os usos do site por outros fiéis, o que não acontecia nas interações rituais de fechamento. O sistema *se expõe* a essa interferência.

Em outros casos, além de aceitar essa inserção de "matéria religiosa" em seu interior, o sistema a reutiliza em outros rituais, também offline, como veremos agora.

6.4.2.2. Abertura externa

Analisaremos agora as *interações rituais de abertura externa*, ou seja, aquelas interações possibilitadas por rituais em que o sistema se abre à construção de sentido por parte do ambiente (fiel) em seu interior, mas também se abre novamente e permite, posteriormente, a saída, a "devolução" de alguns desses elementos (ressignificados) para o exterior, possibilitando sua nova reconstrução simbólica no ambiente offline. Ou seja, trata-se de *rituais online que se estendem para o ambiente offline*. Nesse caso, a "matéria religiosa" inserida pelo fiel nos rituais online é remetida para ritos secundários offline: sai do sistema católico online em direção ao ambiente, ao macrossistema sociorreligioso.

Nos sites analisados, grande parte dos serviços religiosos oferecem um "bônus" ao fiel-internauta, informando que a "matéria religiosa" inserida no sistema (em formato de "pedido de oração", "intenção de missa" etc.) será levada ao altar da missa presencial, ou à capela territorializada do sacerdote, que também irá rezar por essas intenções, ou será, enfim, "reutilizada" em outro ritual, fora do ambiente online.

No caso da *Capela Virtual* do site A12, no serviço *Intenção de Missa*, informa-se que a mensagem inserida "será apresentada nas intenções comunitárias da celebração das 16h no Santuário Nacional de Nossa Senhor Aparecida". Ou seja, uma comunidade, reunida presencialmente no ambiente offline, irá utilizar (embora, talvez, sem saber) a "matéria religiosa" inserida pelo fiel no sistema online para "realimentar" um ritual religioso offline, como a "celebração das 16h". Basta preencher o formulário (nome, e-mail, mensagem – que não indica limitação em termos de número de caracteres) e clicar em "Enviar". Depois do clique, o sistema confirma a realização do serviço com uma mensagem *pop-up* com a frase "Mensagem enviada" (expressão que, para a linguagem computacional, é como o "amém" do fiel). Assim, extratemporal e extraespacialmente, o fiel se sentirá unido a uma comunidade de oração presencial, reunida no santuário territorializado também em seu nome. Mesmo que os demais fiéis não tenham acesso aos conteúdos inseridos nesse ritual, infere-se que os discursos enviados a esse serviço encontram na mediação do sistema, de seus responsáveis e, de modo offline, da comunidade presencial, um destinatário final junto a Deus.

Esse também é o caso do link *Peça uma Oração* da *Capela Virtual* do site das Apóstolas, em que o sistema indica: "Colocamos diante do Coração Eucarístico de Jesus as pessoas que passam por nossos caminhos e confiam em nossas orações de louvor, agradecimento e súplica". Portanto, a oração inserida pelo fiel será reutiliza pela comunidade das religiosas ("colocamos") em seus demais momentos de oração. O formulário do serviço é mais complexo, exigindo o preenchimento de nome, cidade, estado, país, e-mail e a mensagem (que não poderá ultrapassar os 600 caracteres e "deverá ter" – indica o sistema – no mínimo 20 caracteres). Depois de preencher os campos, o fiel deve clicar em "Visualizar", em que uma nova página exibe a mensagem, com as opções "Alterar" (para editar novamente o texto) e "Enviar", que irá completar o ritual.

O site do padre Manzotti oferece em sua página inicial uma possibilidade de interação ritual semelhante, intitulada *24 horas em Oração na Presença do Senhor*, que ocorreria no dia 23 de junho de 2012 (fig. 76).

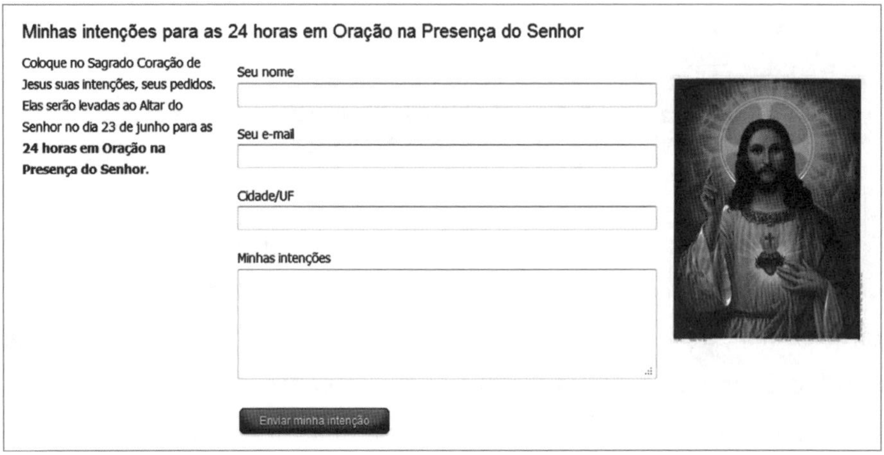

Figura 76 – Detalhe do formulário para envio de orações no site do padre Manzotti

Nesse serviço, o sistema convida o fiel-internauta: "Coloque no Sagrado Coração de Jesus suas intenções, seus pedidos. Elas serão levadas ao Altar do Senhor no dia 23 de junho para as 24 horas em Oração na Presença do Senhor". Portanto, novamente, trata-se de um ritual de pedir orações que, via internet, irá remeter a construção discursivo-simbólica do fiel para novas processualidades ritualísticas, em determinado dia, em determinada hora, em determinado lugar (a Paróquia Nossa Senhora de Guadalupe, em Curitiba, como indica o site). Assim, o sistema se coloca como um intermediador do fiel junto a Deus, reprocessando a informação inserida no ambiente online para outro ritual, "analógico", e para outro "altar", desta vez concreto e offline.

Em outros casos, é o próprio fiel que solicita essa "abertura" do sistema online ao ambiente offline (fig. 77).

> **Testemunho de Filha de Brasília / DF para Hora da Misericórdia:**
> Pedido de oração
>
> Quero pedir para que coloque nas orações e missas o nome de Thaíse, para que ela tenha muita paz, tranquilidade. Tire toda a ansiedade, nervosismo... Sei que conforme a leitura de hoje pedirdes ao Pai em meu nome e recebereis. Amém
>
> Em 19/05/2012 às 11h08

Figura 77 – Interação ritual de abertura externa do site do padre Manzotti

Portanto, em uma seção do site do padre Manzotti (Testemunhos) em que o sistema simplesmente se compromete a publicizar o comentário do fiel no próprio sistema, é a fiel "Filha" que solicita ao sacerdote que "coloque nas orações e missas" sua intenção. Ou seja, o ritual da fiel não se encerra no interior do sistema, mas depende de sua extensão ao ambiente offline.

Por outro lado, as autorreferencialidades ritualísticas também ocorrem por solicitação do fiel entre sistemas midiáticos: o próprio fiel, via internet, solicita que o mediador religioso cite seu nome ou ore por sua intenção nos programas de TV ou rádio, ampliando a ocorrência de determinada experiência religiosa para outros ambientes dessa ambiência midiatizada (fig. 78).

> **Testemunho de Andressa de santo antonio do sudoeste PR:**
>
> CURA DE UM CANCER NO SEIO
>
> PADRE REGINALDO a sua benção.Meu nome é Jovilde Crespan tenho 60 anos e em Novembro de 2010 em uma consulta descobrimos que eu tinho um tumor no seio eoutro na axila esquerda.Em Maio de 2011 fiz a cirurgia onde confirmou o diagnóstico médico de que era cancer maligno.padre eu ja ouvia seu programa mas á partir desse dia eu não perdi mais nem uma novena todos os dias eu ouço o programa e na hora da novena eu dobro meu joelho e rezo antes era para que desse tudo certo e graças a MEU DEUS deu tudo certo fiz 8 quimioterapia 33 radioterapia e hoje rezo ainda mais do que antes para agradecer fiz todos os exames recentemente e estou curada graças a DEUS e a VOCE PADRE REGINALDO que sempre me deu força e coragem que Deus lhe abençõe lhe proteja padre.Eu ouço a novena pela radio comunitaria ACESAS FM de SAS.Gostaria que lesse meu testemunho na radio para que todos tenham fé e acreditem DEUS existe e é muito bom.Evangelizar é precissssooooooo.
>
> Em 19/05/2012 às 14h29

Figura 78 – Interação ritual de abertura externa do site do padre Manzotti

Nesse caso, a fiel "Andressa" relata ao padre sua cura do câncer de mama ("graças a Deus e a você, Padre Reginaldo"), por meio de um ritual religioso de "testemunho". No fim de seu relato, pede que o padre leia "meu testemunho na rádio". É a própria a fiel que solicita que seu ritual de testemunho e ação de graças não se encerre no interior do sistema católico online, mas se estenda para outras processualidades midiáticas, em que a publicização da experiência religiosa não é uma *condição imposta pelo sistema*, mas sim uma *necessidade pessoal manifestada pelo fiel*. Assim, o ambiente online se transforma em um ponto de atravessamentos, cruzamentos, perpassamentos midiáticos ritualizados, em interações entre fiel-sistema que atuam como ações para dar continuidade a uma experiência que *não se realiza totalmente ali*, mas necessita de outras mediações midiatizadas.

Na versão anterior do site do padre Manzotti, no ritual *Pedidos de Oração* da então *Capela Virtual*, o próprio do padre convidava os fiéis a "estenderem" seus rituais midiaticamente: "Preencha [o formulário] com seus dados e depois *deixe aqui* seu pedido de oração. *Eu levarei* ao Altar do Senhor, e você receberá em seu email [sic] uma resposta automática de confirmação de recebimento. Deus o(a) abençoe filho(a)" (grifo nosso)". Ou seja, novamente, um ritual offline posterior (as orações e celebrações ministradas pelo padre) teriam como conteúdo a "matéria religiosa" inserida por um fiel-internauta por meio do sistema católico online. O sacerdote, em primeira pessoa, apresentava-se como o mediador ("eu levarei") junto ao "Altar do Senhor", prometendo ainda uma "confirmação" (e-mail) dessa mediação, desde que o fiel cumprisse o contrato ("preencha", "deixe")[152].

O site atual do padre Manzotti possibilita uma nova complexidade das interações rituais de abertura externa: permite não apenas a inserção de conteúdo religioso em formato de texto, mas também é possível enviar vídeos com testemunhos[153] – e estes vídeos serão utilizados nos "programas de TV do padre Reginaldo Manzotti". A página específica contém apenas um longo texto explicativo sobre como enviar o "testemunho em vídeo". O sistema indica que o processo "é simples, grave seu testemunho com seu celular ou câmera digital, faça o upload no youtube ou no sendspace e envie o link para a produção dos programas" por e-mail. Logo abaixo, há dois parágrafos específicos sobre como enviar o vídeo ao YouTube ou ao SendSpace, com um passo-a-passo didático ao fiel. Por fim, indica-se: "Deixe seu nome completo, profissão e e-mail para retorno, pois entraremos em contato contigo antes do vídeo ir para o ar!". É interessante perceber que aqui o sistema católico online faz uso de processualidades externas, como os protocolos de outros sistemas, como o YouTube e o SendSpace, submetendo-se, de certa forma, às "regras de uso" desses ambientes.

---

[152] Porém, na versão atual, o site excluiu essa informação. Agora, consta apenas a frase: "Escreva no formulário o seu pedido para oração", e um esclarecimento final: "ATENÇÃO: Tenha certeza de que está usando este canal para enviar exclusivamente pedidos de oração. Outros tipos de assunto devem ser tratados no link Fale Conosco, por oferecer mais agilidade na resposta". Ou seja, este ambiente só pode ser usado pelo fiel para determinadas coisas específicas. Mas, autorreferencialmente, o sistema também oferece, em seu próprio interior, o espaço apropriado para as demais coisas ("Fale Conosco").

[153] Disponível em <http://migre.me/992ep>.

De fato, aqui há uma nova complexidade por parte do sistema católico online: um ritual específico (testemunho) ocorre no ambiente online, mas depois, mediado pelo sistema, será reutilizado como "matéria religiosa" para uma outra processualidade midiática, a saber, os programas de TV do padre Manzotti. Assim, o sistema possibilita ao fiel participar dessa nova ambiência, em que não há "barreiras" midiáticas: o site se encarrega de encaminhar a experiência religiosa do fiel do ambiente offline (1), ao online (2), depois ao ambiente televisivo (3), para então retornar, por fim, novamente, ao ambiente da "vida vivida mais ampla" dos demais fiéis (4). O sistema católico online, dessa forma, se abre para acolher o conteúdo religioso do fiel (fechando-se com algumas delimitações: dados do fiel e seleção posterior do testemunho) e abre-se novamente para "expulsar" esse conteúdo, reprocessado e ressignificado, para o ambiente televisivo, ampliando o alcance da experiência religiosa do fiel e da comunidade como um todo no interior do macrossistema religioso. Aqui, o ritual e a experiência religiosa não se encerram no ambiente online (ou ao menos encerram uma primeira etapa), mas continuam ocorrendo em outros ambientes, como a TV.

Nesse processo, o sistema-site – como subsistema de um macrossistema religioso mais amplo – reutiliza a "matéria religiosa" ofertada pelo fiel para alimentar também novas ações que não se desenvolvem apenas no próprio sistema-site, mas também em outras instâncias do macrossistema religioso. Ocorre, poderíamos dizer, um processo de *realimentação* das processualidades internas e externas do sistema, o que favorece sua auto-organização e autorregulação.

6.4.2.3. Análise da análise: O processo de abertura

A partir da análise realizada das interações rituais de abertura, cabe ressaltar alguns pontos centrais sobre as processualidades comunicacionais do sistema católico online e de sua interação com o fiel-internauta. Primeiramente, os rituais online ofertados apresentam, como dizíamos, uma "liturgia digital", com tudo o que isso implica em comparação com uma liturgia tradicional dos mesmos rituais no ambiente offline: na internet, constrói-se uma sequência litúrgica fluida, em fluxo, hipertextual, multilinear. E o ritual vivenciado a partir dessa liturgia também desencadeia uma experiência religiosa física, mental e espiritualmente remodelada e potencialmente aberta.

Tudo o que o fiel pode construir no interior do sistema passa por uma condição prévia básica, em quase todos os casos: o *preenchimento de um formulário*. Mas qual a necessidade e a importância disso para uma experiência religiosa? Vemos aí, na "liturgia digital", primeiramente, um processo de "burocratização da fé", em que o ritual só ocorre depois que o fiel informa uma grande quantidade de dados pessoais. Essa é uma processualidade nova, típica do ambiente digital, em comparação com a experiência religiosa tradicional, em que as práticas de fé pessoal (como o acendimento de velas ou os pedidos de oração) demandavam apenas o conteúdo central (a intenção) e, no máximo, o nome do fiel (quando fossem lidas, por exemplo, em alguma celebração pública). Agora, porém, é preciso preencher um formulário com diversos campos, que também serve como "contrato", ao indicar possibilidades, limites e possíveis consequências da realização de determinado ritual.

Em segundo lugar, esse processo leva à alimentação do banco de dados do sistema, pois, em alguns casos, é *necessário* que o fiel informe seu e-mail, ou sua cidade, ou seu Estado etc. Sem isso, o sistema se nega a dar continuidade ao ritual. Toda essa informação enviada pelo fiel passa a fazer parte do banco de dados do sistema católico online, que poderá reutilizá-la para suas demais processualidades internas (avaliação de seu desempenho, modificação de certas estruturas, ampliação de ofertas, aprimoramento de serviços etc.).

Em terceiro lugar, para poder narrar a fé, o fiel precisa antes *dizer quem é*, pois, como víamos[154], discurso é poder[155]. Por isso, o sistema impõe estruturas que gerem o controle desses discursos – pois assim também se controla o poder (quem fala, quem escuta, para quem se fala, como se fala, como se escuta etc.). Uma dessas estruturas é determinar as condições de funcionamento dos discursos, "de impor aos indivíduos que os pronunciam certo número de regras"[156]. Exatamente nesse sentido, uma das formas mais superficiais e visíveis das regras ou do "sistema de restrição", como dizia Foucault, é o *ritual*. "O ritual define a qualificação que devem possuir os indivíduos que falam (e que, no jogo de um diálogo, da interrogação, da recitação, devem ocupar determinada posição e formular determinado tipo de enunciados); define os gestos, os comportamentos, as circunstâncias, e todo o conjunto de signos que devem acompanhar o discurso; fixa, enfim, a eficácia suposta ou imposta das palavras, seu efeito sobre aqueles aos quais se dirigem, os limites de seu valor de coerção[157]."

Como vimos nas interações rituais analisadas, há uma liturgia própria definida para o fiel, com gestos e comportamentos esperados. Há também diversas regras para o discurso e a ação ritual do fiel: uma "regra da ação" (só é possível fazer determinadas coisas e não determinadas outras), uma "regra da apresentação" (quem quer falar, de onde), uma "regra da comunicabilidade" (é essencial possuir e indicar um endereço de e-mail), uma "regra da extensão" (só se pode falar até um determinado ponto, até uma determinada quantia de caracteres), uma "regra da concordância" (o sistema explicita suas condições de uso, que devem ser aceitas). Dessa forma, por meio dos rituais, enquanto discursos regulados, delega-se ao indivíduo "proprie-

---

[154] Conforme item 4.4.
[155] FOUCAULT, Michel. *A Ordem do Discurso: Aula Inaugural no Collège de France, Pronunciada em 2 de Dezembro de 1970*. São Paulo: Loyola, 2008, p. 36.
[156] FOUCAULT, 2008, op. cit., p. 36.
[157] FOUCAULT, 2008, op. cit., p. 38.

dades singulares e papéis estabelecidos"[158]. Por isso, discurso, ritual e poder se cruzam nas interações analisadas, pois, para a Igreja, seu "poder" está na *mediação* da Palavra de Deus e os fiéis como *"Mater et magistra"* (Mãe e mestra)[159], que acolhe e ensina, dirige, orienta. Daí pode-se entender as relações do fiel com essa palavra, especialmente nos rituais online.

Ao inserir sua "matéria religiosa" no interior do sistema e co-construir sua experiência religiosa, o fiel-internauta é também *coa(u)tor* de sua própria religiosidade. É um *prossumidor religioso* – produtor e consumidor ao mesmo tempo. Ele não depende mais exclusivamente apenas de sua Igreja para definir onde e como encontrar Deus. Agora, ele tem uma diversidade de opções de sites e, dentro de cada opção, uma nova diversidade de opções de serviços. Assim, o fiel também passa a estar imbricado no processo de "construção do sagrado", definindo-o e sendo definido por ele. Portanto, no caso das interações rituais de abertura, trata-se de uma ação litúrgica do fiel mais *autônoma*, pois, embora ainda dependendo dos "estímulos" ofertados pelo sistema, a construção simbólica do fiel contém mais as marcas de sua autoria. Isso só é possível porque o sistema católico online permite e se abre a essa "construção alheia". Esse processo de abertura, estática e dinamicamente, vai sendo construído a partir das perturbações, transações e irritações que o fiel causa no sistema.

Assim, concomitantemente com o processo de fechamento, há um processo de abertura por parte do sistema. Um sistema aberto é "um sistema em troca de matéria com seu ambiente, apresentando importação e exportação, construção e demolição dos materiais que o

---

[158] FOUCAULT, 2008, op. cit., p. 39.
[159] Esse é o título de uma Carta Encíclica do papa João XXIII, de 1961, em que o pontífice, abordando a "evolução da questão social à luz da doutrina cristã", inicia seu texto chamando a Igreja Universal de "mãe e mestra de todos os povos", que tem como missão gerar filhos na fé, além de "os educar e dirigir, orientando, com solicitude materna, a vida dos indivíduos e dos povos". Disponível em <http://migre.me/8XD84>.

compõem"[160]. Nesse sentido, o sistema católico online importa conteúdo, abre-se ao fiel, que, em seu interior, insere e constrói "matéria religiosa" – que depois poderá ser ainda exportada (como nas aberturas externas) ou demolida (como nos conteúdos que não correspondam adequadamente às regras e condições do sistema). Aqui, portanto, o fiel constrói conteúdo religioso *no interior do sistema*. Este, por sua vez, reconstrói e remodela essa matéria, ou então a demole e se desfaz dela. Esse processo de abertura, estática e dinamicamente, vai sendo construído a partir das perturbações, transações e irritações que o fiel causa no sistema em suas interações discursivas e rituais.

Em certas condições e em determinado momento, um sistema aberto chega a um "estado estável". E esse estado estável é alcançado "independente das condições iniciais e determinado somente pelos parâmetros do sistema"[161], aquilo que também se chama de *equifinalidade*: um estado final que pode ser atingido partindo de diferentes condições iniciais e depois de o sistema passar por perturbações. Diferentemente do equilíbrio (em que o sistema não realiza mais trocas com o meio, ficando em repouso, "descansando" fixamente), o sistema, ao alcançar a estabilidade, "permanece constante em sua composição, a despeito de contínuos processos irreversíveis, importação e exportação, construção e demolição, estarem em ação"[162].

Ou seja, o que define um sistema aberto é sua "contínua troca de matéria com o meio"[163], em interações múltiplas. Isso se dá devido à tendência dos sistemas complexos de chegar a um estado estável a partir de uma contínua destruição e síntese, que ocorre por meio de uma tensão entre a questão *estática* (conservação do sistema ao longo do tempo) e a questão *dinâmica* (variações do sistema ao longo do tempo). Nesse sentido, o fechamento de um sistema (enquanto "estado

---

[160] BERTALANFFY, 2008, op. cit., p. 186.
[161] BERTALANFFY, 2008, op. cit., p. 186.
[162] BERTALANFFY, 2008, op. cit., p. 186.
[163] BERTALANFFY, 2008, op. cit., p. 203.

estável") só é possível por sua abertura. É essa abertura, entre assimilações e acomodações, que permite que o organismo evolua. Mas são necessários fechamentos para que o sistema conserve suas estruturas e não se "dilua" no ambiente. Ou seja, "um sistema aberto é aberto para se fechar, mas é fechado para se abrir e se fecha novamente se abrindo"[164].

O sistema católico online também tende para essa equifinalidade: o fluxo de interações com o fiel – a dinâmica de processos de "importação, e exportação, construção e demolição" –, mesmo que perturbe o sistema por um determinado período de tempo, tenderá para sua estabilidade – ou seja, um equilíbrio dinâmico entre assimilação e desassimilação[165]. E isso independe das condições iniciais (pois, justamente por ser um sistema aberto, essas condições também estão sempre em modificação) e é determinado somente pelos parâmetros do sistema, que assimila, acomoda ou demole as interferências do fiel. Portanto, "quanto mais complexo é um sistema, mais ampla é sua abertura, mais forte é seu encerramento"[166].

Podemos dizer que, por meio das interações rituais de abertura, ocorre um processo de *interpenetração* entre site e fiel. Interpenetração, em sentido luhmanniano, "não se trata da relação geral entre sistema e ambiente, mas de uma relação intersistêmica entre sistemas que pertencem reciprocamente um ao ambiente do outro"[167], ou seja, quando sistemas reconhecem em seu ambiente outro(s) sistema(s) e nele(s) inserem, reciprocamente, sua própria complexidade interna. Assim, ocorre uma desordem em que os sistemas interpenetrantes permanecem como ambiente uns para os outros.

Cremos que seja isso que ocorre nas interações rituais de abertura, pois site e fiel se interpenetram, trocando e transacionando matéria reli-

---

[164] MORIN, 2002, op. cit., p. 170.
[165] Cf. BERTALANFFY, 2008, op. cit.
[166] MORIN, 2002, op. cit., p. 171.
[167] LUHMANN, 1990, op. cit., p. 354.

giosa. Essa interação, como resultado final, causa uma alteração das condições anteriores ao início da interação em ambos os interagentes (fig. 79).

Figura 79 – Diagrama demonstrativo da "interação ritual de abertura"

Para Luhmann, além disso, "a evolução só é possível mediante a interpenetração, isto é, apenas quando os sistemas se tornam *reciprocamente* possíveis"[168]. Ou seja, quando os sistemas reconhecem-se enquanto tais, dentro de um mesmo ambiente e, reciprocamente, colocam à disposição sua complexidade interna. Esta é assimilada pelo outro sistema como desordem e, por isso, demanda, também reciprocamente, seletividade e capacidade conectiva dos novos elementos. Estas, por sua vez, possibilitam a *(co)evolução* de ambos os sistemas.

No caso das interações rituais de abertura, fiel e site católico parecem coexistir em um mesmo ambiente, o da religião, e se interpenetram devido à existência e o reconhecimento desse ambiente comum, no qual disponibilizam um ao outro suas complexidades internas (os conteúdos do site e a "matéria religiosa" inserida pelo fiel). Ambos agem e se abrem à retroação do outro, reforçando a dependência mútua: o sistema-site precisa da "matéria religiosa viva" do sistema-fiel, e o sistema-fiel precisa da "matéria religiosa viva" do sistema-site para

---

[168] LUHMANN, 1990, op. cit., p. 358.

poder evoluir, em um fluxo contínuo de continuidade e mudança[169]. Nem o sistema-site, nem o sistema-fiel existem por si mesmos: ambos dependem de suas interpenetrações recíprocas. Portanto, nas interações rituais de abertura, o sistema-site, em um processo de abertura, permite que o sistema-fiel penetre naquele, que retroage a essa penetração, e assim ciclicamente. Assim se realiza, segundo Luhmann, a comunicação: "A interpenetração que implica uma contribuição de complexidade para a construção de um sistema emergente tem assim lugar na forma de comunicação; e, vice-versa, o concreto início de uma comunicação pressupõe uma relação de interpenetração"[170].

Por outro lado, somado à interpenetração sistêmica, está também o acoplamento estrutural entre sistemas[171], ou seja, a capacidade de um sistema utilizar elementos de outro(s) sistema(s), para possibilitar suas próprias operações internas, sem, no entanto, precisar modificar suas próprias estruturas, como no caso de o fiel reutilizar o conteúdo simbólico do sistema católico online em sua experiência religiosa offline, ou o sistema que reutiliza a "matéria religiosa" inserida pelo fiel em seus outros rituais também offline. Há, por isso, não uma determinação, mas sim uma *adaptação* entre ambos os sistemas. Por meio desse acoplamento, cada sistema utiliza elementos de sagrado inseridos pelo outro sistema para operar seus próprios processos comunicativo-religiosos. São esses acoplamentos que permitem a coevolução dos sistemas.

Por conseguinte, agora, é o fiel também que *narra e constrói* o religioso no interior do sistema. O sistema se abre à interferência do fiel, que nele insere matéria religiosa, que é processada e assimilada (ou mesmo descartada) pelo sistema, transformando essa matéria religiosa em conteúdo próprio, de acordo com seus moldes e os protocolos digitais. Outros fiéis, então, acolherão essa matéria (agora já parte do sistema), e

---

[169] Cf. LUHMANN, 1990, op. cit.
[170] LUHMANN, 1990, op. cit., p. 358.
[171] Cf. LUHMANN; DE GIORGI, 1996, op. cit.

inserirão novas, dando continuidade assim ao fluxo e circulação comunicacional. Um fiel, por exemplo, que visitar a página onde se encontram "velas virtuais" já "acesas" poderá encontrar ali marcas dos demais fiéis, poderá se apropriar de uma "matéria religiosa" que não é construção própria do sistema, mas sim uma construção de outro fiel, que foi, então, assimilada pelo sistema (diferentemente das interações rituais de fechamento, em que a construção é feita pelo sistema e assimilada pelo fiel), tornando-se parte de sua complexidade interna. Esses elementos religiosos construídos pelo fiel e assimilados pelo sistema irão se tornar, por sua vez, em "matéria religiosa" para outros fiéis que visitarem o site.

Nesse sentido, é importante perceber que toda modificação do sistema católico online implica a modificação do ambiente do macrossistema religioso, dos quais o sistema católico online faz parte – e vice-versa. Portanto, todo aumento de complexidade no sistema aumenta a complexidade do ambiente de todos os demais macrossistemas dos quais ele faz parte – e vice-versa[172].

Em suma, nossa tentativa até aqui foi a de realizar uma análise processual e sistêmica das interações que se manifestam nos rituais online. Compreendendo o fenômeno religioso na internet como um fluxo comunicacional entre um sistema (site) e um ambiente (fiel) (e às vezes entre um sistema-site e um sistema-fiel), detectamos processos de fechamento e processos de abertura do sistema ao fiel, que tendem para uma estabilidade. Nesse sentido, o fluxo comunicacional é mais *centrífugo* nas interações rituais de fechamento, pois o sistema parece estar sempre *oferecendo* matéria religiosa ao fiel, que, por sua vez, tende a *acolhê-la*. Por outro lado, o fluxo é mais *centrípeto* nas interações rituais de fechamento, pois o sistema parece estar sempre *acolhendo* matéria religiosa que provém do fiel (fig. 80).

---

[172] Cf. LUHMANN, 1990, op. cit.

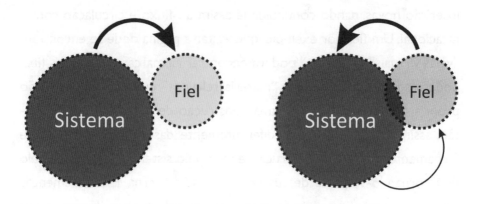

Figura 80 – Diagrama de fluxos de interação

Assim, buscamos ultrapassar uma análise de *partes* de um *todo*, para uma análise mais ampla que se insere e se adéqua melhor ao contexto de uma sociedade em midiatização. Tentamos, também, analisar nosso objeto não como elementos fixos e isolados, mas sim destacar um processo de fluxo contínuo, realimentável e auto-organizador, de interações entre sistemas, subsistemas e elementos em interação, mais aproximado das processualidades da comunicação digital. Nesse processo, a experiência religiosa se torna *assíncrona e ubíqua*, ou seja, podem ocorrer em qualquer parte, a qualquer momento, sem requerer um encontro presencial coletivo com os demais membros de uma comunidade em um determinado espaço-tempo. Por outro lado, a materialidade e a performance dos rituais online dependem de uma constante interação entre sistema-fiel.

Mas, às vezes, nem tudo ocorre como se espera – é o que veremos em seguida.

6.4.3. Falhas de interface e escapes doutrinais

O acesso dos fiéis ao espaço religioso dos ambientes online se faz sob certas condições – *regras* – que tentam regular as modalidade discursivas e rituais. Às vezes essas regras são claras e evidentes, quando existe um dispositivo regulatório sobre como os dados enviados ao sistema são selecionados e geridos. Outras vezes, por inferência, percebemos que há filtros (*gatekeepers*) que impedem a publicação de mensagens "heréticas" ou "blasfemas" segundo a linha doutrinal católica.

Verifica-se, assim, que as manifestações discursivas dos fiéis não podem ocorrer de "qualquer maneira", uma vez que o dispositivo interacional impõe certas regras. Esse tipo de regramento estabelece as modalidades da interação, mas também condições de acesso e de expressão por parte do fiel, para que não haja uma ruptura no contrato interacional.

Porém, às vezes, essa ruptura ocorre e, ao ocorrer, manifesta-se, então, que o sistema católico online não está totalmente livre e isento de lapsos causados pela palavra e pela ação dos fiéis. Aqui, examinaremos dois tipos de maus funcionamentos do sistema provocados pelos fiéis, a saber, as falhas da interface interacional e os "escapes" ao espectro doutrinário católico: verdadeiros *colapsos* no sistema[173].

Com relação às falhas de interface, referimo-nos às *rupturas, aos desarranjos e aos defeitos na composição gráfica e diagramática* da interface interacional dos sites católicos analisados. Nos casos abaixo, de "velas virtuais" observadas na "Capela Virtual" do site A12 (fig. 81) e na versão anterior da então "Capela Virtual" do site do padre Manzotti (fig. 82), vemos alguns exemplos dessas falhas.

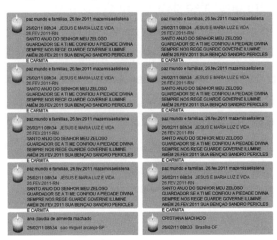

Figura 81 – Falha de interface na "Capela Virtual" do site A12

---

[173] Cf. SCOLARI, 2004, op. cit.

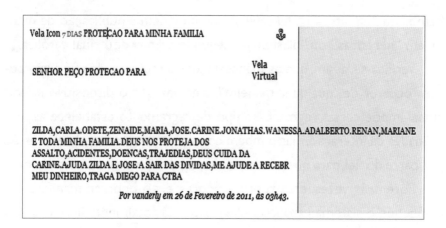

Figura 82 – Falha de interface na "Capela Virtual" do site do padre Manzotti

Nesses casos, o fiel provoca, em razão de sua inserção de matéria religiosa no interior do sistema, uma falha na composição gráfica da interface interacional, fazendo com que o texto introduzido ultrapasse o limite diagramático estabelecido pelo sistema. "Rompe-se" a interface. Além disso, no primeiro caso, o sistema também falha em sua seleção, permitindo que o fiel se manifeste inúmeras e repetidas vezes. Gera-se, assim, um "desconforto" nos usos e práticas dos demais fiéis-internautas, que percebem que "algo deu errado" no sistema.

Na situação abaixo, encontrada na versão antiga do ritual "Velas Virtuais" da "Capela Virtual" do site do padre Manzotti, a falha de interface se dá em razão de certa ineficácia regulatória do *gatekeeper* (fig. 83).

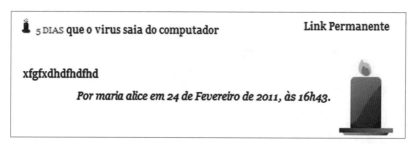

Figura 83 – Falha de interface na "Capela Virtual" do site do padre Manzotti

A fiel "Maria Alice", mesmo com um propósito em sua intenção ("que o vírus saia do computador"), introduz um texto "sem sentido" – que, porém, indica algumas brechas regulatórias no sistema. O sistema permite a inserção e a construção de um discurso incógnito aos demais fiéis, que revela, no entanto, uma falha na seleção do conteúdo inserido ou a permissão do sistema a certa quantidade de "erros", contanto que não o desestabilizem.

A partir desses casos, o fiel-leitor pode perceber uma "falha": ou seja, percebe a existência de uma técnica comunicacional que gere o sistema e que não é totalmente eficaz. Em muitos casos, a sensação de sacralidade construída pelos sites faz com que o fiel se sinta interagindo *diretamente* com Deus, transparecendo a técnica comunicacional que se interpõe nessa interação. Porém, é justamente a partir dessas falhas de interface que é possível perceber que *existe algo que não funciona* ou que não está cumprindo sua função corretamente. Dessa forma, pela ineficácia da interface, é possível advertir a existência de uma técnica comunicacional que intermedia essas interações.

Revelam-se, nesses momentos de crise, as propriedades dessa técnica e de suas processualidades, pois se tornam *visíveis* – e não mais transparentes – ao internauta. Por meio delas, é possível conhecer aspectos que não são evidentes quando o funcionamento é normal e a técnica é transparente. "Quando o usuário faz a interface fazer coisas imprevistas, está criando uma nova interface [...] muitas vezes nesses usos imprevistos se escondem novas formas de interação ou funções que não faziam parte do modelo mental do programador"[174]. Graças a essas falhas, revelam-se características novas dos objetos, de suas propriedades e do domínio de ação que propõem.

Por parte do sistema, são essas rupturas que permitem aprimorar a técnica: somente com essas falhas é que o programador pode melhorar a interface comunicacional, identificando seus pontos frágeis, para evitar que seus processos internos se revelem. Nesse sentido, quando antes falávamos

---

[174] SCOLARI, 2004, op. cit., p. 231.

da coevolução da técnica, referíamo-nos também ao *desequilíbrio* e à *dialética* entre como o sistema é *pensado e projetado* e como ele é *usado nas práticas do fiel*: as tecnologias nunca são usadas como seus programadores pensaram.

Esse é um dos motores que dinamizam a evolução das interfaces, pois ao se desviar dos usos previstos pelo programador – ou ao encontrar e promover falhas e escapes no sistema–, o usuário empírico está efetuando um trabalho criativo, recriando e redesenhando *virtualmente* a interface – já que a atualização dessa recriação caberá ao próprio sistema. Dessa forma, o "desvio, perturbação e dissipação podem provocar a 'estrutura', quer dizer, organização e desordem ao mesmo tempo", já que o sistema "constitui sua ordem e sua organização [também] na turbulência, na instabilidade, no desvio"[175]. Por outro lado, "a ordem própria à auto-organização [...] se constrói com desordem: é o *order from noise principle*"[176], ou seja, o princípio da ordem a partir do ruído, da desordem – portanto, é também uma desordem criativa, que aponta para a evolução do sistema.

Em outros casos, podemos perceber também a ocorrência de alguns escapes doutrinais por parte dos fiéis nos sites, ou seja, *construções discursivas que se afastam do ensino católico tradicional*, promovendo, assim, desvios no sentido religioso construído pelo sistema (fig. 84, 85 e 86).

Figura 84 – Escape doutrinal presente no site CatolicaNet

---

[175] MORIN, 2002, op. cit., p. 61.
[176] MORIN, 2002, op. cit., p. 62.

> maria lucileide oliveira de lima
> 26/02/11 00h07 salvador-BA
> para que minha mae se cure dessa depressão, com a intercessão de nossa senhora aparecida junto ao vosso filho jesus cristo, e que afaste dela as energias negativas, inveja,mal olhado, feitiços,doenças, violencia, ocultismo, amém

Figura 85 – Escape doutrinal presente na "Capela Virtual" do site A12

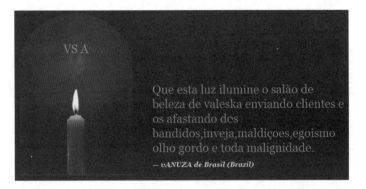

Figura 86 – Escape doutrinal presente na "Capela Virtual" do site das Apóstolas

No primeiro caso, do site CatolicaNet, os fiéis pedem a intercessão de São Cesário; no segundo, do site A12, de Nossa Senhora Aparecida e Jesus Cristo; no último, do site das Apóstolas, refere-se apenas à "luz". Mas, em todos os casos, os fiéis pedem proteção e libertação contra "praga", "ocultismo", "bruxarias", "macumbas", "todos os malefícios dos espíritos visíveis e invisíveis", "energias negativas", "mau olhado", "feitiços", "maldições", "olho gordo". Ao pedirem proteção, os fiéis manifestam sua crença em elementos religiosos que não fazem parte do universo católico. Embora na Igreja Católica creia-se na existência do mal, do inferno e do demônio, não se ensina a existência de "espíritos visíveis e invisíveis", nem que eles possam provocar danos como "energias negativas", "mau olhado" e "maldições", por meio de rituais de "bruxaria", "macumba", "feitiços". Mesclam-se, portanto, por meio do sistema e da construção de sentido do fiel, elementos simbólicos de universos religiosos diferentes – que, por sua vez, passam a fazer parte do sistema, afetando e condicionando também a experiência religiosa dos demais fiéis.

Abaixo, nas "velas virtuais" do site A12, temos o caso do fiel "Jorge". As velas, acesas no mesmo dia, em um pequeno intervalo de tempo, revelam o sentimento de divisão do torcedor: ele se intitula "Jorge Fluminense", no primeiro caso, mas também "Jorge Vasco", no segundo (fig. 87 e 88).

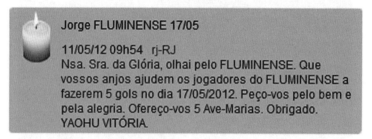

Figura 87 – Escape doutrinal presente na "Capela Virtual" do site A12

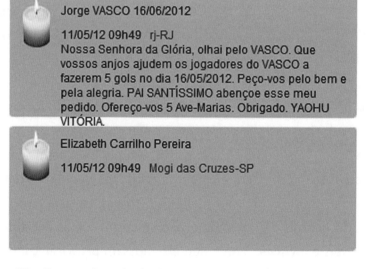

Figura 88 – Escape doutrinal presente na "Capela Virtual" do site A12

O pedido é dirigido a Nossa Senhora da Glória e "seus anjos" e ao "Pai Santíssimo". Sua preocupação é futebolística: os times para os quais ele torce precisam fazer "cinco gols" nas próximas partidas. Sua generosidade é grande: em troca, oferecerá "cinco Ave-Marias"... Tudo em nome do "bem e da alegria". Portanto, o fiel insere no sistema sua construção simbólica voltada a uma relação sutil entre esporte e religião, em que, na concepção do fiel, Deus pode modificar o andamento de uma partida, fazendo com que os jogadores marquem "cinco gols". No "país do futebol", Deus também é convocado pelo fiel a entrar em campo e a ajudar os jogadores.

Neste outro caso (fig. 89), da versão anterior da "Capela Virtual" do padre Manzotti, a fiel "Daniela da Rosa de Souza" provoca um outro desvio de sentido religioso ao rezar a Deus para ser protegida "das fofocas e das pessoas fofoqueiras".

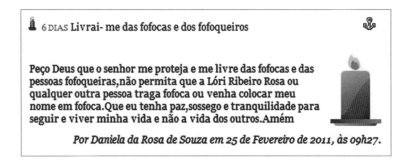

Figura 89 – Escape doutrinal presente na "Capela Virtual" do site do padre Manzotti

Mas, além disso, vemos aí uma referência explícita e pública, por parte da fiel, à pessoa por ela considerada como fofoqueira ("Lóri Ribeiro Rosa"). Manifesta-se, assim, em primeiro lugar, um desvio de sentido religioso, pois a fiel, em oração, chama outra pessoa de fofoqueira. Em segundo lugar, explicita-se uma ruptura do contrato interacional, que previa que as velas fossem acesas, como indica o site, "por alguém ou alguma causa" – e não *contra alguém*. Por fim, temos ainda uma "publicização em sentido contrário" ao espectro católico: para outro fiel-internauta, essa intenção traz consigo elementos de sagrado desviantes do propósito e do universo católicos, que passam a *fazem parte do próprio sistema*.

Assim, a "matéria religiosa" que o sistema permite que seja inserida em seu interior por parte do fiel – mesmo que escape do espectro doutrinário católico – passa a ser, após sua "aprovação" e "confirmação", um *construto próprio do sistema*, uma *irritação* permitida pelo sistema, proveniente de influxos do sistema-fiel. Assim, esses escapes doutrinais no sistema ocorrem apenas a partir das próprias possibilidades ofertadas ao fiel. Se essa autoirritação chegar a colocar em risco a estabilidade estática (conservação ao longo do tempo) ou dinâmica (variações ao longo do tempo) do sistema, este poderá encontrar em si mesmo as causas dessa irritação e, assim, poderá removê-la (deletando, por exemplo, determinada mensagem herética) ou até mesmo cessá-la definitivamente (desativando, por exemplo, a possibilidade de publicação de conteúdo por parte do fiel, ou excluindo de seu interior algum determinado ritual online).

Assim, reforçando seu processo de fechamento, o sistema poderia impedir a invasão total e desregulada do ambiente em seu interior. Porém, como pudemos observar, o sistema permitiu que essas mensagens permanecessem em seu interior, e de forma pública, o que indica que estão, por assim dizer, dentro da "margem de manobra" do sistema com relação a conteúdos "indesejados" publicados pelos fiéis.

Nesse cassos, percebe-se também a manifestação de um "catolicismo plural"[177], isto é, de uma religiosidade complexa e plástica do campo católico no Brasil, relativamente livre e autônoma, muito marcada por um catolicismo santorial tradicional (como a intercessão de São Cesário) e por um relativo pluralismo religioso (com referências a bruxaria, macumba, feitiços). Revela-se aí uma combinação de devoções e cren-

---

[177] Esse conceito e algumas das ideias trabalhadas aqui referem-se à obra de Faustino Teixeira e Renata Menezes, *Catolicismo Plural: Dinâmicas contemporâneas* (Ed. Vozes, 2009).

ças diversas, somada à experimentação de alternativas religiosas. São "experiências de 'trânsito religioso' e apropriação de fragmentos de outras tradições religiosas na composição do repertório de crenças"[178]. Uma religiosidade, enfim, marcada pela pouca fidelidade institucional e doutrinal, e pela fluidez dos símbolos em trânsito religioso.

Na internet, o fiel não apenas é coconstrutor de sua fé, mas também realiza um "trabalho criativo" *sobre a própria religião* como um todo, *tensionando a "interface eclesial"*. Portanto, esse *sensus "infidelium"* manifestado nos sites católicos também possibilita a percepção do desequilíbrio entre como o macrossistema religioso (em termos de Igreja) é *pensado* e como ele é *praticado* pelo fiel. Nesse sentido, a "interface" do macrossistema religioso é dinamizado por esses usos imprevistos. A turbulência, a instabilidade, o desvio provocados pelo fiel fomentam e instigam também a evolução do discurso e das estruturas religiosas – nesse caso, rumo a uma abertura sistêmica da Igreja ao pluralismo do macrossistema social, a outros elementos religiosos diversos, em uma dinâmica de caminhos que levam a Deus, que continua sendo um Mistério que nos escapa.

Pelo discurso utilizado nos rituais online analisados (como os inúmeros pedidos de "prosperidade", de sucesso financeiro ou material, de libertação de "espíritos"), poderíamos até falar de uma "pentecostalização" do universo católico brasileiro: embora assumindo-se como católicos e recorrendo a serviços religiosos católicos, são fiéis que transitam e são afetados por referências (neo)pentecostais. Portanto, a aparente homogeneidade religiosa da Igreja Católica, (marcada por credos, leis, práticas litúrgicas precisas) é ressignificada nessas reconstruções muito mais plurais, fragmentadas e porosas. Manifestam-se nesses "escapes" uma pluralidade de práticas na vivência da fé, misturando-se uma *combi-*

---

[178] TEIXEIRA, Faustino; MENEZES, Renata. "Muita reza e pouca missa, muito santo e pouco padre": o Catolicismo Plural. Entrevista especial com Faustino Teixeira e Renata Menezes. *Site do Instituto Humanitas Unisinos*, 14 jan. 2010, s/p. Entrevista concedida ao autor. Disponível em <http://migre.me/99vd2>.

nação de devoções e *experimentações religiosas*. Como indica Pierre Sanchis, a impressão é de que "há religiões demais nessa religião"[179].

Enfim, concluímos, o vínculo entre fiel-sistema, por meio de interações rituais de abertura midiatizadas, favorece o desenvolvimento da evolução da religiosidade online, pois é nesse jogo de poder discursivo, de diferenciação, de fechamento operacional, de interpenetração e de acoplamentos estruturais entre sistema e fiel que ocorrem as microalterações e metamorfoses da experiência religiosa.

* * *

Neste capítulo, pudemos ver que os rituais online se manifestam de formas diversas e são utilizados de maneiras diversas também. Apresentamos aqui uma categorização de três "modalidades" de interação – *interface interacional, interação discursiva* e *interação ritual* – que verificamos nos rituais online observados em um mosaico de quatro sites católicos institucionais brasileiros – a saber, o site CatolicaNet, o site das Irmãs Apóstolas do Sagrado Coração de Jesus – Província do Paraná, o site A12, do Santuário Nacional Nossa Senhora Aparecida, e o site do padre Reginaldo Manzotti. Buscamos, assim, a partir de um horizonte metodológico baseado no pensamento sistêmico e complexo, tentar compreender *como se dão as interações entre fiel-sagrado para a experiência religiosa*, analisando estratégias desenvolvidas pelo sistema católico online para a oferta do sagrado e estratégias de apropriação desenvolvidas por parte do fiel (em níveis de interface, discurso e ritual).

Com relação à interface interacional, analisamos seus níveis tecnológicos e simbólicos que orientam a leitura, a construção de sentido e a experiência religiosa do fiel a partir de quatro níveis: 1) a tela; 2) periféricos como teclado e mouse; 3) a estrutura organizacional das informações (menus); e 4) a composição gráfica das páginas em que se encontram disponíveis os serviços e rituais católicos.

---
[179] TEIXEIRA & MENEZES, 2010, op. cit.

Já nas interações discursivas, buscamos compreender como, nos sites católicos por nós observados, o fiel coloca-se em meio à encruzilhada de "discursos" que lhe falam, pois, além de um discurso *ao* fiel, existe também um discurso *do* fiel, que foi analisado a partir de três atores do discurso: o próprio fiel, um "outro" (o sistema ou outro internauta) e um "Outro" (o sagrado).

Nas interações rituais, analisamos primeiramente a modalidade de fechamento, com uma tendência do sistema católico online de se isolar do ambiente externo, marcada por um processo de *diferenciação*. Vimos nessa modalidade as interações rituais de *fechamento externo* (rituais propriamente online, em que o sistema fecha-se a qualquer interferência do ambiente-fiel) e as de *fechamento interno* (rituais online que são a extensão de rituais que ocorreram previamente no ambiente offline). Já na modalidade de abertura, ocorre uma *transação* entre sistema e fiel, provoca-se uma *alteração* do sistema de seu ponto original a partir de um *processo de abertura* de si mesmo ao fiel, marcada por um processo de *interpenetração* entre sistema e fiel. Também diferenciamos entre as interações rituais de *abertura interna* (rituais online que ocorrem por meio da ressignificação de elementos offline para o ambiente online) e as de *abertura externa* (rituais online que se estendem para o ambiente offline). Por último, analisamos alguns exemplos de ruptura no contrato interacional, como as falhas na interface interacional e os escapes doutrinais por parte dos fiéis.

No fundo, portanto, o fiel, acompanhando os textos, sons, vídeos e imagens ofertados pelo sistema, é levado a *experienciar* o sagrado. Assim, ocorre um desvio do olhar do fiel dos templos tradicionais para os novos templos digitais, que estimulam, sob novos formatos e protocolos, a experimentação de uma prática religiosa devocional. O internauta passa a participar, viver, agir e interagir em uma "ambiência" religiosa nova, a partir de novas "liturgias digitais", que o remete – seja qual for a profundidade dessa experiência religiosa, independente também de quando e onde estiver – para Deus.

- 7 -

"VI O CÉU ABERTO":
RUMOS E MUROS DA RELIGIOSIDADE
NA INTERNET

> *O que era desde o princípio, o que ouvimos,*
> *o que vimos com nossos olhos, o que contemplamos,*
> *e o que nossas mãos apalparam do Verbo da vida –*
> *porque a Vida manifestou-se: nós a vimos*
> *e lhes damos testemunho e vos anunciamos a Vida eterna,*
> *que estava voltada para o Pai e que nos apareceu –*
> *o que vimos e ouvimos vo-lo anunciamos*
> *para que estejais também em comunhão conosco.*
> *I João 1,1-3*

> *Vi então o céu aberto:*
> *eis que apareceu um cavalo branco.*
> *Seu cavaleiro chama-se Fiel e Verdadeiro.*
> *Ele julga e combate com justiça.*
> *Seus olhos são flamejantes.*
> *Sobre sua cabeça há muitos diademas*
> *e traz escrito um nome que ninguém conhece, exceto ele.*
> *Veste um manto embebido de sangue,*
> *e seu nome é Verbo de Deus.*
> *Apocalipse 19,11-13*

"Só quem viver vai ver" – disse o "padre online" – se a celebração da *memória* e da *presença* de Cristo pela internet será finalmente aceita pela Igreja (embora já venha sendo feita por fiéis como o Fábio). "E a história hoje – continua o sacerdote – progride cinquenta anos em um ano". Esse é o maior desafio. Como acompanhar os "sinais dos tempos" sabendo que a Igreja "dá passos seguros e lentos para estas coisas"? Segundo o "padre online", o Fábio e seus familiares "realmente estão abrindo uma esperança de sacramentalidade diferente nos estilos mas igualzinha na essência".Aonde aponta essa esperança? E que sacramentalidade será essa?

Em vez de apontar respostas, queremos, neste momento de pôr o ponto final a este livro, indicar novas perguntas. Cada página aqui escrita, contudo, já contém, *virtualmente*, aprofundamentos e ajustes, novas reflexões e questionamentos, que, no fluxo contínuo do conhecimento, é impossível reter e cristalizar por escrito. Fazendo uma analogia a nosso objeto de estudo, se Deus, na concepção cristã, é Palavra e por essência é infinito, o conhecimento – constituído aqui fundamentalmente por palavras – também o é[1].

Ao longo deste livro, tentamos caminhar com o leitor por esse fluxo, que, porém, não se deixa deter. Eis o paradoxo e o desafio de "concluir". Entretanto, nossa intenção, nestas próximas páginas, será a de apresentar pistas de resposta ao problema que nos desafiamos a refletir, abrindo-nos, desde já, ao "céu aberto" entrevisto pelo apóstolo João – é lá, e não aqui neste texto, que encontraremos o "cavaleiro" cujo nome é "Verbo de Deus".

Assim, retomando brevemente nossa trajetória, partimos da constatação do deslocamento das práticas de fé também ao ambiente online, a partir de lógicas midiáticas, complexificando o fenômeno religioso e as processualidades comunicacionais. A religião, afirmávamos, em sua necessidade de dar a conhecer suas verdades sobre o mundo, se apropria dos dispositivos comunicacionais digitais a seu alcance, por meio de suas várias possibilidades, para transmitir sua mensagem de fé. Dessa forma, as pessoas passam a encontrar uma oferta de experiência religiosa não apenas nas igrejas de pedra, nos padres de carne e osso e nos rituais palpáveis, mas também na religiosidade existente e disponível nos bits e pixels da internet. Formam-se, assim, novas modalidades de percepção e de expressão do sagrado em novos ambientes de culto: novas formas de *teofania* ou *hierofania*,

---

[1] Essa reflexão, muito profunda e valiosa, é do pastor reformado francês Antoine Nouis, em artigo acerca da importância do diálogo enquanto "relação exigente", disponível em <http://migre.me/99Au5>.

agora midiatizadas: *midioteofania* e *midio-hierofania* que lançam a religião para novos patamares de existência.

Essa é mais uma das facetas de uma sociedade em *midiatização*, pois a internet passa a ser também uma ambiência social de vivência, prática e experiência da fé. E as lógicas que fundamentam essas práticas religiosas na internet encontram-se marcadas por esse processo, que não é simples, nem instantâneo, nem automático, ocasionando perdas e ganhos de diversos níveis, assim como intercâmbios e inter-relações nessa "digitalização do sagrado". Ou seja, as mídias não são mais apenas extensões dos seres humanos, mas também o ambiente no qual tudo se move, inclusive a religião: um novo "bios religioso".

Em uma era midiática como a atual, marcada pela sinergia dos processos de comunicação social e as tecnologias digitais, não se trata apenas de um avanço tecnológico, mas sim de uma nova configuração social ampla, que gera novos sentidos e novos predicados sociais e humanos em escala complexa e dinâmica. Ocorre assim uma "revolução no fazer religioso". E o desafio, justamente, é "reconhecer a Deus em suas *autorrevelações presentes* e não como uma repetição do passado" (Croatto apud Duquoc, 2006, p. 40, grifo nosso).

Foi esse contexto que nos levou a formular uma pergunta-eixo, a partir da qual navegamos e mergulhamos "errantes" em um mosaico de sites católicos, em busca de pistas, marcas, indícios do "sagrado em comunicação online". Nosso desafio, portanto, era perceber como se davam as interações entre fiel-sagrado para a vivência, a prática e a experiência da fé nos rituais online do ambiente digital católico brasileiro. Nossa preocupação era compreender quais eram as estratégias desenvolvidas para a oferta do sagrado por parte do sistema católico online e quais eram as estratégias de apropriação desenvolvidas por parte do fiel.

Se a comunicação (suas lógicas, seus dispositivos, suas operações) está em constante evolução, a religião, ao fazer uso daquela, também acompanha essa evolução e é por ela impelida a algo diferente do que tradicionalmente era. Nesse contexto, buscamos perscrutar que religião resulta dessa manifestação de práticas religiosas a partir de operações digitais e o que essa religião revela acerca das processualidades comunicacionais contemporâneas: que tipo de Deus, de sagrado, de fiel, de Igreja (instituição) e de igreja (templo) manifestam-se nesse ambiente.

Como dizia Marco Polo pela pena de Italo Calvino[2], não interessa apenas esta ou aquela pedra que sustenta a ponte, mas sim a curva do arco que estas formam. Mas não podemos ignorar que "sem as pedras o arco não existe". Por isso, procuramos utilizar ao longo das análises um horizonte metodológico baseado no pensamento sistêmico e complexo, tentando entender não apenas "partes" de nosso objeto, mas sim o total de partes com suas inter-relações e interações, já que as propriedades das partes só podem ser entendidas apenas a partir da organização do todo[3]. Assim, procuramos navegar, coletar, montar, analisar e (d)escrever as interações entre fiel-sistema-sagrado.

O que pudemos perceber, a partir de nossas análises, é que a fé vivenciada, praticada e experienciada nos ambientes digitais aponta para uma mudança na experiência religiosa do fiel e da manifestação do religioso, por meio de novas temporalidades, novas espacialidades, novas materialidades, novas discursividades e novas ritualidades marcadas centralmente por lógicas midiáticas. Se falávamos de processos midiáticos, é porque o fenômeno religioso em midiatização, como processo, *tem uma direção*. "Tendo direção, o ser não apenas é mas *está sendo* e seu *estar sendo* antecipa um estado futuro – ele é a marca do futuro no presente", que não necessariamente se concretizará, mas sim *possivelmente*. "Ser um presente prenhe de futuro é ser um dever-ser"[4], ou seja, um *devir*, aberto e não determinado.

Se a internet traz consigo novas formas de lidar com o tempo, o espaço, as materialidades do sagrado, o discurso e os rituais, é porque

---

[2] Conforme conto transcrito no capítulo 1.
[3] Cf. CAPRA, Fritjof. *A Teia da Vida: Uma Nova Compreensão dos Sistemas Vivos*. São Paulo: Ed. Cultrix, 1996.
[4] LUFT, Eduardo. Natureza e Coerência. In: CIRNE-LIMA, Carlos; ROHDEN, Luiz (orgs). *Dialética e Auto-Organização*. São Leopoldo: Editora Unisinos, 2003, p. 215.

a religiosidade como tradicionalmente a conhecemos também está mudando, e a "nova religião" que se descortina diante de nós nesse "odre novo" traz também "vinho novo"[5] que caracteriza a midiatização digital (suas formas características de ser, existir, pensar, saber, agir na era digital). Junto com o desenvolvimento de um novo meio, como a internet, vai nascendo também um novo ser humano e, por conseguinte, um novo sagrado, uma nova religiosidade e uma nova religião – por meio de microalterações que caracterizam essa *coevolução antropotecnocomunicacional*.

7.1. Novas temporalidades

Por um lado, *temporalmente*, o fiel passa a viver em um tempo policrônico, em que pode realizar mais de uma atividade ao mesmo tempo. A midiatização digital, nesse sentido, "potencializa a realização de múltiplas tarefas (policronicidade), instaurando, de fato, um *multitasking* nas atividades humanas individuais ou em grupo"[6]. Por outro lado, os tempos e períodos tradicionais do ano cristão, divididos e organizados pela Igreja liturgicamente (Advento, Natal, Quaresma, Páscoa etc.) e na vida cotidiana (missa dos domingos, às 9h, por exemplo), passam a mudar na internet. Agora, o fiel pode assistir, por exemplo, uma missa de Natal em plena Páscoa, ou mesmo "dar o play na missa" na hora em que desejar. Uma adoração ao Santíssimo pode ser feita a qualquer hora do dia, independentemente dos horários dos demais membros da comunidade religiosa. O acompanhamento espiritual do fiel não precisa mais ter hora marcada com o sacerdote ou religioso, pois agora pode ser feito a qualquer momento, em casa, no horário de trabalho, ou mesmo em trânsito. O sistema se encarrega de mediar essa conversação, apesar dos tempos offline da vida cotidiana. Se, "para o homem religioso, [...] a duração tem-

---

[5] Fazemos referência aqui ao trecho evangélico de Mateus 9, 17, que diz: "Também não se põe vinho novo em odres velhos, senão os odres se arrebentam, o vinho se derrama e os odres se perdem. Mas vinho novo se põe em odres novos, e assim os dois se conservam".
[6] SCOLARI, Carlos. *Hipermediaciones: Elementos para una Teoría de la Comunicação Digital Interactiva*. Barcelona: Gedisa, 2008, p. 280.

poral profana pode ser 'parada' periodicamente pela inserção, por meio dos ritos, de um Tempo sagrado, não-histórico (no sentido de que não pertence ao presente histórico)" (Eliade, 1992, p. 39), com a internet essa "parada" não é apenas definida pela tradição e pela doutrina, mas pelo próprio fiel, que decide quando *deve* e *pode* "parar".

Ocorre um deslocamento, assim, da *autoridade* da Igreja sobre a vida de fé do fiel. Quando a Igreja, por meio do sistema, passa a permitir que o fiel organize sua vivência religiosa (seus tempos, suas regularidades), concedendo-lhe o "poder" de organizar sua vida espiritual e sua fé de acordo com suas próprias escolhas, selecionando o que faz parte e o que não lhe interessa, há uma nova cláusula no contrato de vínculo entre esses dois âmbitos da forma como era vivido anteriormente. Não afirmamos que essa autoridade desaparece. Mas agora o fiel passa a ser visto também como *coprodutor* de sua fé, e a Igreja, ao invés de exigir obediência estrita, concede-lhe uma autonomia regulada, lhe deixa fazer a fé, desde que dentro dos parâmetros do sistema. Forma-se uma nova identidade religiosa a partir de uma religiosidade midiatizada moldada por um conjunto de práticas cômodo e personalizado.

Ocorre, dessa forma, portanto, uma "emergência das pessoas"[7], permitida e mediada pelo sistema, em que uma nova carga de sentido é derramada sobre os fiéis enquanto atores, comunicadores e cocriadores potenciais do sagrado. O sistema reconhece-os não como usuários apassivados, mas sim como fiéis prossumidores de sagrado, com capacidade de escolha e de apropriação. Estabelece-se, dessa forma, um novo regime de *hierarquia*, em que o fiel recebe do sistema um papel de corresponsabilidade por sua fé, podendo exercer sua proatividade nos rituais da Igreja, muitas vezes sem perceber, no entanto, os níveis de mediação e regularidade impostos pelo sistema e pelos protocolos

---

[7] Cf. ROSNAY, Joël de. O Salto do Milênio. In: MARTINS, Francisco Menezes; SILVA, Juremir Machado da (orgs.). *Para Navegar no Século XXI: Tecnologias do Imaginário e Cibercultura*. 3. ed. Porto Alegre: Sulina, 2003, p. 205-211.

digitais. Nesse sentido, como indica Spadaro (2011, p. 3), "pode-se cair na ilusão de que o sagrado ou o religioso estão ao alcance do *mouse*", ou de que o sagrado está "'à disposição' de um 'consumidor' no momento da necessidade". Esse também seria um "sinal dos tempos" da contemporaneidade, em que assistimos "a uma perda de influência, a uma perda do poder da instituição religiosa sobre os comportamentos religiosos. Isso não significa absolutamente o desaparecimento da fé, mas a individualização dos comportamentos", em que, "cada vez mais, as pessoas compõem elas mesmas sua própria religião"[8].

Por outro lado, os processos lentos, vagarosos e penosos da ascese espiritual (os "séculos dos séculos", "até que a morte os separe") vão sendo agora substituídos pela *lógica da velocidade* absoluta, por uma "eternidade intensiva"[9]. "A instantaneidade substitui as durações longas, os séculos dos séculos. A noite dos tempos cede lugar ao nascer do dia do instante presente"[10]. Fomenta-se, assim, uma *expectativa de onitemporalidade e de imediaticidade* da manifestação e da experiência religiosas. A vastidão de tempo garantida pelas antigas hierofanias à resposta do ser humano ao sagrado, o tempo que nos era ofertado para as reflexões profundas e necessárias para se tomar a decisão são agora substituídos por *microinstantes*, "átomos temporais" em que o sistema nos exige reações instantâneas a eventos que ocorrem na velocidade da luz. Gera-se, em consequência, uma *sensação de carência* de novas tecnologias: para viver sua fé e satisfazer a expectativa de imediaticidade, o fiel sente necessidade de ser mediado por novas técnicas, e, ao usar cada vez mais tecnologias, busca viver sua fé cada vez mais mediado por elas.

---

[8] LIPOVETSKY, Gilles. Futuro da Autonomia e Sociedade do Indivíduo. In: NEUTZLING, Inácio; BINGEMER, Maria Clara; YUNES, Eliana. *Futuro da Autonomia: Uma Sociedade de Indivíduos?* Rio de Janeiro: Ed. PUC-Rio; São Leopoldo: Ed. Unisinos, 2009, p. 61.
[9] Cf. SFEZ, Lucien. As tecnologias do espírito. In: MARTINS, Francisco Menezes; SILVA, Juremir Machado da (orgs.). *Para Navegar no Século XXI: Tecnologias do Imaginário e Cibercultura*. 3. ed. Porto Alegre: Sulina, 2003, p. 113-134.
[10] VIRILIO, Paul. O Resto do Tempo. In: MARTINS, Francisco Menezes; SILVA, Juremir Machado da (orgs.). *Para navegar no século XXI: Tecnologias do Imaginário e Cibercultura*. 3. ed. Porto Alegre: Sulina, 2003, p. 106.

7.2. Novas espacialidades

O deslocamento *espacial* da experiência religiosa, por outro lado, é marcado por uma nova espacialidade trazida pelas processualidades da internet: a celebração feita do outro lado do país ou do mundo pode ser agora assistida pelo fiel em seu quarto – e, diferentemente da TV, é ele quem escolhe quando a missa vai começar. Um fiel do interior da Amazônia (ou da Sibéria, isso é o de menos), desde que conectado ao sistema, não precisará se deslocar até o Santuário Basílica de Nossa Senhora Aparecida, em São Paulo, para fazer suas orações, prostrar-se e venerar a imagem de Maria e até mesmo acender sua vela, pois, pela internet, a "Capela Virtual" acolhe seus pedidos e lhe oferece o "Nicho da Imagem" para a veneração via online, sem os "incômodos do mundo real".

Instaura-se, assim, uma lógica da *condensação espacial*. Quando um fiel da Amazônia se sente ligado espiritual e afetivamente aos fiéis de São Paulo, e interage com eles em oração; quando esse mesmo fiel, sem nunca ter posto seus pés nesse santuário, faz sua "Peregrinação Virtual" e venera a imagem de Nossa Senhora Aparecida, emerge uma nova forma de *presença*: uma "telepresença"[11]. Por outro lado, a essência dessa nova modalidade de presença é a não presença, a "antipresença"[12]: não é necessário que o fiel esteja lá fisicamente para estar lá digitalmente. O fiel pode agora *ver* e *agir à distância* acionando um regime de percepção e expressão que passa por um sensorium específico do ambiente online, marcado pelo olhar e pelo tato, mediante novas "liturgias digitais" – quase em uma nova modalidade de bilocação, ou seja, de estar presente simultaneamente em dois lugares, que sempre foi uma das provas históricas de santidade de muitos santos da Igreja. Com a diferença de que, agora, não é a santidade ou o sagrado que possibilita essa bilocação, mas sim a técnica comunicacional, e é somente nessa ambiência digital que o fiel detém esse seu "poder" sobre o espaço, que não provém de sua relação com Deus, mas sim com o sistema católico online.

---

[11] MANOVICH, Lev. *The Language of New Media*. London: The MIT Press, 2000.
[12] MANOVICH, 2000, op. cit.

No ambiente online, portanto, o fiel se desloca e se teletransporta de um banco de dados a outro e, assim, de um ponto físico do espaço a outro, instantaneamente, em tempo real. Isso só é possível pela produção de uma *sensação de presença* do fiel encarnada nas construções e representações de sagrado ofertadas pelas processualidades do sistema, que oferece ao fiel ambiências em que este pode interagir, experienciar e narrar a fé. Para que essa sensação de presença se efetive, solicita-se que o fiel-internauta acione um regime de percepção e expressão que passa por um *sensorium* específico do ambiente online, marcado pelo olhar e pelo tato, mediante novas "liturgias digitais".

O papel do templo também é subvertido, pois, "pela própria etimologia da palavra, é um recinto reservado às coisas santas, no qual por isso *não se permite o ingresso a todos*, independentemente de suas disposições de ânimo" (Rahner, 1965, p. 56). "O templo constitui, por assim dizer, uma 'abertura' para o alto e assegura a comunicação com o mundo dos deuses" (Eliade, 1992, p. 19). Na internet, tudo se expõe: o templo se torna ubíquo e em rede, seu acesso é público e se dá por toda parte, onde quer que seja. Não é preciso mais espiar pelo "buraco da fechadura", porque não há mais porta, nem fechadura. A "abertura para o alto" é total.

O "centro do mundo", espaço sagrado por excelência, onde, por meio de uma hierofania, se efetua a "rotura dos níveis" e, ao mesmo tempo, uma "'abertura' em cima (o mundo divino) ou embaixo (as regiões inferiores, o mundo dos mortos)", e onde ainda "os três níveis cósmicos – Terra, Céu, regiões inferiores – tornaram-se comunicantes" (Eliade, 1992, p. 24), não está mais localizado geograficamente, mas se encontra agora em qualquer lugar do mundo onde se tenha acesso à internet. O "centro" é aqui – onde quer que seja esse *aqui*.

7.3. Novas materialidades

A fé digital também traz consigo uma *materialidade* totalmente própria, numérica, de dígitos, que podem ser alterados, recombinados, deletados de acordo com a vontade do sistema. Por outro lado, "a internet pode estar mudando muitas das sensibilidades religiosas/espirituais básicas dos usuários, mas às vezes de formas que, na verdade, marcam um retorno a uma compreensão historicamente mais primitiva da experiência religiosa e da vida" (Dawson, 2004, p. 4). Porém, essas sensibilidades são ressignificadas: na "capela virtual", o sol sempre brilha, as flores sempre estão abertas, vivas e coloridas, as velas até se acendem sozinhas, e a cerimônia inicia assim que o fiel entra no templo (adeus, preocupação com atrasos, com os horários dos demais fiéis, com as condições metereológicas!). Sim, algumas velas digitais também se "consomem", até mesmo diminuindo de tamanho com o passar dos dias, mas não há mais os "incômodos" da cera derretida, dos vapores e odores, das fumaças, dos riscos de incêndio.

Mas mantêm-se nessas materialidades resquícios de uma religiosidade pré-midiática (como o uso de velas, por exemplo), que manifestam que a complexidade da técnica não pressupõe o abandono de tradições discursivas. Se o ser humano, ao longo dos séculos, construiu simbolicamente o sentido do sagrado pelo fogo, e o do fogo pela vela, hoje a vela é construído simbolicamente por sua representação digital. Um meio considerado simbólico da pós-modernidade como a internet ajuda a viver uma fé marcada por elementos pré-modernos e tradicionais. Criando esses novos símbolos e ressignificando outros signos tradicionais ao ambiente online, busca-se uma nova "mediação" entre fiel e mundo, para poder dar-lhe sentido. Portanto, ao invés de uma lógica da substituição, a fé se depara com uma *lógica da complexificação*[13]. A internet não "substitui" os suportes materiais e simbólicos das práticas de fé tradicionais, mas já está gerando, como vemos, novos modos de percepção, de expressão, de prática, de vivência e de experienciação da fé. Aqui também podemos entrever sinais de interpenetração entre os sistemas off e online no âmbito da fé.

---

[13] Cf. LÉVY, Pierre. *Cibercultura*. São Paulo: Ed. 34, 1999.

Assim, questionamos uma suposta "desintermediação"[14] promovida pelas mídias digitais, como se o fiel vivesse uma relação "direta" com Deus. Na realidade, como pudemos analisar, o fiel se depara, embora muitas vezes sem perceber, com novas intermediações – até mesmo *reintermediações* – com o sagrado. Agora, o sistema e seus protocolos se colocam como novas "camadas intermediatórias" entre o fiel e o sagrado. Se antes o fiel fazia uso de uma vela de cera, do fogo, de um templo territorializado e dos protocolos da instituição para fazer seu ritual de oração, hoje se acrescentam ainda mais camadas, agora tecnocomunicacionais (aparatos como computador, tela, teclado, mouse, interfaces, regras discursivas, "liturgias digitais" etc.), acionadas pelo próprio fiel, por seu próprio interesse e desejo, a partir das ofertas de sagrado por parte do sistema.

E, antes mesmo de qualquer medição tecnológica, em um sentido muito material, o próprio corpo humano é o "'coprocessador' da informação digital"[15]. Nesse sentido "a tecnologia é uma extensão da capacidade humana que amplia o alcance sobre o mundo material"[16] e "altera a própria base de nossa experiência sensória e afeta drasticamente o que significa viver como agentes humanos *encarnados*"[17]. Por isso, não é necessário temer um desaparecimento do corpo, pois, mesmo na era digital, o corpo continua sendo um intérprete e um emoldurador central dos sentidos ofertados. "A corporalidade é mediação irrecusável das relações dos seres humanos entre si e dos seres humanos com o mundo e por isso [...] o corpo não é simplesmente um objeto entre outros no mundo dos objetos, mas é assumido na interioridade do propriamente humano"[18].

---

[14] Cf. LÉVY, 1999, op. cit.
[15] LENOIR, Tim. Foreword. In: HANSEN, Mark. *New Philosophy for New Media*. London: MIT Press, 2004, p. xxiv.
[16] LENOIR, 2004, op. cit., p. xxiv.
[17] LENOIR, 2004, op. cit., p. xix.
[18] OLIVEIRA, Manfredo A. Subjetividade e Totalidade. In: CIRNE-LIMA, Carlos; ROHDEN, Luiz (orgs). *Dialética e Auto-Organização*. São Leopoldo: Editora Unisinos, 2003, p. 114.

A construção simbólica do sagrado, dizíamos, se dá por meio de códigos numéricos, binários (bits), que buscam reconstruir digitalmente o sagrado. Códigos fluidos, suaves, *soft* (e por isso *software*), que podem ser reconstruídos e alterados constantemente de acordo com os interesses do sistema e do fiel-internauta. Dessa forma, o risco é de concluir que "se Deus é bit, então o bit é Deus"[19]. Mas, tomados por si mesmos, eles podem ser considerados como um subtratamento, um "subproduto do sagrado", visto que sua totalidade (em termos de *sensorium* e de experiência) é "condensada", reduzida para o ambiente digital e até mesmo desprovida de sentido[20] – o sentido religioso só se dá e só é *percebido na interação com o fiel*.

Mas é aí também que se encontra o ponto relevante das interações comunicacionais: justamente por causa das insuficiências dos bits e pixels, a tentativa do sistema católico online, em sua intenção de interagir com o usuário, é a de radicalizar ao máximo a sensação de sacralidade, fazendo uso de todas as possibilidades possíveis do *sensorium* digital (animações, música, cliques), para uma maior eficácia da interação. Eis o ponto: tudo isso para que *o fiel lhes dê sentido sacrado*, para que sua "leitura" não seja meramente superficial, mas contenha, a partir de suas escolhas aleatórias e imprevisíveis, uma *coconstrução* (conjuntamente com a construção simbólica do sistema já dada) de sua experiência religiosa.

Não é a informação propriamente dita (bits e pixels) que importa, pois sozinha ela é uma "improbabilidade oca", uma "entidade oca"[21]. "A informação [...] não é conhecimento, pois o conhecimento é o resultado da organização da informação"[22]. Hoje, "temos excesso de informa-

---

[19] Parafraseando a teóloga feminista norte-americana Mary Daly (1928-2010), que denunciou que, "se Deus é masculino, então o masculino é Deus".
[20] Cf. MORIN, Edgar. *O Método 1: A Natureza da Natureza*. Porto Alegre: Sulina, 2002.
[21] MORIN, 2002, op. cit., p. 413.
[22] MORIN, Edgard. A comunicação pelo meio. In: *Blog do Juremir Machado da Silva* [Post]. 07 ago. 2011, s/p. Disponível em <http://migre.me/99CT1>.

ção e insuficiência de organização, logo carência de conhecimento. [...] A compreensão não está ligada à materialidade da comunicação, mas ao social, ao político, ao existencial, a outras coisas", que escapam ao midiático. Portanto, é a *organização*, a *articulação*, a *associação*, a *encarnação* das informações na vida do usuário que merecem atenção, não meramente a informação ou seu suporte. Para compreender o sagrado online, nesse sentido, é preciso estar atento à *multirrelacionalidade da informação*[23], que – somada aos aspectos subjetivos e sociológicos da "vida vivida mais ampla" do usuário – pode levá-lo a uma experiência religiosa online.

7.4. Novas discursividades

Se a Igreja é "o sacramento, ou sinal, e o instrumento da íntima união com Deus e da unidade de todo o gênero humano" (Concílio, 1964, s/p), na internet, o fiel busca essa "íntima união" ainda mediado pela instituição, mas também com a interposição da técnica, embora talvez *transparecida* a seus olhos. *Discursivamente*, portanto, o fiel constrói sentido religioso *como se* se dirigisse *diretamente* a Deus, interagindo com um "outro" (internauta ou o próprio sistema) e também com o "Outro", o sagrado. Esse discurso é fluido, marcado por uma constante transformação, em que novas informações podem ser adicionadas, deletadas, corrigidas ou relacionadas segundo os protocolos da internet. Isso acaba abrindo o texto original a inúmeras interpretações em uma "dança hermenêutica" (cf. Ess, 2001) infindável de leitura e criação de novos sentidos. Manifesta-se, assim, uma dimensão teopolítica da experiência religiosa online: nela, o fiel também tem o poder de nomear e de narrar o divino.

Mas aqui há uma questão delicada: a publicização dos conteúdos mais íntimos da experiência religiosa. Agora, faz parte do contrato que o sistema irá publicizar os conteúdos da fé privada e individual a toda a

---

[23] Cf. MORIN, 2002, op. cit.

comunidade da rede, e não apenas religiosa, até com o risco de serem indexados nos sistemas de busca e ficarem à disposição de qualquer pessoa no mundo. Assim, deixamos "rastros" — inclusive religiosos — que acompanham todas as nossas ações na rede, explicitando o poder de controle da lógica do banco de dados. Nossas relações mais profundamente enraizadas no conceito de intimidade (como as que estabelecemos com Deus, o "*intimior intimo meo*") agora ocorrem naquilo que se passou a chamar de *extimidade* — um novo âmbito social em que se manifesta a "queda do apogeu da glória" da privacidade; a privacidade invadida, conquistada e colonizada pela esfera pública, com o preço de perder seu direito ao segredo, "seu traço distintivo e privilégio mais caro e mais ciumentamente defendido"[24].

Essa extimidade da internet acelera e aprofunda ainda mais a "negação radical de toda e qualquer disciplina dos sacramentos" que Rahner (1965, p. 56) já entrevia com o avanço da televisão. Ou seja, rompe-se qualquer regulamentação da liturgia dos sacramentos, que demandam certa *iniciação* ou *catequese*. Na internet, os momentos mais *mistéricos* e *íntimos* do culto católico estão escancarados ao mundo; seus documentos e livros sagrados passam a circular livremente, sem restrições de iniciação ou catequese.

E não é por acaso que, tão recentemente quanto no dia 20 de maio de 2012, em sua Mensagem ao 46° Dia Mundial das Comunicações, o próprio Bento XVI (2012, s/p) convidou a refletir sobre um "aspecto do processo humano da comunicação que, apesar de ser muito importante, às vezes fica esquecido, sendo hoje particularmente necessário lembrá-lo. Trata-se da *relação entre silêncio e palavra*: dois momentos da comunicação que se devem equilibrar, alternar e integrar entre si para se obter um diálogo autêntico e uma união profunda entre as pessoas".

Assim, o papa convida a ir no sentido quase oposto à "extimidade

---

[24] BAUMAN, Zygmunt. "Extimidade": O Fim da Intimidade. *Site do Instituto Humanitas Unisinos*, São Leopoldo, 10 abr. 2011, s/p. Disponível em <http://migre.me/99Mxp>.

sagrada" de grande parte dos rituais online:"Quando as mensagens e a informação são abundantes, torna-se essencial o silêncio para *discernir o que é importante daquilo que é inútil ou acessório*. [...] Por isso é necessário criar um ambiente propício, quase uma espécie de 'ecossistema' capaz de equilibrar silêncio, palavra, imagens e sons [...] O ser humano – continua o pontífice – não se pode contentar com uma *simples e tolerante troca de céticas opiniões e experiências de vida*: todos somos perscrutadores da verdade e compartilhamos este profundo anseio, sobretudo neste nosso tempo em que, 'quando as pessoas trocam informações, estão já a partilhar-se a si mesmas, sua visão do mundo, suas esperanças, seus ideais'".

Em sua reflexão, o papa tira as conclusões mais radicais do valor do silêncio:"Se Deus fala ao homem mesmo no silêncio, também o homem descobre no silêncio a possibilidade de falar com Deus e de Deus. 'Temos necessidade daquele silêncio que se torna contemplação, que *nos faz entrar no silêncio de Deus* e assim chegar ao ponto onde nasce a Palavra, a Palavra redentora'" (Bento XVI, 2012, s/p, grifos nossos).

Nesse sentido, é preciso fazer uma inversão como a proposta pela teóloga Nelle Morton: para ela, no princípio, não era o Verbo, mas sim o grande Ouvido inclinado para escutar e ouvir. No princípio era o *escutar* – eis o nosso desafio, nós que somos "imagem e semelhança". "Antes de falar, vem a disposição de ouvir. É uma inversão completa da sequência habitual na comunicação, pois o ouvinte, e não o falante, tem o poder de iniciar [...] essa é a maneira de Deus ser" (Hunt, 2012, p. 9). Por isso, para além de Palavra, Morton "sugeriu que o papel primeiro de Deus é escutar. Imaginem-se as inúmeras implicações dessa inversão de papéis" (Hunt, 2012, p. 9). Sim, imaginemos, especialmente no ambiente digital, onde somos convidados a *falar* constante e incessantemente, de forma pública e em extimidade total.

Por outro lado, instaura-se, nesses discursos, uma nova configuração *comunitária*. A comunidade de fé não desaparece: ao contrário, o fiel a busca, dirige-se a ela, pede intercessão, partilha sua vida com ela.

Porém, é uma nova forma de comunidade, segundo os protocolos do ambiente digital: fluida, "líquida", virtual e, ao mesmo tempo, mantendo seu aspecto institucional (no site das Apóstolas, me dirijo a essa comunidade de fiéis específica; no site do Santuário, a comunidade será outra, marcada também por essa institucionalidade específica). Por isso, as relações e vínculos nesse ambiente são fragmentários: o fiel *seleciona e escolhe sua alteridade* (terrena ou divina), embora isso, para o próprio fiel, não caracterize uma fé vivida isolada e individualisticamente. Mas isso pode levar ao risco de que o fiel seja "circundado por um mundo de informações que me assemelham, correndo o risco de permanecer fechado à *provocação intelectual que provém da alteridade e da diferença*. O risco é evidente: perder de vista a diversidade, aumentar a intolerância, fechamento à novidade, ao imprevisto que brota dos meus esquemas relacionais e mentais. O outro se torna significativo para mim se for de algum modo semelhante a mim, senão não existe" (Spadaro, 2012, p. 8, grifo nosso).

Assim, o fiel-internauta vive uma experiência de fé sem uma *presença objetiva*, mas sim com uma *ausência subjetiva* do "outro": embora à distância, o fiel se sente "conectado" aos demais, muitas vezes sem perceber toda a processualidade tecnossimbólica necessária para criar essa *sensação* – já que, na prática, ele lida com máquinas e números. "As estruturas da sociedade se fazem menos rígidas, à comunidade natural se substitui uma sociedade complexa e ramificada com a qual o indivíduo se identifica de forma cada vez menos imediata" (Vattimo, 2004, p. 113).

O deslocamento, em suma, se dá em direção à *lógica do acesso*, em que o pertencimento/participação define-se pela "afiliação por navegação"[25]. Isto é, as novas comunidades não se estruturam com base em sua localização geográfica, seus membros não são definidos por

---

[25] Cf. MARCHESINI, Roberto. Uma Hermenêutica para a Tecnociência. In: NEUTZLING, Inácio; ANDRADE, Paulo Fernando Carneiro de (orgs.). *Uma Sociedade Pós-Humana: Possibilidades e Limites das Nanotecnologias*. São Leopoldo: Unisinos, 2009, p. 153-182.

sua convivência em um mesmo determinado espaço físico, segundo determinadas regras e restrições culturalmente definidas, mas sim por uma ambiência fluida em que faz parte dessa comunidade *quem a ela tem acesso*. Nesse sentido, ressignifica-se o sentido do "pertencimento" eclesial. Corre-se o risco de considerá-lo apenas como "o fruto de um 'consenso' e, portanto, 'produto' da comunicação" (Spadaro, 2011, p. 6), em que basta o acesso ou a desconexão, fortalecendo um processo de privatização da fé.

Por outro lado, são comunidades instauradas midiaticamente: ou, vice-versa, é a interação comunicacional midiatizada que sustenta as comunidades ao *tornar comum* entre os fiéis o que social, política, existencial e religiosamente não pode nem deve, a seu ver, ficar isolado. Assim, o fiel não faz uma "opção" entre a comunidade off ou online, mas, ao contrário, adquire, para além de sua comunidade de fé offline, mais ambientes de interação, agora de modo online, com seus pares religiosos. Novamente, ao invés de uma lógica da substituição, a fé se depara, também discursivamente, com uma lógica da complexificação. A internet não irá "substituir" os suportes das práticas de fé tradicionais, mas já está gerando, como vemos, novos modos de percepção, de expressão, de prática, de vivência e de experienciação da fé.

Por isso, as características históricas do vínculo/laço social e das comunidades originadas geograficamente não podem servir de parâmetro para analisar o que ocorre no ambiente digital, marcado por novos protocolos e processualidades sociais. Exigir dos vínculos das comunidades que surgem no ambiente online características dos vínculos das comunidades tradicionais é não compreender a nova ambiência, aqui analisada, em que esses laços se conformam. Também não se pode afirmar que a internet é o ambiente para "uma fé individualizada que já não precisa da comunidade real" (Willer, 2009, p. 81). Na internet, as interações sociais e religiosas adquirem um novo suporte que passa a ser *conatural* a tais interações, um ambiente fundamental para o estabelecimento dessas interações. Em última análise, as comunidades religiosas possibilitadas pelo ambiente digital significam que o sistema católico online se torna *constitutivo* dos vínculos sociorreligiosos e, portanto, em sua ausência ou desestabilização, desencadeia-se o debilitamento ou o rompimento desses vínculos – assim como dessa comunidade específica.

Além disso, a liturgia católica "traz em seu bojo a proposta para uma nova sociedade, baseada na dignidade de cada ser humano e na vocação da humanidade para a comunhão e a participação (koinonia)" (Buyst, 2003, p. 9). Por isso, podemos questionar até que ponto isso é expressado e operacionalizado na liturgia online. Podemos perguntar se o fiel-internauta, após sua experiência religiosa, sai da celebração com a certeza de que uma nova sociedade é possível, ou aberto e disponível para a comunhão e a participação. Pois, nos ambientes digitais, "conexão" e "comunhão" não necessariamente se equivalem. "A conexão, por si só, não basta para fazer da rede um lugar de partilha plenamente humana" (Spadaro, 2011, p. 9). Afinal, a *"communio* constitui o próprio horizonte da *communicatio"* (Grillo, 2011, p. 39).

7.5. Novas ritualidades

Por fim, *ritualisticamente*, os atos e práticas de fé passam a ser realizados pelo fiel por meio de ações e operações midiatizadas de construção de sentido, em interação com o sistema católico online. Assim, novos fluxos começam a surgir: rituais offline reconstruídos digitalmente, rituais online que são estendidos midiaticamente para o ambiente offline. Manifesta-se, assim, não apenas uma liturgia assistida, mas também centrada, vivida, praticada e experienciada pelas mídias, em que estas também oferecem modelos para as ações e o imaginário litúrgicos. Contudo, pela complexidade das estratégias da "liturgia digital", essa é uma religiosidade para poucos, para quem sabe dialogar com essas linguagens, muitas vezes apenas para os chamados "nativos digitais".

Manifestam-se nos rituais online duas lógicas centrais: uma "lógica da seleção"[26], em que o fiel é convidado a *coconstruir* sua experiência

---
[26] Cf. MANOVICH, 2000, op. cit.

religiosa a partir do acionamento de links (portanto, um sagrado pré-moldado, pré-estabelecido e pré-configurado pelo sistema/programador). E, por outro lado, uma "lógica do banco de dados"[27], em que o sagrado é transformado simbolicamente em uma coleção de dados e conteúdos que podem ser buscados, encontrados e acessados pelo sistema em um instante, com um clicar de botões. Assim, explicita-se uma *religiosidade algorítmica*, em que o fiel faz o sistema fazer o que já está programado, a partir de uma sequência de gestos litúrgicos seguida pelo fiel e realizada pelo sistema.

Embora a Igreja ainda não admita a celebração de sacramentos[28] midiaticamente, alguns rituais considerados "populares" (como o acendimento de velas) também passam a ser *sacramentalizados* via online, o que é reforçado pelo destaque com que são oferecidos nos sites católicos, pela inúmera participação por parte dos fiéis e pela sensação de sacralidade criada pela interface interacional dos sistema católico online. Os fiéis buscam nessa sensação – construída digitalmente – uma forma de experienciar o sagrado de forma mais simples, rápida e acessível do que os rituais territorializados e os elementos "concretos" do "mundo real". Assim, ao invés de uma dessacralização dos ritos (cf. Carvajal, 2009), instaura-se uma nova *sacramentalidade*.

Toda a "liturgia digital" que se constrói a partir dessas novas práticas de sentido buscam criar no fiel uma sensação de "naturalidade" dos gestos e ações, reforçando a *transparência* da técnica: a sensação de sacralidade construída pelo sistema alimenta (ou reforça) a crença de que o fiel está *diante de* (e *apenas de*) Deus. "As mídias de massa *parecem* garantir o fim da *mediação* e assegurar apenas o acesso a *dados imediatos*. Vivemos em um mundo em que aparentemente tudo – graças

---

[27] Cf. MANOVICH, 2000, op. cit.
[28] Segundo a doutrina tradicional, sacramento é um sinal visível de uma graça invisível. Assim, a água é a matéria do batismo, pão e vinho são matéria da eucaristia, em que a forma dos sacramentos é dada pelas palavras pronunciadas (discurso) pelo oficiante ordenado, pelo ritual, pelas ações litúrgicas.

às mídias – parece se tornar imediato. E também a internet, de sua parte, pode contribuir para a ocorrência dessa ilusão, alimentando assim também o compreensível *mal-estar* crente com relação a essa imediaticidade fascinante, mas, na realidade, falsa" (Grillo, 2011, p. 36).

Por outro lado, as experiências religiosas que ocorrem nos rituais online católicos apontam para novos modos gestuais dos fiéis, além de uma maior abrangência e universalidade em termos de opções religiosas. Ou seja, como a oferta-demanda religiosa aumentou quase exponencialmente na internet, há uma "potencialidade probabilística de um produto específico efetivamente estimular reações [religiosas]"[29]. Além disso, os próprios rituais e serviços religiosos pré-midiáticos (como o acender de velas), ao serem reinscritos nas processualidades da midiatização, passam a desenvolver processos religiosos de outra escala, que favorecem novas experiências religiosas, distintas das tradicionais.

Em termos rituais, contudo, a internet "permite apenas a 'ação' [litúrgico-religiosa] ligada à 'representação', mas não à 'coisa mesma'" (Grillo, 2011, p. 33), justamente pela "redução" simbólica do sagrado operada pelo sistema digital. Matizando o pensamento do autor, podemos questionar se a internet pode realmente entrar na dimensão *imediata* da experiência do sagrado, já que media de forma marcadamente simbólica e tecnológica a interação humano-divina. Quando um fiel experiencia o sagrado no ambiente digital, faz uso de um *sensorium* específico para uma "materialidade" reconstruída digitalmente, marcada principalmente pela visão e pelo tato. Isso acarreta uma complexificação da manifestação do sagrado por meio de sinais ("velas virtuais", "capelas virtuais", "Bíblia online" etc.) que agora são perpassados por uma sacramentalidade totalmente própria do ambiente midiático digital.

---

[29] BRAGA, José Luiz. Experiência estética e mediatização. In: GUIMARÃES, Cesar; LEAL, Bruno Souza; MENDONÇA, Carlos (orgs.). *Entre o sensível e o comunicacional*. Belo Horizonte: Autêntica, 2010, p. 83.

Se por meio dos tradicionais "sinais sensíveis" da liturgia e da corporeidade é possível ver, ouvir, tocar e ser tocado pelo mistério divino, e por meio deles Deus se coloca sacramentalmente ao alcance de nossos ouvidos, olhos e mãos (cf. Buyst, 2003), podemos também questionar: até que ponto o ambiente online e seu novos "sinais sensíveis", agora com uma ritualidade digital própria, possibilitam também uma vivência "holística" (corpo/mente/coração/espírito) das ações litúrgicas, em que se possa ver, ouvir, sentir, cheirar, apalpar etc. o mistério divino (cf. Buyst, 2003)?

7.6. As midiamorfoses da fé

Como vemos, o vínculo tradicional do fiel com a Igreja e seus rituais é "desconstruído" e "reconstruído" histórica, temporal, espacial, material, discursiva, ritual e liturgicamente (senão ainda em outros aspectos). Nos usos, práticas e apropriações por parte da sociedade, reconstrói-se e ressignifica-se continuamente o sentido do sagrado, "trabalha[ndo], satura[ndo], modela[ndo] e transforma[ndo] todas as relações dos sentidos"[30].

Como víamos, manifesta-se nos rituais católicos online um "catolicismo plural", relativamente livre e autônomo. Nessa pluralidade de ofertas, é preciso escolher e saber o que escolher. "As transformações da sociedade moderna – pluralismo das concepções de mundo, privatização e subjetivação do fenômeno religioso – obrigam a todos a serem 'hereges', isto é, a realizar uma 'livre escolha' (em grego: *hairesis*) entre as religiões e as concepções de mundo existentes em uma dada sociedade" (Martelli, 1995, p. 294). Esse processo se complexifica na internet, em que se vê uma *religiosidade em experimentação*, marcada pela pouca fidelidade institucional e doutrinal, pela fluidez dos símbolos em trânsito religioso e pela subjetivação das crenças. Retomando Pierre Sanchis, a impressão é de que "há religiões demais nessa religião"[31].

---

[30] MCLUHAN, Eric; ZINGRONE, Frank (orgs.). *McLuhan: Escritos Esenciales*. Barcelona: Paidós, 1998, p. 358.
[31] TEIXEIRA; MENEZES, 2010, op. cit.

E, como vimos ao longo deste livro, essa pluralidade religiosa é fruto de *processos de interação social midiatizados*. Assim, no âmbito restrito de sua manifestação, cremos que vai ocorrendo, a partir da midiatização digital do fenômeno religioso, uma *midiamorfose da fé*[32], somada aos diversos outros âmbitos sociais e históricos que evidenciam esse processo.

Segundo Morin[33], "quando um sistema é incapaz de tratar seus problemas vitais, ele se degrada ou se desintegra ou então é capaz de suscitar um metassistema capaz de lidar com seus problemas: ele se metamorfoseia". A religião e a fé, como a história demonstra, já passaram por (ou mesmo *tiveram início a partir de*) inúmeras metamorfoses, por transformações históricas radicais, mas sempre conservando sua "matéria viva", seu patrimônio histórico-cultural.

Mas o que é metamorfose? Segundo Morin, é a criação de uma metaorganização que surge a partir de um ponto de saturação da organização original, "que, embora tendo os mesmos aspectos físico-químicos, produz novas qualidades". Uma metamorfose – continua o autor – começa "por uma inovação, uma nova mensagem desviante, marginal, pequena, muitas vezes invisível para os contemporâneos"[34].

Não seria esse o caso do fenômeno religioso que se manifesta nos ambientes digitais em rede? Cremos estar diante de "um estágio de começos, modestos, invisíveis, marginais, dispersos" de novas religiosidades. As novas temporalidades, espacialidades, materialidades, discursividades e

---

[32] O conceito de midiamorfose é de Roger Fidler (cf. Mediamorphosis: Understanding New Media. Thousand Oaks: Pine Forge Press, 1997), do qual aqui nos apropriamos, mas com outro significado, como veremos. Para Fidler, midiamorfose é "a transformação dos meios de comunicação, usualmente provocada pela complexa interação entre necessidades percebidas, pressões competitivas e políticas, e inovações sociais e tecnológicas". Assim, as novas mídias "não surgem espontânea e independentemente – elas surgem gradualmente a partir da metamorfose das mídias antigas" (p. 23). Porém, aqui não nos interessa tanto a metamorfose das mídias, mas sim a metamorfose de outros âmbitos do social desencadeadas pela interação com as mídias e suas lógicas – que, consequentemente, por meio de invenções sociais e inovações tecnológicas, também leva a uma modificação das próprias mídias.
[33] MORIN, Edgar. Elogio da metamorfose. *Site do Instituto Humanitas Unisinos*, São Leopoldo, 9 jan. 2010, s/p. Disponível em <http://migre.me/8MaMS>.
[34] MORIN, 2010, op. cit., s/p.

ritualidades apontadas anteriormente revelam, cremos, uma "efervescência criativa, uma multiplicidade de iniciativas locais" no âmbito religioso.

Morin[35] fala de "caminhos múltiplos que podem, por meio de um desenvolvimento conjunto, se combinar para formar o novo caminho que nos levaria em direção à metamorfose ainda invisível e inconcebível". Pois bem, no caso da religião contemporânea, esses caminhos múltiplos *atravessam e são atravessados por lógicas midiáticas*. Assim, a apropriação de dispositivos técnico-simbólicos de comunicação para práticas religiosas, mediante invenções sociais e inovações tecnológicas, retroalimenta e (re)direciona os processos sociorreligiosos. Por isso, cremos ser possível afirmar que a religiosidade e a fé estão passando, dessa forma, por uma *midiamorfose*, por meio da qual coevoluem e se complexificam cada vez mais em sua relação com os usos e práticas sociais, e os processos midiáticos.

Portanto, a religião como tradicionalmente a conhecemos também já não é mais a mesma. A partir da midiatização, o fenômeno religioso vai revelando, como dizíamos, novas temporalidades, espacialidades, materialidades, discursividades e ritualidades; e, por outro lado, a sociedade ajuda a moldar essas mudanças por também estar embebida pela midiatização. Embora sendo ainda manifestações isoladas, não seriam essas novas iniciativas religiosas o "viveiro do futuro"[36] da religião e da fé? Mas que religião e que fé seriam essas? Não temos o arcabouço teórico para responder a essa pergunta, e por isso são necessários estudos específicos de áreas interessadas para explorar os pontos teológico-religiosos mais candentes. Mas, como apontamos, é uma religiosidade e uma fé "em bits": digital, ubíqua, em rede.

Por outro lado, merece atenção a advertência de Karl Rahner (ainda em 1959 [na versão brasileira, 1965], nos primórdios da televisão!) contra a fetichização também no âmbito da Igreja de tudo o que é "mo-

---

[35] MORIN, 2010, op. cit., s/p.
[36] MORIN, 2010, op. cit.

derno e tecnológico": "A ânsia de ser tão moderno quanto possível pode ser desmascarada, em pouco tempo, como sendo extremamente antiquada. No dia em que o aparelho de televisão [e hoje os aparatos digitais] fizer parte da mobília normal do homem médio e este se tiver acostumado a olhar tudo quanto a câmara curiosa consegue captar indistintamente entre o céu e a terra, será coisa que há de irritar de maneira inaudita o burguês do século vinte e um, se os programas conntinuam a exibir cenas que não se podem contemplar reclinado numa poltrona e mastigando uma fatia de pão.

"Será de proveito inestimável – continua Rahner – para os homens dos próximos séculos que haja ainda um lugar, e esse lugar é justamente a igreja, em que possam conservar o ser natural humano, em que não pareçam estranhos a si mesmos por terem corpo, como um resíduo arcaico, ainda não substituído, num mundo de aparelhos com que se rodeiam e quase procuram substituir-se; um refúgio, que o cura constantemente de seus excessos na técnica.

"Esta última – afirma o teólogo alemão – é sem dúvida sua tarefa e seu destino, mas só deixará de ser sua ruína, na medida em que consegue salvaguardar, em sua existência, o antigo domínio do humano, do modesto, do que é diretamenteo corpóreo". E conclui: "Há muitos pontos em que a Igreja poderia ser mais moderna do que é" (Rahner, 1965, p. 64).

Além disso, é importante retomar a afirmação central do título desta nossa pesquisa: o "Verbo se fez bit". Nesse sentido, permitam-me agora fazer uma breve digressão teológica. O trecho bíblico original afirma que "o Verbo se fez carne" (João 1, 14), se fez humano. E, na antropologia bíblica, o ser humano forma uma unidade: todo ele inteiro é carne (em hebraico, *basar*; em grego, *sarx*), corpo (em hebraico, *basar*; em grego, *soma*), alma (em hebraico, *nefesh*; em grego, *psiqué*) e espírito (em hebraico, *ruah*; em grego, *pneuma*) (cf. Boff, 1974). "O corporal é um sacramento do encontro com Deus. Em Jesus Cristo se mostrou que o corpo constitui o *fim dos caminhos de Deus e do homem*" (Boff, 1974, p. 89, grifo nosso).

É nesse sentido que Santo Agostinho poderá afirmar: "Deus se fez homem para que o homem se tornasse Deus"[37]. Por isso, o Verbo se faz ser humano em "um diálogo de amor gratuito, de mútua interpretação divinizante", por meio da qual "a divinização do homem humaniza a Deus e a humanização de Deus diviniza o homem" (Boff, 1974, p. 90). Nesse sentido, a encarnação é o *sacramento da comunicação por excelência*: Deus se autocomunica a um "outro", se "aliena" (cf. Rahner, 1969), "sai de si", "o Mistério se faz o outro" (Boff, 2011, p. 39). Portanto, parafraseando McLuhan (1964), o "meio-Jesus" era a própria "mensagem-Deus". Ele foi a "automanifestação de Deus em sua autoalienação" (Rahner, 1969, p. 77).

Jesus nasceu em Nazaré ("uma vila tão insignificante que sequer é nomeada no Primeiro Testamento", cf. Boff, 2011, p. 46), cresceu e amadureceu na cultura hebraica de mais de 2.000 anos atrás, trabalhou como artesão, era homem (e não mulher), viveu sob o imperialismo romano. Ou seja, carregava consigo experiências pessoais e históricas diversas que, inter-relacionadas, moldaram o "ser humano Jesus" que se divinizou. Essas foram as *mediações bio-sócio-histórico-culturais* que construíram sua personalidade e, "sem elas ou fora delas, Jesus não seria concreto" (Boff, 2011, p. 83).

Perpassado por todas essas mediações bio-sócio-histórico-culturais, portanto, Jesus "reduziu" Deus. "O Verbo abreviado de Deus foi chamado Logos feito homem" (Rahner, 1969, p. 78). "O Verbo encarnado [...] não possui em Jesus um poder evidente de síntese. Sua imersão no devir histórico o despoja, para nós, de sua força universal de conhecimento. O Verbo, ao se fazer um dentre nós – o judeu Jesus –, descarta a tentação de uma validade universal que prescindiria totalmente das singularidades ou particularidades históricas, culturais e pessoais" (Duquoc, 2006, p. 76). E Paulo vai além e afirma que a divindade de Jesus se revela justamente na *kénosis* de Deus, em seu esvaziamento, em seu rebaixamento, em seu enfraquecimento: "[Cristo] esvaziou-se a si mesmo, e assumiu a condição de servo, tomando a semelhança humana. E, achado em figura de homem, humilhou-se e foi obediente até a morte,

---

[37] AGOSTINHO. *Sermo 13 de Tempore*: PL 39, 1097-1098.

e morte de cruz! Por isso Deus o sobre-exaltou grandemente" (Carta aos Filipenses 2,7).

Portanto, como "mídia", o homem Jesus *reduziu a complexidade* do sagrado – e assim possibilitou a comunicação do ser humano com Deus. Em Jesus, a "transcendência" se revela "imanência", o *"superior summo meo"* se revela *"intimior intimo meo"*. O "ambiente divino" (mais complexo) reduz sua complexidade encarnando-se no "sistema humano" (menos complexo). E é justamente esse desnível de complexidade que garante a existência e a conservação de uma diferença entre o divino e o humano[38].

Metaforicamente, poderíamos dizer com Derrida[39]: "Um corpo verbal não se deixa traduzir ou transportar para uma outra língua. É aquilo mesmo que a tradução deixa de lado. Deixar de lado o corpo é mesmo a energia essencial da tradução". Nesse sentido, o "corpo verbal do Verbo" não pôde ser traduzido[40] totalmente pela "linguagem humana" de Jesus (e aqui corpo e linguagem devem ser entendidos em sentido amplo), pois esta "linguagem" era *limitada, condicionada* pelas mediações bio-sócio-histórico-culturais de Jesus, por sua humanidade, justamente. Algo, portanto, foi deixado de lado[41].

Em sua "tradução" em bits, por conseguinte, há uma "re-redução". Além da medição do corpo biopsicossensorial, além das mediações sócio-histórico-culturais, além da mediação da instituição eclesial, do sacerdote, da liturgia etc., o ambiente digital impõe ainda novas mediações ao fiel: aparatos digitais, interface, linguagens, banco de dados etc., que visam a produzir uma *sensação* de sacralidade, mas que, na realidade, é construída digitalmente. Cada uma dessas mediações, por sua vez, reduz a complexidade do sagrado.

Mas aqui o Evangelista (Jo 1, 18) nos ajuda a compreender o que há de mais profundo e misterioso nessa "encarnação em bits" e em toda outra

---

[38] Cf. LUHMANN, Niklas. Sistemi Sociali: Fondamenti di una Teoria Generale. Bolonha: Il Mulino, 1990.
[39] DERRIDA, Jacques. *A Escritura e a Diferença*. 2. ed. São Paulo: Perspectiva, 1995.
[40] Aqui, ao falar de tradução, o fazemos em seu sentido mais amplo e profundo: *conduzir algo de um lugar para o outro*.
[41] Derrida (op. cit., p. 79) fala até da "impossibilidade de uma tradução sem perdas".

mediação do sagrado. Diz João: "E o Verbo se fez carne, e habitou entre nós; e nós *vimos* [*theáomai*, em grego] sua glória, glória que ele tem junto ao Pai como Filho único, cheio de graça e de verdade". Mas, logo em seguida, continua: "Ninguém *jamais viu* [*horáô*, em grego] a Deus: o Filho único, que está voltado para o seio do Pai, este o deu a conhecer".

Portanto, "'ver' Jesus e 'ver' Deus são duas coisas distintas [...] São João viu Jesus, conviveu com ele, certificou-se de sua presença e de seus grandes feitos, e, sobretudo, ouviu suas palavras (reveladoras). Ocorreu-lhe, porém, que Jesus, *enquanto presença (de Deus) expressa em um corpo sensível*, não lhe revelou, por esse meio, sua origem divina, ou seja, *não foi vendo ou tocando Jesus* que ele, em particular, ou o crente, em geral, conheceram a origem de sua existência"[42].

E mais: "a divindade de Jesus *não foi revelada pela percepção sensível*: ao contrário, clamava, a par do sensível, pelo *inteligível*, por um tipo de envolvimento que *só o espírito seria capaz de concretizar*"[43]. Trata-se, aqui, portanto, justamente, da *experiência religiosa*, em todo o seu pleno significado: não uma "percepção sensível", mas sim quando se "atinge a profundidade da vida, *lá onde ela mostra uma abertura absoluta* que ultrapassa todos os limites e que, por isso, comparece como o Transcendente em nós" (Boff, 2002, p. 90-91, grifos nossos). Ou seja, quando, para além das limitações das mediações, o sagrado "se nos dá a conhecer", não física, empírica e sensivelmente, mas sim *subjetivamente*, "na profundidade da vida". Só assim é possível que, ultrapassando todos os limites geográficos e temporais, ainda haja pessoas que digam que fizeram uma experiência de Jesus e se denominem cristãs no século XXI. Pois, "na relação do crente com Deus, pressupõe-se *a graça e a iluminação divina*, além de *uma subjetividade pessoal* nessa relação"[44].

---

[42] SPINELLI, Miguel. *Helenização e Recriação de Sentidos. A Filosofia na Época da Expansão do Cristianismo – Séculos II, III e IV*. Porto Alegre: Edipucrs, 2002, p. 122-123, grifos nossos.
[43] SPINELLI, 2002, op. cit., p. 123, grifos nossos.
[44] SPINELLI, 2002, op. cit., p. 123, grifos nossos.

Portanto, o sagrado se manifesta, por sua "graça", literalmente onde, quando e como "Deus quiser", e onde houver uma subjetividade pessoal que se abra profundamente. Mesmo que o sagrado possa manifestar-se em pedras, árvores ou bits, "não se trata de uma veneração da pedra como pedra, de um culto da árvore como árvore [ou do bit como bit]. A pedra sagrada, a árvore sagrada [e o bit sagrado] não são adoradas com pedra ou como árvore [ou como bit] mas justamente porque são hierofanias, porque 'revelam' algo que já não é nem pedra, nem árvore [nem bit], mas o sagrado" (Eliade, 1992, p. 13). Dessa forma, o sagrado é percebido *a partir e para além* das mediações, a *partir e para além a partir da* midiatização digital, *a partir e para além do* "metassistema antropossocial"[45], na comunicação profunda entre o "eu" e o "Tu", que subverte toda e qualquer mediação. E assim a complexidade daquilo que as mídias "re-reduzem" volta a se manifestar ainda mais complexamente em suas novas interfaces sociotécnicossagradas. "Para aqueles a cujos olhos uma pedra [ou um bit] se revela sagrada, sua realidade imediata transmuda-se numa realidade sobrenatural. Em outras palavras, para aqueles que têm uma experiência religiosa, toda a Natureza é suscetível de revelar-se como sacralidade cósmica. O Cosmos, em sua totalidade, pode tornar-se uma hierofania" (Eliade, 1992, p. 13).

A manifestação do sagrado, a hierofania, portanto, não se restringe a um único âmbito do humano, pois "o Sagrado" *não pode* ser contido pelo ambiente digital, nem pode se encontrar em sua totalidade em um elemento específico (muito menos em um bit, um pixel, que, além do mais, podem ser alterados a qualquer instante pela vontade do programador ou do fiel). O sagrado escapa e supera todos esses elementos. "O sagrado equivale [...] à realidade por excelência. O sagrado está saturado de ser" (Eliade 1992, p. 14): é a "Realidade absolutamente transcendente", o "Totalmente Outro", o "*superior summo meo*" e o "*intimior intimo meo*". Nos rituais online, nesse sentido, é preciso conservar intactas a *distância* e a *diferença* com relação a uma Realidade Última *extra media*, a uma exterioridade divina que vai (muito)

---

[45] Cf. MORIN, 2002, op. cit.

além do que a tela conectada à internet e seus elementos simbólicos podem e poderão conter: o bit pode revelar o sagrado, mas *não é o sagrado*.

Na década de 1920, o pintor belga René Magritte retratou em uma tela um cachimbo com a seguinte legenda: *"Ceci n'est pas une pipe"*[46]. A provocativa legenda negando a imagem sobreposta colocou em xeque noções como representação e realidade. "Como fui censurado por isso!", lamentou Magritte. "E entretanto... vocês podem encher de fumo o meu cachimbo? Não, não é mesmo? Ele é apenas uma representação. Portanto, se eu tivesse escrito sob o meu quadro: 'isto é um cachimbo', eu teria mentido"[47]. Segundo Foucault, analisando a pintura de Magritte, é preciso ler essa pintura mais ou menos assim: "'Isto não é um cachimbo, mas o desenho de um cachimbo', 'isto não é um cachimbo, mas uma frase dizendo que é um cachimbo', 'a frase: isto é um cachimbo, não é um cachimbo', 'na frase: isto não é um cachimbo, *isto* não é um cachimbo: este quadro, esta frase escrita, este desenho de um cachimbo, tudo isto não é um cachimbo'"[48]. Em síntese: "Em nenhum lugar há cachimbo"[49].

Trazendo a analogia para a experiência religiosa na internet, o sagrado em midiatização não *está* nos bits e pixels, mas *pode se manifestar e ser descoberto* neles – reconstruído, ressignificado, remixado, redimensionado pela subjetividade humana em cada manifestação. Essa Realidade Última do sagrado, *la "pipe" sacrée*, em sua ultimidade, não está no bit, nem na internet, nem na pedra, nem nas árvores: manifesta-se neles, mas escapa a todos eles. Depende de uma *revelação* (divina) que pode se dar em toda parte (nos bits, nas pedras, nas árvores) e de uma *descoberta* (humana).

Foucault[50] também afirma que, na pintura de Magritte, o "isto não é um cachimbo" tinha um ambíguo poder de *negar* e de *desdobrar*. A

---

[46] "Isto não é um cachimbo", em francês.
[47] FOUCAULT, Michel. *Isto não é um cachimbo*. 5. ed. Rio de Janeiro: Paz e Terra, 2008, contracapa.
[48] FOUCAULT, 2008, op. cit., p. 35.
[49] FOUCAULT, 2008, op. cit., p. 34.
[50] FOUCAULT, 2008, op. cit.

experiência religiosa online, portanto, não tem a pretensão de negar ou substituir a experiência religiosa tradicional, mas sim de *desdobrá-la*, de *complexificá-la ainda mais*. Afinal, é inegável que a experiência religiosa online *ocorre efetivamente*. Portanto, se os fiéis de hoje, como o Moisés bíblico, "sobem a montanha digital", é porque viram uma "sarça ardente" em seu topo (cf. Brasher, 2004).

Porém, assim como a internet "é talvez a imagem mais bela da *incompletude do real*; [pois] nas home pages não há nada que seja completo" (Grillo, 2011, p. 34), a experiência religiosa da internet também é "incompleta" – assim como qualquer outra experiência religiosa – e precisa de um *extra media* que *complete sua incompletude*. A "montanha digital" da Internet conserva "em toda a sua complexidade o *ponto de partida experiencial* e, por isso, confuso e magmático, pluralista e decentrado, do qual emerge o ato da fé" (Grillo, 2011, p. 35, grifo nosso). A voz que saía da sarça, no texto bíblico original, dizia a Moisés: "E agora, vai! Eu te envio ao faraó para que faças sair o meu povo, os israelitas, do Egito" (Êxodo 3,10). Portanto, a montanha e a sarça foram apenas o *ponto de partida* de uma experiência de Deus que se revelou muito mais complexa, ampla e exigente, *para além da própria montanha e da própria sarça* (também digitais), dando início a uma longa "busca pela Terra Prometida" sob o "céu aberto" da Revelação.

Assim, podemos encontrar uma possível solução ao "beco dialético sem saída" entre o bit, que é a *redução por excelência* ("nada pode ser menor") e o Sagrado, que é a *superação por excelência* ("nada pode ser maior"). O sagrado, em sua "encarnação em bits", ganha sentido e se complexifica nas interações com o fiel, que *são totalmente livres, íntimas, misteriosas* – não nos é permitido penetrar nessa zona de tão elevada intimidade. O que sabemos é que elas ocorrem, inclusive pelas próprias narrações dos fiéis – *algo ocorre, e algo sagrado*. Nessas narrativas, manifesta-se o significado do *Lógos* cristão: o *Lógos* é diálogo, que, nos rituais online ocorre entre fiel e sagrado *mediados pelo sistema*. Um sagrado que *não está lá*, mas se revela e é descoberto *mediante as interações*.

Talvez aí se encontre um ponto relevante para futuras reflexões: na mediação do sistema, há possibilidades e impossibilidades, facetas do sagrado que mais se manifestam, e outras que se manifestam menos, experiências religiosas que são fomentadas, e outras que não o são. E tudo isso marcado por determinações e escolhas do programador, do próprio sistema católico online como um todo. Portanto, esse processo também apresenta "limitações ao sagrado" por parte do sistema, e o risco é de não perceber que "a linguagem sobre Deus é uma das mais difíceis e perigosas com que trabalhar, porque pode resultar em estruturas opressivas ou ser um trampolim para a libertação" (Hunt, 2012, p. 6).

Pode-se criar a sensação de que, na internet e mesmo nos sites católicos, "Deus fala diretamente ao fiel", sabendo-se que há mediações que não são neutras. "Isso cria uma espécie de vácuo religioso, em que se insinuam muitas tendências perigosas. Por exemplo, a noção de que toda linguagem sobre Deus é igual ou que não falar sobre Deus é a melhor opção, pois ninguém ficará ofendido, são coisas arriscadas. *Essa dinâmica ignora o fato de que as pessoas que usam a linguagem de Deus vão moldar o mundo com ela*" (Hunt, 2012, p. 20, grifo nosso).

Nisso também se encontra, segundo Agamben, "a futilidade daqueles discursos bem intencionados sobre a tecnologia, que afirmam que o problema dos dispositivos se reduz àquele de seu uso correto"[51]. Segundo o autor, esses discursos "parecem ignorar que, se todo dispositivo corresponde a um *determinado processo de subjetivação* (ou, neste caso, de dessubjetivação), é de todo impossível que o sujeito do dispositivo o use 'de modo justo'. Aqueles que tem discursos similares são, de resto, a seu tempo, o resultado do dispositivo midiático no qual estão capturados"[52]. É por isso extremamente necessário *tomar consciência* do papel exercido pelos dispositivos midiáticos na experiência religiosa e na subjetivação do fiel, e dos discursos e imagens de sagrado e de Igreja que eles possibilitam ou ocultam.

---

[51] AGAMBEN, Giorgio. O que é um dispositivo? *Outra Travessia*, Florianópolis, nº 5, 2005, p. 15.
[52] AGAMBEN, 2005, op. cit., p. 15, grifo nosso.

Pois, por meio da midiatização, em suma, revelam-se apenas algumas faces do sagrado, que, porém, não se limita a elas. Outros âmbitos do humano permitem entrever outras faces desse sagrado. Paralelamente aos ambientes online, continua-se vivendo, praticando e experienciando a fé nos tradicionais espaços de culto, em crescentes tensões e desdobramentos. A fé online convive, tensiona e é tensionada pelas dinâmicas e as transformações da religião e da religiosidade dentro das condições sociais, políticas e culturais da sociedade contemporânea em geral. No caldo cultural de uma sociedade em midiatização, a religião é um fenômeno difuso, misturado a diversos outros movimentos associados a diversos outros âmbitos sociais.

O que sabemos, como cristãos, é que "a única verdade que as Escrituras nos revelam, aquela que não pode, no curso do tempo, sofrer nenhuma desmistificação – visto que não é um enunciado experimental, lógico, metafísico, mas sim um apelo prático – é a verdade do amor, da *caritas*" (Rorty; Vattimo, 2006, p. 71). Resta saber se os rituais online – ou qualquer outra mediação do sagrado – ajudam na manifestação dessa verdade, com todo o "apelo prático" que dele emana. Pois "é bom escutar a palavra de Deus e, portanto, anunciá-la da melhor forma possível por meio da narrativa e do discurso; *mas é ainda mais importante tentar colocá-la em prática*. Nesse aspecto, não mudou o status da verdade – *a relação entre um dizer e um fazer*" (Schlegel, 2012, p. 18, grifos nossos). Ou seja, o *Lógos* (dizer) *que se faz carne* (fazer).

Mas é hora de dar um ponto final. E é agradável encerrar com muito mais "por quês" do que "porquês". A partir daqui, o "papo" com o Fábio e o "padre online" deverá ser continuado por outras pesquisas (teológicas, filosóficas, psicológicas, sociológicas...), que possam examinar que imagens de Deus se apresentam nas experiências religiosas online e que tipos de mundo e de Igreja estão sendo, por consequência, moldados e estimulados. Pois "a experiência [cristã] não delimita apenas o domínio dos místicos, mas designa igualmente a interpretação popular da fé: peregrinações, devoções, indiferença às leis morais ou disciplinares estabelecidas pelas autoridades" (Duquoc, 2006, p. 78). Por isso, continua Duquoc, "a prática popular [hoje midiatizada], em seus distanciamentos e liberdade, é um lugar importante de escuta" dos pesquisadores de todas as áreas interessadas. O "sinal dos tempos" da midiatização está aí, manifestando-se com cada vez mais força. E, como denunciava o "padre online", não podemos permanecer sempre "a reboque da história", que "hoje progride cinquenta anos em um ano".

Enfim, como disse Leonardo Boff, "um navio está seguro no porto, mas não é para isso que foi construído. Foi para o mar alto para enfrentar as ondas e chegar então ao porto"[53]. Assim também é este livro: é apenas um porto inicial para avançar em mares mais profundos da reflexão. Chegamos até aqui, a este porto de nossa navegação. Mas o mar alto, as ondas e o "céu aberto do Verbo de Deus" estão fora do que aqui está escrito – e já estaremos novamente navegando a partir deste ponto final.

---

[53] A mensagem foi postada na página do teólogo no Twitter, em 27 jul. 2010, disponível em <http://migre.me/98PDK>.

POSFÁCIO

Internet e o duplo relativismo:
Falsa absolutez e autenticidade relativa

Andrea Grillo[1]

A reflexão de M. Sbardelotto em torno do tema do "fazer-se bit" do Logos pode ser uma ótima ocasião para considerar a relação entre absoluto e relativo na experiência cristã. Nunca devemos esquecer que a internet responde bem demais ao uso *diabólico* de sua objetiva capacidade simbólico-ritual. Para usar as palavras de um teólogo italiano aguda, podemos dizer que "o desvio mercantil da existência precisa de um *ecumenismo anestésico* do senso comum para tornar suportável a *engenharia cosmética* que provê a produção de uma nova espécie humana, perfeitamente adaptada ao ciclo dos consumos"[2].

Essa "estetização do mundo da vida", a necessidade de "afeiçoar-se" às pequenas coisas de péssimo gosto das quais a retórica publicitária está repleta (que também já contamina abundantemente a palavra jornalística, a política e às vezes também a eclesiástica), esconde uma questão decisiva para a autocompreensão da comunicação, e que é muito delicada para a identidade eclesial e para o próprio perfil "laical" do cristão contemporâneo.

De fato, se a cultura contemporânea parece ter privatizado a relação com a comunicação – levando aos extremos a diferença/distância

---

[1] Andrea Grillo é professor ordinário de teologia sacramental e de filosofia da Pontificio Ateneo S. Anselmo, em Roma. Leciona liturgia no Instituto de Liturgia Pastoral da Abadia S. Giustina, em Pádua, e no Instituto Augustinianum, em Roma. Entre suas publicações, encontram-se: *Introduzione alla teologia liturgica. Approccio teorico alla liturgia e ai sacramenti cristiani* (Pádua, EMP-Abbazia S. Giustina, 1999; segunda edição 2011); *Oltre Pio V* (Bréscia, Queriniana, 2007); *Grazia visibile, grazia vivibile* (Pádua, EMP-Abbazia S. Giustina, 2008); *Riti che educano. I sette sacramenti* (Assis, Cittadella, 2011).

[2] SEQUERI, P. La 'via pulchritudinis': limiti e stimoli di una spiritualità estetica, *Credereoggi*, 20 (2000), n. 117, p. 70.

entre privado e público, e corroendo cada vez mais a mediação possível entre eles –, poderíamos dizer que as *mídias de massa* parecem garantir o fim da *mediação* e assegurar somente o acesso a *dados imediatos*. Vivemos em um mundo em que aparentemente tudo – graças às mídias – parece se tornar imediato. E a internet, por sua vez, também pode contribuir para a ocorrência dessa ilusão, alimentando também assim o compreensível *mal-estar* dos fiéis religiosos para com essa imediaticidade fascinante, mas na realidade falsa.

Este "jogo de massacre" – no qual conta quem é mais imediato, quem pode "ver" sua própria vida mais imediatamente "ao vivo" – é uma passagem cultural extremamente arriscada: está em jogo não apenas o "meio", mas também a própria "mensagem", até à própria inversão da ordem das prioridades. Em tal âmbito, o que é mais "relativo" se apresenta como absoluto, enquanto o que é absoluto aparece como sumamente relativo. Mas talvez vale a pena parar para pensar bem no que dizemos quando usamos esses dois adjetivos referentes à "verdade". M. McLuhan, quando dizia que o "meio" é a "mensagem", não queria fazer nada mais do que sublinhar precisamente essa possibilidade e esse perigo de confusão entre absoluto e relativo, com toda a esplêndida força de uma novidade interessante.

1. Absoluto e relativo: uma distinção delicada e não óbvia

A acepção mais simples dos termos absoluto/relativo é suficientemente conhecida. Absoluta é uma verdade que não depende do que é finito, contingente, perecível, temporal, enquanto relativa é aquela verdade condicionada por aquilo que não é substancial, mas acidental. Em certo sentido, poderíamos dizer que é absoluta aquela verdade que não pode não ser, enquanto relativa é aquela verdade que poderia não ser ou que poderia ser de outra forma.

Pois bem, esse modo de entender a diferença é muito perigosa, já que se esquece de um horizonte decisivo da verdade, ou seja, o fato de que ela se coloca no interior de "relações". A verdade sem relações não é verdade para o ser humano e também não se refere ao Deus cristão. A "relatividade" da verdade – se entendermos tal "relatividade" nesse sentido preciso de *abertura à relação* – não é seu limite, mas sim sua virtude. E, vice-versa, sua absolutez põe em risco a experiência humana, não lhe permitindo mais captar a relação original que sustém toda a verdade.

Poderíamos dizer, então, que uma das maiores insídias dos "mass-media" é justamente a de inverter o sentido da relação entre absoluto e relativo, fazendo da absolutez o princípio de um fechamento insuperável do sujeito em si mesmo.

À luz dessa nossa distinção, podemos agora tentar considerar a comunicação eclesial e a "mass-mediática" sob uma nova luz.

2. Absolutez dos "media" e a relatividade da Igreja

No fundo, o risco que as mídias representam é apenas um: que não saibam e *não queiram mediar outra coisa senão a si mesmas*. Que não conheçam outra coisa senão a imediaticidade e que, por isso, anunciem somente um "absoluto" desvinculado de qualquer relação, um fechamento de todo ser humano em si mesmo, um imperialismo do sentimento incomunicável e da consciência curvada sobre si mesmo. Essa verdade absoluta proclama, na realidade, que "tudo é relativo" e, por isso, se torna princípio de envenenamento da vida e imperialismo do desejo sem orientação.

Vice-versa, se a Igreja ainda tem uma missão no mundo de hoje é apenas na medida em que sabe mediar "outro além de si mesma", sabe fazer-se relativa e aberta à irrupção do Reino de Deus no mundo. Essa verdade "relativa" – porque aberta a uma relação com o absoluto – proclama que o absoluto de Deus não é absoluto como o ser humano gostaria de compreendê-lo, mas assegura uma relação com todo ser, se comunica a ele e se curva misericordiosamente sobre ele.

Essa verdade de um "absoluto que se põe em relação" e que elege a relação como sua verdade, mas se diz acima de tudo com símbolos, com frágeis imagens, gestos, figuras, relatos, músicas, silêncios. No escutar e no perdoar, no abençoar e no agradecer, no interceder e no louvar "corpóreo" está dita a palavra elementar dessa relação que Deus reserva ao homem e que o homem pode reconhecer e viver.

Nesse nível, a Igreja não pode deixar de se interessar por um debate amplo e rigoroso, acima de tudo porque não pode se resignar a ser, ela mesma, "agência de valores" e a perder sua própria "relatividade simbólica" original. A Igreja se põe – também comunicativamente – no plano de uma relação em que a comunicação é, acima de tudo, experiência de comunhão, ação de graça e ação de graças. Em certo sentido, essa verdade é claríssima também para a comunicação publicitária, que, no entanto, inverte a ordem dos fatores e cria uma comunidade fictícia para comunicar o "primado" do produto, para investir o ser humano de valores somente enquanto "consumidor" potencial.

3. Comunicação simbólica e tarefa pastoral: O direito, o dever, mas acima de tudo o dom

Nossa ânsia de orientação na confusa pluralidade de mensagens da internet – se não quiser cair em um perigoso relativismo, mas se também não quiser cair em um enrijecimento de posições sem uma verdadeira relação com o Crucificado Ressuscitado e com seu anúncio de paz e de misericórdia – deve fazer o esforço de distinguir três níveis diferentes de consciência e de experiência comunicativa, dos quais apenas o último é o tipicamente eclesial:

a) Há em primeiro lugar um nível jurídico-político da experiência da comunicação, em que toda comunhão está subordinada ao meu consentimento e à minha liberdade. Permaneço separado do que me encontra na notícia, mas assim também sou totalmente vulnerável ao amplo recurso ao comunicar simbólico-ritual que provém de quem menos se preocupa com a relação autêntica comigo, senão como potencial consumidor, leitor e eleitor. Nesse caso, comunicar significa *"estar informado"*, e essa comunicação representa (infelizmente) o "esquema fundamental" com que interpretamos a nós mesmos como sujeitos comunicativos, também sobre outros dois níveis dessa experiência, dos quais falamos nos dois pontos sucessivos, b) e c);

b) Há, depois, um nível ético-devido da experiência comunicativa, no qual é possível elaborar um princípio de consenso e exercer a própria liberdade apenas contanto que se institua uma relação com uma *outra liberdade*, que tem autoridade e que me liberta eticamente para a liberdade. Comunicar, nesse caso, significa *"ser formado"* e *"formar"*, tornar-se livre mediante a comunicação da autoridade alheia e depois exercer a própria autoridade em vista das novas oportunidades de experiência que me derivam do outro.

c) Há, enfim (mas seria preciso dizer *em princípio*), um nível religioso-crente do comunicar, em que eu faço experiência de que o meu consenso é possível graças (e em graça de) um consenso prévio, que me é reservado pelo cuidado alheio e é doado por graça por parte do outro e que representa aquela "comunhão" que precede e torna possível toda comunicação. Comunicar, nesse terceiro sentido, significa *"habitar e exercer uma comunhão"*, na qual já fomos acolhidos, reconhecidos, perdoados, promovidos, salvos e que, como *communio*, constitui o próprio horizonte da *communicatio*.

A sociedade da comunicação contemporânea é complexa sobretudo por este motivo: porque continuamente *confunde* e *simplifica* a plena articulação desses três níveis, com a tendência perigosa de reduzir todos os três ao primeiro, que é o mais simples, mas também o mais abstrato e o menos humano. A internet também é capturada muito facilmente nessa jaula, que restringe gravemente a experiência comunicativa comum e, por isso, também, a possível "experiência religiosa".

CONCLUSÕES

Se a internet permanece somente como instrumento, ainda não é o que pode nos interessar do ponto de vista da fé: isso, no máximo, poderia nos confirmar apenas em um racionalismo e em um praxismo, neste caso aliados, mas ainda sem futuro. Se, ao invés, a internet se torna até mediação original e sacral, então ameaça, em oposição, cair em um panteísmo, não salvaguardando mais nenhuma diferença, acima de tudo aquela entre Deus e homem. Mas se permanece como *medium* – *muito mais do que instrumento e pouco menos do que anjo* –, então pode se tornar uma crítica interna aos mass-media não interativos e pode ativar a busca da *ação* fora de si mesma, poderíamos dizer na realidade menos e mais do que virtual, *extra internet*.

A delimitação radical da internet com relação às ações sacras cristãs e a descoberta da internet como ritual e simbolicamente determinada constituem as vias para o reconhecimento dessa exterioridade que a promove e a salva. Nesse caso, a internet poderia ser um recurso verdadeiramente importante, e talvez também surpreendentemente eficaz, para a comunicação crente de amanhã. A *exterioridade* com relação à internet parece ser, assim, a questão-chave também para o futuro de um anúncio e de uma narração da fé que não queira perder o papel precioso da *fictio* para a verdade da fé e ser, assim, apenas *verdade à qual assentir* ou *assentimento sem verdade*.

O título do artigo de J. Niewiadomski, publicado em meados dos anos 1990, dizia: *"Extra media nulla salus?"*. De algum modo, no rastro dessa perspectiva, também se coloca a pergunta posta eficazmente por esta pesquisa de M. Sbardelotto. A essa pergunta, nós poderíamos responder hoje que a salvação cristã é, sim, estruturalmente mediada, mas que qualquer "medium" é tal e permanece como tal somente em vista de uma imediaticidade, que ele, porém, não garante em seu próprio interior e não tem em si. A exterioridade com relação ao *medium* (a imediaticidade de um *extra nos* e um *extra internet*) garante que o *medium* permaneça ele mesmo, permaneça "felizmente apenas um *medium*". É é essa diferença sutil entre mediação e imediaticidade, "espessa como um cabelo", a única *diferença* entre simplicidade e banalidade, entre a complexidade e ilusão, que pode nos salvar. Porque a "ecclesia" – *extra quam nulla salus est* – não é apenas *medium*, mas também *immediatio* com uma realidade que a precede e que também lhe permanece sempre *exterior*, da qual a Igreja literalmente *recebe a si mesma*. Mesmo o princípio *extra ecclesiam nulla salus* pressupõe, portanto, uma *exterioridade da salvação*, com a qual a Igreja *mantém o contato* precisamente no nível da práxis ritual: de fato, é sobretudo a *actio sacra*, o *corpo de Cristo*, a *eucaristia*, que está inscrita em nosso corpo místico e real, e por isso rigorosamente *extra internet*. Mas a internet, com toda a sua virtual realidade, tem a vantagem de poder estar *dentro da existência*, como um poderoso aceno para esse fora, para esse *extra*. À pergunta *"extra media nulla salus?"*, respondemos, portanto, que sim, mas sentindo a absoluta necessidade de fazer, ao mesmo tempo, a afirmação igualmente decisiva: *"nulla salus extra exterioritatem"*, isto é, *"nulla salus nisi extra media"*, precisamente devido ao fato de que essa diferença sutil (entre mediação eclesial e salvação) é aquela decisiva para nós, também e sobretudo como cristãos católicos. Podemos dizê-lo ainda melhor recordando as felizes palavras de K. Barth, com as quais termino também a minha reflexão: "A *via regia* da simplicidade divina e a via da mais inaudita ilusão correm paralelas na história da teologia, em todos os tempos e em todos os desenvolvimentos, separadas apenas pela espessura de um cabelo".

Sobre esse sutil cabelo baseia-se a competência do teólogo, e, dessa quase imperceptível, mas decisiva, "distância" e "diferença", depende em todo caso sua credibilidade e sua isibilidade, sua autoridade e também sua comicidade: também quando se trata de falar sobre a internet, e tudo parece já ter sido dito. Pois o que parece louco às vezes é apenas puro, e que parece confuso às vezes é simplesmente real.

REFERÊNCIAS BIBLIOGRÁFICAS

Nesta lista de referências bibliográficas, constam as obras que tratam especificamente da interface comunicação-religião. Os demais trabalhos pesquisados, de nível teórico-metodológico mais geral, estão indicados nas notas de rodapé ao longo do livro, em referências numéricas. Esperamos, assim, contribuir com as/os leitoras/es interessadas/os em consultar as fontes específicas utilizadas para o desenvolvimento desta pesquisa. Os links disponíveis foram acessados pela última vez em setembro de 2012.

AÑEZ, Edgar A. Galavís. Ciberreligiones: Aproximación al Discurso Religioso Católico y Afro-Americano en internet. *Revista de Ciencias Humanas y Sociales*, vol. 19, n. 41, ago. 2003, p. 85-106. Disponível em: <http://migre.me/8MbLv>.

AROLDI, Piermarco; SCIFO, Barbara. *Internet e l'Esperienza Religiosa in Rete*. Milão: Vita e Pensiero, 2002.

BOFF, Leonardo. *A Ressurreição de Cristo*: A Nossa Ressurreição na Morte. 3. ed. Petrópolis: Vozes, 1974.

_____. *Experimentar Deus*: A Transparência de Todas as Coisas. Campinas: Verus, 2002.

_____. *Cristianismo*: O Mínimo do Mínimo. Petrópolis: Vozes, 2011.

BARBERO, Jesús Martín- et al. *Lo Sagrado y los Medios de Comunicación*: Efímero y Transcendente. Pueblo Libre: Fondo Editorial, 2009.

BENDEZÚ, Juan Dejo. *Ausencia, Realidad y Mediación*: Variables de la Mística Cristiana em el Acceso del Cibernauta al Sagrado. In: BARBERO, Jesús Martin et al. *Lo Sagrado y los Medios de Comunicación*: Efímero y Transcendente. Pueblo Libre: Fondo Editorial, 2009, p. 85-96.

BENTO XVI. Novas Tecnologias, Novas Relações. Promover uma Cultura de Respeito, de Diálogo, de Amizade. *Mensagem para a Celebração do 43º Dia Mundial das Comunicações Sociais*, Vaticano, 2009a, s/p. Disponível em <http://migre.me/8MbKN>.

_____. Caritas in Veritate. *Carta Encíclia sobre o Desenvolvimento Hu-

mano Integral na Caridade e na Verdade, Vaticano, 2009b, s/p. Disponível em <http://migre.me/8UXxd>.

BENTO XVI. O Sacerdote e a Pastoral no Mundo Digital: Os Novos Media ao Serviço da Palavra. *Mensagem para a Celebração do 44º Dia Mundial das Comunicações Sociais, Vaticano,* 2010a, s/p. Disponível em <http://migre.me/8MbJQ>.

_____.Verbum Domini. *Exortação Apostólica Pós-Sinodal Sobre a Palavra de Deus na Vida e na Missão da Igreja*, Vaticano, 2010b, s/p. Disponível em < http://migre.me/99V6D>.

_____. Verdade, Anúncio e Autenticidade de Vida, na Era Digital. *Mensagem para a Celebração do 45º Dia Mundial das Comunicações Sociais*, Vaticano, 2011, s/p. Disponível em <http://migre.me/8MbIX>.

_____. Silêncio e Palavra: Caminho de Evangelização. *Mensagem para a Celebração do 46º Dia Mundial das Comunicações Sociais*, Vaticano, 2012, s/p. Disponível em <http://migre.me/99Tve>.

BORELLI, Viviane (org). *Mídia e religião*: Entre o mundo da fé e o do fiel. Rio de Janeiro: E-Papers, 2010.

BRASHER, Brenda E. *Give Me That Online Religion*. Nova Jersey: Rutgers University Press, 2004.

BUYST, Ione. Alguém me Tocou!: Sacramentalidade da Liturgia na Sacrosanctum Concilium (SC), Constituição Conciliar sobre a Sagrada Liturgia. *Revista de Liturgia*, São Paulo, n. 176, jul.-ago. 2003, p. 4-9.

CARVAJAL, Pablo Ignacio Aburto. La Basílica de Guadalupe en la internet: La Difusión de las Prácticas Religiosas en la Era de las Tecnologías de Información. *Revista Arbitrada en Ciencias Sociales y Humanidades – Renglones*, Guadalajara, n. 61, set. 2009-mar. 2010, p. 27-36. Disponível em: <http://migre.me/8MbGh>.

CASEY, Cheryl. Virtual Ritual, Real Faith: The Revirtualization of Religious Ritual in Cyberspace. *Heidelberg Journal of Religions on the internet*, Heidelberg, vol. 2.1, 2006.

_____. Symbol and Ritual Online: Case Studies in the Structure of Online Religious Rituals. *XCIV Convenção Anual da National Communication Association*. San Diego, 20 nov. 2008. Disponível em: <http://migre.me/8MbpV>.

CONCÍLIO Ecumênico II do Vaticano. *Instrução Pastoral "Communio et*

Progressio" sobre os Meios de Comunicação Social. Publicada em 23 de maio de 1971. Disponível em <http://migre.me/8Mbog>.

_____. *Constituição Dogmática "Lumen Gentium" sobre a Igreja*. Publicada em 21 de novembro de 1964. Disponível em <http://migre.me/8MbnL>.

CORTE REAL, Victor Kraide. *Festa do Divino na internet:* Utilização de uma Nova Tecnologia de Comunicação na Divulgação de uma Tradicional Manifestação Popular. *Trabalho apresentado no XXXII Congresso Brasileiro de Ciências da Comunicação – Intercom*. Curitiba, 2009. Disponível em: <http://migre.me/8Mbnb>.

COSTA E SILVA, Fernanda. Uma Proposta de Classificação das Manifestações Virtuais Religiosas. *Revista da Associação Nacional dos Programas de Pós-Graduação em Comunicação – E-Compós*, vol. 3, ago. 2005. Disponível em: <http://migre.me/8Mbm5>.

DAWSON, Lorne L. *Religion and the Quest for Virtual Community*. In: _____; COWAN, Douglas E. *Religion Online*: Finding Faith on the internet. Nova York: Routledge, 2004, p.75-89.

_____. The Mediation of Religious Experience in Cyberspace. In: *Religion and Cyberspace*. Londres: Routledge, 2005, p. 15-37.

DAWSON, Lorne L.; COWAN, Douglas E. *Religion Online*: Finding Faith on the internet. Nova York: Routledge, 2004.

DAWSON, Lorne L.; HENNEBRY, Jenna. New Religions and the internet: Recruiting in a New Public Space. In: DAWSON, Lorne L.; COWAN, Douglas E. *Religion Online*: Finding Faith on the internet. Nova York: Routledge, 2004, p. 151-174.

DRESCHER, Elizabeth. *Tweet If You Heart Jesus*: Practicing Church in the Digital Reformation. Morehouse Publishing, 2011.

DUQUOC, Christian. *A Teologia no Exílio*: O Desafio da Sobrevivência da Teologia na Cultura Contemporânea. Petrópolis: Vozes, 2006.

ELIADE, Mircea. *O Sagrado e o Profano*. São Paulo: Martins Fontes, 1992.

ESS, Charles. The Word Online? Text and Image, Authority and Spirituality in the Age of the internet. *Mots Pluriels*. Perth: n. 19, out. 2001.

_____. *War and Peace, East and West – Online*: A Comparison of How Different World Religious Use the internet. No prelo, 2006. Disponível em: <http://migre.me/8Mbhc>.

FAUSTO NETO, Antônio. A Igreja Doméstica: Estratégias Televisivas de Construção de Novas Religiosidades. *Cadernos IHU*, São Leopoldo, n. 7, 2004a. Disponível em <http://migre.me/8MaTy>.

_____. A Religião do Contato: Estratégias Discursivas dos Novos Templos Mediáticos. *Diálogos Possíveis*, Salvador, ano 4, n. 1, jul.-dez. 2004b, p. 39-58.

FELINTO, Erick. *A Religião das Máquinas*: Ensaios sobre o Imaginário da Cibercultura. Porto Alegre: Sulina, 2005.

FERNBACK, Jan. internet Ritual: A Case Study of the Construction of Computer-Mediated Neopagan Religious Meaning. In: HOOVER, Stewart M.; CLARK, Lynn Schofield. *Practicing Religion in the Age of Media*: Explorations in Media, Religion, and Culture. Nova York: Columbia University Press, 2001, p. 254-275.

FERREIRA, Cláudia Andréa Prata; FERREIRA, Paula Andréa Prata. Do Púlpito à Web: Uma Eclésia no Mundo Virtual. *Trabalho apresentado no II Seminário Brasileiro Livro e História Editorial – II Lihed*. Rio de Janeiro, 2009. Disponível em: <http://migre.me/8MaSY>.

GASPARETTO, Paulo Roque. *Midiatização da Religião*: Processos Midiáticos e a Construção de Novas Comunidades de Pertencimento. São Paulo: Paulinas, 2011.

GOMES, Pedro Gilberto. Processos Midiáticos e Construção de Novas Religiosidades: Dimensões Históricas. *Cadernos IHU*, São Leopoldo, n. 8, 2004. Disponível em <http://migre.me/8MaRj>.

_____. Teologia e Comunicação: Reflexões sobre o Tema. *Cadernos Teologia Pública*, São Leopoldo, n. 12, 2005. Disponível em <http://migre.me/8NvDr>.

_____. O Processo de Midiatização da Sociedade e sua Incidência em Determinadas Práticas Sociossimbólicas na Contemporaneidade: A Relação Mídia e Religião. In: FAUSTO NETO, Antônio et al. (orgs). *Midiatização e Processos Sociais na América Latina*. São Paulo: Paulus, 2008, p. 17-30.

_____. *Da Igreja Eletrônica à Sociedade em Midiatização*. São Paulo: Paulinas, 2010.

GRIENTI, Vincenzo. *Chiesa e Web 2.0*: Pericoli e Opportunità in Rete. Cantalupa: Effatà Editrice, 2009.

GRILLO, Andrea. Segni, Riti e Atto di Fede nel Cyberspazio: internet come "Atto Secondo" e come "Atto Primo". *Credere Oggi*. Pádua: Messaggero di S.Antonio Editrice, n. 183, mai-jun., p. 29-43, 2011.

GRIMES, Ronald L. Ritual and the Media. In: *Practicing Religion in the Age of Media*: Explorations in Media, Religion, and Culture. Nova York: Columbia University Press, 2001, p. 219-234.

HAMMERMAN, Joshua. *Thelordismyshepherd.com*: Seeking God in Cyberspace. Deerfield Beach: Simcha Press, 2000.

HARTMANN, Atílio. Religiosidade Midiática: Uma Nova Agenda Pública na Construção de Sentidos? *Cadernos IHU*, São Leopoldo, n. 9, 2004. Disponível em <http://migre.me/8MbuE>.

HERRING, Debbie. Virtual as Contextual: A Net News Theology. In: *Religion and Cyberspace*. Londres: Routledge, 2005, p. 149-165.

HJARVARD, Stig. The Mediatization of Religion: A Theory of the Media as Agents of Religious Change. *Northern Lights*, Copenhague, vol. 6, 2008, p. 9-26. Disponível em <http://migre.me/8S8PV>.

HUNT, Mary E. Discurso Feminista sobre o Divino em um Mundo Pós-Moderno. *Cadernos Teologia Pública*, São Leopoldo, ano IX, n. 66, 2012. Disponível em <http://migre.me/99NGK>.

HOOVER, Stewart M.; CLARK, Lynn Schofield. *Practicing Religion in the Age of Media:* Explorations in Media, Religion, and Culture. Nova York: Columbia University Press, 2001.

_____. *Media and Religion*. White Paper from The Center for Media, Religion, and Culture. Boulder: CMRC, 2008. Disponível em <http://migre.me/8UUZT>.

HØJSGAARD, Morten T. Cyber-religion: On the Cutting Edge Between the Virtual and the Real. In: *Religion and Cyberspace*. Londres: Routledge, 2005, p. 50-63.

HØJSGAARD, Morten T.; WARBURG, Margit. *Religion and Cyberspace*. Londres: Routledge, 2005a.

_____. Introduction: Waves of Research. In: *Religion and Cyberspace*. Londres: Routledge, 2005b, p. 1-11.

JACOBS, Stephen. Virtually Sacred: The Performance of Asynchronous Cyber-Rituals in Online Spaces. *Journal of Computer-Mediated Communi-*

cation, 12 (3), artigo 17, 2007. Disponível em <http://migre.me/8MaP2>.

JOÃO PAULO II. *Internet: Um Novo Foro para a Proclamação do Evangelho*. Mensagem para a Celebração do 36° Dia Mundial das Comunicações Sociais, Vaticano, 2002. Disponível em <http://migre.me/8MaOD>.

LAWRENCE, Bruce B. Allah On-Line: The Practice of Global Islam in the Information Age. In: *Practicing Religion in the Age of Media*: Explorations in Media, Religion, and Culture. Nova York: Columbia University Press, 2001, p. 237-253.

LIBANIO, João Batista. *A Religião no Início do Milênio*. São Paulo: Edições Loyola, 2002.

MARTELLI, Stefano. *A Religião na Sociedade Pós-Moderna*: Entre Secularização e Dessecularização. São Paulo: Paulinas, 1995.

O'LEARY, Stephen D. Cyberspace as Sacred Space: Communicating Religion on Computer Networks. In: DAWSON, Lorne L.; COWAN, Douglas E. *Religion Online*: Finding Faith on the internet. Nova York: Routledge, 2004, p. 37-58.

_____. Utopian and Dystopian Possibilities of Networked Religion in the Mew Millennium. In: *Religion and Cyberspace*. Londres: Routledge, 2005, p. 38-49.

PONTIFÍCIO Conselho para as Comunicações Sociais. *Igreja e internet*. Disponível em <http://migre.me/8MbAs>.

RAHNER, Karl. Missa e Televisão. In: _____. *Missão e Graça*: Problemas de Espiritualidade e Pastoral. 3° vol. Petrópolis: Vozes, 1965, p. 49-64.

_____. *Teologia e Antropologia*. São Paulo: Paulinas, 1969.

RICE. Jesse. *The Church of Facebook*: How the Hyperconnected Are Redefining Community. Ontario: David C. Cook, 2009.

RORTY, Richard; VATTIMO, Gianni; ZABALA, Santiago (Orgs.). *O Futuro da Religião:* Solidariedade, Caridade e Ironia. Rio de Janeiro: Relume-Dumará, 2006.

_____. O Salto do Milênio. In: MARTINS, Francisco Menezes; SILVA, Juremir Machado da (orgs.). *Para Navegar no Século XXI:* Tecnologias do Imaginário e Cibercultura. 3. ed. Porto Alegre: Sulina, 2003b, p. 205-211.

SBARDELOTTO, Moisés. Interações em Rituais Católicos: Uma Análise da Prática Religiosa em Tempos De Internet. In: RIBEIRO, José Carlos; FALCÃO, Thiago; SILVA, Tarcízio. *Mídias Sociais:* Saberes e Representações. Salvador: EDUFBA, 2012, p. 131-152.

SBARDELOTTO, Moisés. Deus em bits e pixels: Um estudo sobre interface em sites católicos. *Ciberlegenda*, Rio de Janeiro: UFF, v. 1, n. 26, p. 123-135, 2012. Disponível em <http://migre.me/apooQ>.

_____. "E o Verbo se Fez Bit": Uma Análise da Experiência Religiosa na Internet. *Cadernos IHU*, São Leopoldo: Instituto Humanitas Unisinos, ano 9, n. 35, 2011. Disponível em: <http://goo.gl/wUvK1>.

_____. A religião e as eleições: Um debate medieval. Entrevista especial com Moisés Sbardelotto. São Leopoldo, 2010. *Site do Instituto Humanitas Unisinos*. Disponível em <http://migre.me/aDBdN>.

_____. Um Mundo de Religiões: As Possibilidades para um Convívio Pacífico. *Cadernos IHU em Formação*, São Leopoldo, v. 38, p. 4-5, 2010. Disponível em: <http://migre.me/aDBeS>.

SCHLEGEL, Jean-Louis. Narrar Deus nos dias de hoje: possibilidades e limites. *Cadernos Teologia Pública*, São Leopoldo, ano IX, n. 68, 2012.

SÍNODO dos Bispos. *A Palavra de Deus na Vida e na Missão da Igreja*. XII Assembleia Geral Ordinária. Disponível em: <http://migre.me/8MaIS>. Acesso em 5 mai. 2012.

SPADARO, Antonio. Spiritualità ed Elementi per una Teologia della Comunicazione in Rete. In: Seminário do Pontifício Conselho para as Comunicações Sociais para os Bispos do Brasil (SECOBB), 2011, Rio de Janeiro. *Anais*. Brasília: CNBB, 2011. Disponível em <http://migre.me/5CXQo>.

_____. Spiritualità ed Elementi per una Teologia della Comunicazione in Rete. In: Seminário do Pontifício Conselho para as Comunicações Sociais para os Bispos do Oriente Médio, 2012. Harissa, Líbano. *Anais*. Harissa: PCCS, 2012a. Disponível em <http://migre.me/8UvyM>.

_____. "Somos chamados a estar nas fronteiras, encruzilhadas e trincheiras". *Instituto Humanitas Unisinos*, São Leopoldo, 11 jan. 2012b. Entrevista concedida a Giovanni Maria Vian. Tradução do original em italiano. Disponível em <http://migre.me/8Uw4L>.

STAHL, William. A. *God and the Chip*. Religion and the Culture of Technology. 3. ed. Ontario: Wilfrid Laurier University Press, 2002.

VATTIMO, Gianni. *Credere di Credere*. È Possibile Essere Cristiani Nonostante la Chiesa? 2. ed. Milão: Garzanti, 1999.

_____. *Depois da Cristandade*: Por um Cristianismo Não Religioso. Rio de Janeiro: Record, 2004.

WILLER, Hildegard. Santuarios Virtuales: La Mediatización del Espacio Sagrado en internet. Tras las Huellas (Digitales) de Dos Santos Peruanos. In: BARBERO, Jesús Martin et al. *Lo Sagrado y los Medios de Comunicación*: Efímero y Transcendente. Pueblo Libre: Fondo Editorial, 2009, p. 73-84.

YOUNG, Glenn. Reading and Praying Online: The Continuity of Religion Online and Online Religion in internet Christianity. In: DAWSON, Lorne L.; COWAN, Douglas E. *Religion Online*: Finding Faith on the internet. Nova York: Routledge, 2004, p. 93-106.

LISTA DE FIGURAS

Figura 1 – Página da "Peregrinação Virtual" do site A12 - 173
Figura 2 – Detalhe da "Peregrinação Virtual" do site A12 - 174
Figura 3 – Detalhe da página interna da "Peregrinação Virtual" do site A12 - 175
Figura 4 – Visão do alto da cúpula na "Peregrinação Virtual" do site A12 - 176
Figura 5 – Página da "Adoração ao Santíssimo" do site das Apóstolas antes da animação automática - 177
Figura 6 – Página da "Adoração ao Santíssimo" do site das Apóstolas após a animação automática - 178
Figura 7 – Tipos de cursores - 180
Figura 8 – Detalhes dos menus superior e inferior da página inicial do site do padre Manzotti - 184
Figura 9 – Detalhe do menu "Acesso rápido" do site do padre Manzotti – 186
Figura 10 – Detalhe do menu da "Capela Virtual" do site do padre Manzotti – 187
Figura 11 – Detalhe do menu do "Santuário" do site do padre Manzotti - 187
Figura 12 – Detalhe do menu "aberto" do site das Apóstolas - 188
Figura 13 – Detalhe do menu da "Capela Virtual" do site das Apóstolas - 190
Figura 14 – Detalhe da barra superior do site A12 - 191
Figura 15 – Detalhe do banner da "Capela Virtual" do site A12 - 192
Figura 16 – Banner de acesso à "Capela Virtual" do site A12 - 192
Figura 17 – Versão anterior do banner de "publicidade" da "Capela Virtual" do site A12 - 193
Figura 18 – Detalhes dos menus superiores e inferior do site Catolica-Net - 193
Figura 19 – Página inicial da "Capela Virtual" do site do padre Reginaldo Manzotti - 200
Figura 20 – Página inicial do "Santuário Virtual de Jesus Misericordioso" - 201

Figura 21 – Página inicial da "Capela Virtual" do site das Apóstolas - 202
Figura 22 – Página inicial da "Capela Virtual" do site A12 - 203
Figura 23 – Detalhe das velas "consumidas pelo tempo" no site das Apóstolas - 205
Figura 24 – Detalhe das velas "consumidas pelo tempo" no site CatolicaNet - 205
Figura 25 – Sequência de páginas do ritual "Acenda sua Vela" do site das Apóstolas - 213
Figura 26 – Indicação do número de devotos online no antigo site do padre Manzotti - 215
Figura 27 – Mensagem de limite de caracteres do site CatolicaNet - 221
Figura 28 – Detalhe do sistema de bloqueio a mensagens automáticas da "Capela Virtual" do padre Manzotti - 222
Figura 29 – Diagrama das interações discursivas em sites católicos brasileiros - 223
Figura 30 – Interação discursiva "fiel-Outro" no site do padre Manzotti - 225
Figura 31 – Interação discursiva "fiel-Outro" no site do padre Manzotti - 226
Figura 32 – Interação discursiva "fiel-Outro" no site A12 - 227
Figura 33 – Interação discursiva "fiel-Outro" no site das Apóstolas - 227
Figura 34 – Interação discursiva "fiel-Outro" no site do padre Manzotti - 228
Figura 35 – Interação discursiva "fiel-Outro" no site CatolicaNet - 229
Figura 36 – Interação discursiva "fiel-Outro" no site CatolicaNet - 229
Figura 37 – Interação discursiva "fiel-outro" no site CatolicaNet - 231
Figura 38 – Interação discursiva "fiel-outro" no site do padre Manzotti - 232
Figura 39 – Interação "fiel-outro" no site do padre Manzotti - 233
Figura 40 – Interação "fiel-outro" no site do padre Manzotti - 234
Figura 41 – Interação discursiva "fiel-outro" no site CatolicaNet - 235
Figura 42 – Interação "fiel-outro-Outro" no site das Apóstolas - 237
Figura 43 – Interação "fiel-outro-Outro" no site A12 - 238
Figura 44 – Interação "fiel-outro-Outro" no site do padre Manzotti - 239
Figura 45 – Interação "fiel-outro-Outro" no site do padre Manzotti - 240
Figura 46 – Interação discursiva "fiel-Outro-outro" do site CatolicaNet - 241

Figura 47 – Interação discursiva "fiel-Outro-outro" no site A12 - 241

Figura 48 – Interação discursiva "fiel-Outro-outro" no site das Apóstolas - 242

Figura 49 – Interação discursiva "fiel-Outro-outro" no site das Apóstolas - 243

Figura 50 – Interação discursiva "fiel-Outro-outro" no site das Apóstolas - 243

Figura 51 – Ritual "Terço Virtual" no site A12 - 249

Figura 52 – Detalhe do ritual "Terço Virtual" no site A12 - 250

Figura 53 – Tela de encerramento do ritual "Terço Virtual" no site A12 - 251

Figura 54 – Ritual "Via Sacra" no site A12 - 252

Figura 55 – Detalhe do ritual "Via Sacra" no site A12 - 253

Figura 56 – Tela de encerramento do ritual "Via Sacra" no site A12 - 254

Figura 57 – Serviço "Bíblia Virtual" no site do padre Manzott - 255

Figura 58 – Serviço "Bíblia Virtual" no site do padre Manzotti - 256

Figura 59 – Serviço "Bíblia Virtual" no site CatolicaNet - 257

Figura 60 – Detalhe do ritual "Novenas Virtuais" no site do padre Manzotti - 259

Figura 61 – Detalhe do ritual "Novenas Virtuais" no site do padre Manzotti - 259

Figura 62 – Detalhe do aviso de confirmação de novena no site do padre Manzotti - 260

Figura 63 – Ritual de "Consagração" no site A12 - 262

Figura 64 – Serviço "Nicho da Imagem" da "Capela Virtual" do site A12 - 264

Figura 65 – Diagrama demonstrativo da "interação ritual de fechamento" - 271

Figura 66 – Detalhe do formulário das "Velas virtuais" do site CatolicaNet - 274

Figura 67 – Detalhe do formulário do ritual "Vela Virtual" do site A12 - 276

Figura 68 – Acendimento da "Vela Virtual" do site A12 - 276

Figura 69 – Mensagem de confirmação do acendimento de "Vela Virtual" no site A12 - 277

Figura 70 – Sequência de passos para o acendimento da "Vela Virtual" no site das Apóstolas - 279
Figura 71 – Detalhe das opções de "tempo da vela" do site do padre Manzotti - 280
Figura 72 – Detalhe da confirmação do acendimento de "vela virtual" no site do padre Manzotti - 280
Figura 73 – Interação ritual de abertura externa do site do padre Manzotti - 281
Figura 74 – Restrição na "Capela Virtual" do site A12 - 282
Figura 75 – Restrição no "Santuário Virtual" do site do padre Manzotti - 282
Figura 76 – Detalhe do formulário para envio de orações no site do padre Manzotti - 285
Figura 77 – Interação ritual de abertura externa do site do padre Manzotti - 286
Figura 78 – Interação ritual de abertura externa do site do padre Manzotti - 287
Figura 79 – Diagrama demonstrativo da "interação ritual de abertura" - 295
Figura 80 – Diagrama de fluxos de interação - 298
Figura 81 – Falha de interface na "Capela Virtual" do site A12 - 299
Figura 82 – Falha de interface na "Capela Virtual" do site do padre Manzotti - 300
Figura 83 – Falha de interface na "Capela Virtual" do site do padre Manzotti - 300
Figura 84 – Escape doutrinal presente no site CatolicaNet - 302
Figura 85 – Escape doutrinal presente na "Capela Virtual" do site A12 - 303
Figura 86 – Escape doutrinal presente na "Capela Virtual" do site das Apóstolas - 303
Figura 87 – Escape doutrinal presente na "Capela Virtual" do site A12 - 304
Figura 88 – Escape doutrinal presente na "Capela Virtual" do site A12 - 304
Figura 89 – Escape doutrinal presente na "Capela Virtual" do site do padre Manzotti - 305

ÍNDICE

Agradecimentos 7
Apresentação 9
Prefácio 15

1. "No princípio era o Verbo". Uma introdução 21

2. Religião/ Internet: Perspectivas e desafios 37
2.1. Religião ou internet:
   Hesitações diante da "revolução comunicacional" 39
2.2. Religião e internet:
   Continuidades, rupturas e transformações 50
2.3. Religião na internet:
   A prática religiosa na era das mídias digitais 56
2.4. Religião pós-internet:
   Mudanças e deslocamentos da fé midiatizada 62

3. Os processos midiáticos da religião contemporânea 71
3.1. Religião em midiatização:
   Processos comunicacionais em exploração 72
3.2. Midiatização da religião:
   Novas modalidades de prática religiosa 87
3.3. Deus e o fiel: O papel da técnica 92

4. Religião em novas modalidades comunicacionais 107
4.1. Experiência: Os fundamentos da interação 108
4.2. Interação: As processualidades da circulação comunicacional 113
4.3. Interface: As materialidades da interação 119
4.4. Discurso: As narrativas da interação 123
4.5. Ritual: As operações da interação 127

5. Religião em novas configurações de tempo-espaço-materialidade 133
5.1. Digitalidade: Novas formas de existência e presença 134
5.2. Ubiquidade: Novas formas de acesso e participação 139
5.3. Conectividade: Novas formas de vínculo e interação 141
5.4. Hiperdiscursividade:
  Novas formas de discurso e narrativa 147

6. "E o Verbo se fez bit":
A experiência religiosa na internet 153
6.1. Complexidades sistêmicas: Elementos sobre o método 154
6.2. Interface interacional: Novas materialidades do sagrado 170
  6.2.1. A tela 172
  6.2.2. Os periféricos 179
  6.2.3. Estrutura organizacional dos conteúdos 183
  6.2.4. Composição gráfica 199
6.3. Interação discursiva: Novas narrativas sobre o sagrado 208
  6.3.1. Interação discursiva sistema-fiel 210
  6.3.2. Interação discursiva "fiel-Outro" (sagrado) 224
  6.3.3. Interação discursiva "fiel-outro" (internauta-sistema) 231
  6.3.4. Interação discursiva "fiel-outro-Outro" 237
  6.3.5. Interação discursiva "fiel-Outro-outro" 240
6.4. Interação ritual: Novas ritualidades ao sagrado 246
  6.4.1. Interações rituais de fechamento 248
    6.4.1.1. Fechamento externo 249
    6.4.1.2. Fechamento interno 261
    6.4.1.3. Análise da análise: O processo de fechamento 265
  6.4.2. Interações rituais de abertura 273
    6.4.2.1. Abertura interna 273
    6.4.2.2. Abertura externa 283
    6.4.2.3. Análise da análise: O processo de abertura 289
  6.4.3. Falhas de interface e escapes doutrinais 298

7."Vi então o céu aberto":
Rumos e muros da religiosidade na internet..........................311
7.1. Novas temporalidades...315
7.2. Novas espacialidades..318
7.3. Novas materialidades...319
7.4. Novas discursividades..323
7.5. Novas ritualidades..328
7.6. As midiamorfoses da fé..331

Posfácio..345

Referências Bibliográficas..353

Lista de Figuras...361

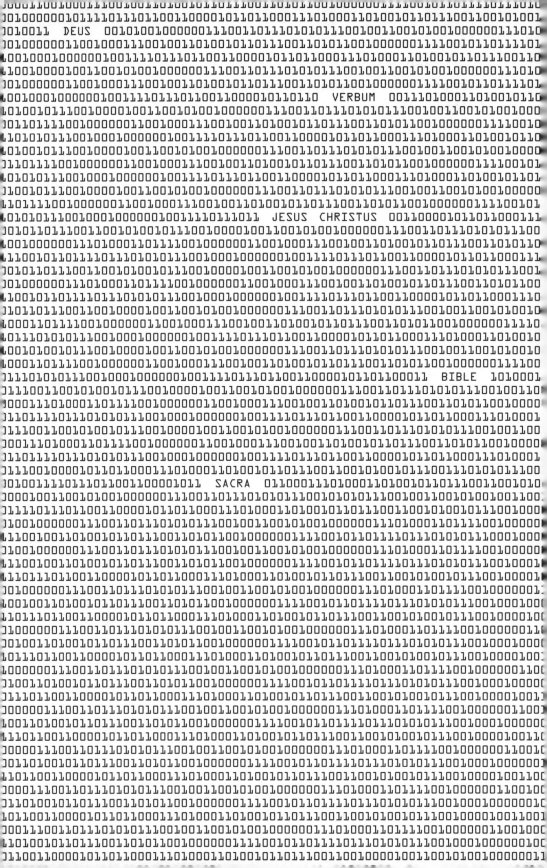